Arens/Wichert/Weisemann/Andermann   Abbau betrieblicher Sozialleistungen

ANWALTSPRAXIS
DeutscherAnwaltVerein

Abbau betrieblicher Sozialleistungen

Beratung von Arbeitgebern und Arbeitnehmern

Von

Rechtsanwalt und Notar Wolfgang Arens, Fachanwalt für Arbeitsrecht, Fachanwalt für Steuerrecht, Bielefeld

Rechtsanwalt Dr. Joachim Wichert, Fachanwalt für Arbeitsrecht, Frankfurt a.M.

Rechtsanwalt und Notar Dr. Ulrich Weisemann, Fachanwalt für Arbeitsrecht, Fachanwalt für Verwaltungsrecht, Bielefeld

Rechtsanwalt Thomas Andermann, Fachanwalt für Arbeitsrecht, Bielefeld

DeutscherAnwaltVerlag

Copyright 2004 by Deutscher Anwaltverlag, Bonn
Satz: Cicero Computer GmbH, Bonn
Druck: Medienhaus Plump GmbH, Rheinbreitbach
ISBN 3-8240-0693-6

Bibliografische Information der Deutschen Bibliothek
Die Deutsche Bibliothek verzeichnet diese Publikation in der Deutschen Nationalbibliografie; detaillierte bibliografische Daten sind im Internet über http://dnb.ddb.de abrufbar.

Vorwort

Im Zuge der Globalisierung geraten selbst kleine und mittlere deutsche Unternehmen zunehmend unter internationalen Wettbewerbsdruck. Vor dem Hintergrund einer stagnierenden – teilweise sogar rückläufigen – wirtschaftlichen Entwicklung in den vergangenen Jahren sind die Möglichkeiten und die Grenzen einer Restrukturierung bzw. einer Sanierung von Unternehmen in den Blickpunkt gerade auch der rechtlichen Betrachtung gerückt. Das Arbeitsrecht nimmt dabei eine zentrale Rolle ein. Insbesondere in den Vorschriften des deutschen Arbeitsrechts wird häufig ein Hindernis für Unternehmensrestrukturierungen gesehen.

Neben den bekannteren Erscheinungsformen der freiwilligen Sozialleistungen – den Jahressonderzahlungen und der betrieblichen Altersversorgung – gibt es eine Vielzahl von Leistungen, die, ursprünglich auf freiwilliger Basis eingeführt, durch die Rechtsprechung eine Eigengesetzlichkeit insbesondere im Hinblick auf ihre Einschränkbarkeit bzw. Ausführbarkeit entwickelt haben, z.B. verlängerte Entgeltzahlung im Krankheitsfalle, Jubiläumsgelder, Essenszuschüsse, Aktienoptionen u.a. Für großes öffentliches Interesse haben in jüngster Zeit die Ankündigungen einiger Unternehmen gesorgt, betriebliche Sozialleistungen, etwa Altersversorgungen, abzubauen. Diese Entwicklung steht offenbar erst am Anfang.

Die arbeitsrechtlichen Möglichkeiten und Grenzen eines solchen »Abbaus von betrieblichen Sozialleistungen« auf der Grundlage der gesetzlichen Vorgaben und der arbeitsgerichtlichen Rechtsprechung werden die betriebliche und die anwaltliche Praxis in Zukunft vermehrt beschäftigen. Aber auch andere Beteiligte – etwa Mitglieder von Geschäftsführungsorganen, Betriebsräte, Vertreter der Arbeitgeber- und der Arbeitnehmerorganisatoren – sind in diese Entwicklungen und Verfahren involviert und müssen sich mit den damit verbundenen Rechtsfragen auseinander setzen.

Dem Praktiker, insbesondere dem anwaltlichen Berater auf Arbeitgeber- und auf Arbeitnehmerseite, soll mit dem vorliegenden Werk ein schneller, aktueller und präziser Zugang zu den vielschichtigen Fragen und Detailproblemen verschafft werden. Checklisten, Formulierungs- und Gestaltungsmuster geben dabei wichtige Arbeitshilfen.

Die Autoren, die ausschließlich anwaltliche Praktiker mit arbeitsrechtlichem Schwerpunkt sind, haben dabei die Fragestellungen vertieft, die derzeit und in der nahen Zukunft die »beteiligten Verkehrskreise« in der betrieblichen Praxis beschäftigen und beschäftigen werden. Grundlage ist insbesondere die zur Verfügung stehende obergerichtliche Rechtsprechung. Auf vertiefte wissenschaftliche Darstellungen wurde im Interesse einer präzisen und praxistauglichen Handlungsanleitung für den Praktiker bewusst verzichtet.

Bielefeld/Frankfurt a.M., im Mai 2004 *Wolfgang Arens*
Dr. Joachim Wichert
Dr. Ulrich Weisemann
Thomas Andermann

Inhaltsverzeichnis

Abkürzungsverzeichnis 17
Literaturverzeichnis 23
§ 1 Abschaffung, Kürzung und Rückforderung von arbeitsvertraglich vereinbarten Sozialleistungen 27
  A. Begriffsbestimmungen 27
    I. Arbeitsvergütung 27
    II. Vergütungsbestandteile 27
    III. Vergütungsnebenbestandteile 28
  B. Individualrechtliche Grundlagen 28
    I. Inhalt der einzelvertraglichen Vereinbarung 28
      1. Sonderzahlungen mit reinem Entgeltcharakter 29
      2. Sonderzahlungen zur Belohnung der Betriebstreue 29
      3. Sonderzahlungen mit Mischcharakter 30
    II. Rechtsgrundlagen 30
      1. Ausdrückliche Vereinbarung im Arbeitsvertrag 30
      2. Mehrmalige vorbehaltlose Zahlung 30
      3. Betriebliche Übung 31
      4. Gesamtzusage 33
      5. Arbeitsrechtlicher Gleichbehandlungsgrundsatz 33
        a) Grundsatz der Gleichbehandlung 33
        b) Zulässige Ausnahmen von der Gleichbehandlung 34
          aa) Elternzeit 34
          bb) Drittmittelfinanzierung 34
          cc) Betriebsübernahme 34
          dd) Sachliche Gründe 34
          ee) Leistungsverhalten 35
          ff) Gekündigtes Arbeitsverhältnis 35
          gg) Krankheit 35
      6. Tarifvertrag, Betriebsvereinbarung 36
    III. Kürzungs- und Ausschlussmöglichkeiten, Stichtagsklauseln 36
      1. Zulässigkeit von Kürzungs- und Ausschlussvereinbarungen 36
        a) Sonderzahlungen mit reinem Entgeltcharakter 36
        b) Sonderzahlungen zur Belohnung der Betriebstreue 36
        c) Sonderzahlungen mit Mischcharakter 37
      2. Grenzen von Kürzungsvereinbarungen 37
      3. Höhe der Kürzung 38
      4. Stichtagsklauseln 38

Inhaltsverzeichnis

C.	Freiwilligkeits- und Widerrufsvorbehalte	40
	I. Grundsätze	40
	II. Freiwilligkeitsvorbehalt	41
	1. Begriff	41
	2. Formulierung des Freiwilligkeitsvorbehalts	42
	III. Widerrufsvorbehalt	44
	1. Begriff	44
	2. Formulierung des Widerrufsvorbehalts	44
	3. Widerruf	45
D.	Rückzahlungsvorbehalte	47
	I. Vertragliche Vereinbarung	47
	II. Zulässigkeit	47
	1. Grundsatz	47
	2. Bindungsfristen	48
	a) Gratifikationen unter einem Monatsgehalt	48
	b) Gratifikationen in Höhe eines Monatsgehalts und darüber	48
	c) Höhere Gratifikationen	49
	d) Berechnung der Bindungsfristen	49
	aa) Beginn der Bindungsfrist	49
	bb) Ende der Bindungsfrist	50
	III. Rechtsfolgen	51
	1. Unzulässige Rückzahlungsvorbehalte	51
	2. Zulässige Rückzahlungsvorbehalte	51
	IV. Formulierung von Rückzahlungsklauseln	52
	1. Grundsätze	52
	2. Geltung der Rückzahlungsklausel für bestimmte Beendigungstatbestände	53
	3. Änderung von Rückzahlungsklauseln	54
	4. Fristberechnung	54
	5. Formulierungsvorschlag	55
E.	Änderungskündigung	55
	I. Wesen der Änderungskündigung	55
	II. Abgrenzung: »Teilkündigung«	56
	III. Voraussetzungen der Änderungskündigung	56
	1. Allgemeine Voraussetzungen	56
	2. Beachtung von Sonderkündigungsschutzvorschriften	57
	3. Soziale Rechtfertigung i.S.v. § 1 KSchG	58
	4. Betriebsbedingte Änderungskündigung nach betrieblicher Organisationsänderung	58
	5. Betriebsbedingte Änderungskündigung zur Entgeltreduzierung	59

Inhaltsverzeichnis

6.	Änderungskündigung bei wirksam vereinbartem Widerrufsvorbehalt	62
7.	Wegfall bzw. Anpassung der Geschäftsgrundlage	63
IV.	Reaktionsmöglichkeiten des Arbeitnehmers	63
V.	Außerordentliche Änderungskündigung	67
VI.	Beteiligung des Betriebsrats	67
VII.	Änderungskündigungen im tarifrechtlichen Nachwirkungszeitraum	68

§ 2 Abbau übertariflicher Vergütungs- und Vergütungsnebenbestandteile durch Anrechnung von Tariflohnerhöhungen ... 71

- A. Problemstellung ... 71
- B. Individualrechtliche Wirksamkeit der Anrechnung von Tariflohnerhöhungen ... 72
  - I. Übertariflicher Vergütungs- oder Vergütungsnebenbestandteil ... 72
  - II. Anrechnungsvorbehalt im Arbeitsvertrag ... 72
    1. Arbeitsvertrag enthält einen ausdrücklichen Anrechnungsvorbehalt ... 73
    2. Arbeitsvertrag schließt Anrechnung aus ... 74
    3. Arbeitsvertrag macht zur Anrechenbarkeit keine Aussage ... 74
    4. Einschränkungen bei Allgemeinen Geschäftsbedingungen? ... 75
    5. Betriebliche Übung bei jahrelanger Nichtanrechnung? ... 76
  - III. Tariflohnerhöhung ... 77
    1. Prozentuale Erhöhung des Tariflohns ... 77
    2. Pauschalzahlung und Einmalzahlung ... 77
    3. Lohnerhöhung aufgrund tariflicher Arbeitszeitreduzierung ... 78
    4. Tariflohnerhöhung aufgrund Umgruppierung oder Alterssprung ... 79
    5. Tarifliche Bestimmungen über die Nichtanrechenbarkeit ... 79
  - IV. Durchführung der Anrechnung ... 80
    1. Hinweis an die Mitarbeiter ... 80
    2. Zeitpunkt der Anrechnung ... 81
    3. Beachtung billigen Ermessens (§ 315 Abs. 1 BGB) ... 82
    4. Beachtung des Gleichbehandlungsgrundsatzes ... 82
- C. Mitbestimmung des Betriebsrats ... 83
  - I. Allgemeine Grundsätze ... 83
  - II. Mitbestimmung bei den verschiedenen Arten der Anrechnung ... 83
    1. Kollektiver Tatbestand ... 83
    2. Vollständige Anrechnung der Tariflohnerhöhung ... 84
    3. Gleichmäßige Anrechnung um einen bestimmten Prozentsatz ... 85
    4. Vollständige Anrechnung bei Tarifsplitting ... 85
    5. Irrtum beim Vollzug der Anrechnung ... 86
    6. Ungleichmäßige Anrechnung ... 86

III. Durchführung der Mitbestimmung 87
    1. Einholung der Zustimmung des Betriebsrates 87
    2. Folgen mitbestimmungswidriger Anrechnung 87
    3. Vorläufige Regelungsmöglichkeiten 88

§ 3 Abbau von Sozialleistungen auf betriebsverfassungs- und tarifrechtlicher Grundlage 91

A. Rechtsgrundlagen kollektivrechtlicher Vergütungssysteme auf freiwilliger Basis 91
    I. Grundsätze 91
        1. Freiwillige Sozialleistungen 91
        2. Arbeitsentgelt 92
        3. Abgrenzung: Betriebliche Altersversorgung 92
        4. Nachweisgesetz 93
    II. Kollektivrechtliche Grundlagen 93
        1. Betriebsvereinbarung 93
            a) Begriff 93
            b) Vorrang von Tarifverträgen 95
            c) Regelungsabreden 95
        2. Tarifverträge 96
        3. Vereinbarungen nach dem Sprecherausschussgesetz 97
    III. Abgrenzungen 97
        1. Gesamtzusage und Einheitsregelung 97
        2. Betriebliche Übung 99
        3. Gleichbehandlung 99
B. Grundlegende Urteile: BVerfG, BAG 5. Senat und BAG Großer Senat . 99
    I. BVerfG: Unterstützungskasse 100
        1. Bestandschutz 100
        2. Unternehmerische Handlungsfreiheit 100
    II. BAG-Grundsatzentscheidungen: Ablösende Betriebsvereinbarungen 101
        1. Ausgangsverfahren: BAG 5. Senat 1982 101
            a) Fragestellung 101
            b) Begründung 102
        2. BAG Großer Senat 1986 102
            a) Betriebsvereinbarungen 103
            b) Mitbestimmung 104
            c) Einheitsregelung/Gesamtzusage 104
            d) Verhältnismäßigkeit 105
            e) Besitzstandsschutz 105
C. Besitzstände und einseitige Gestaltungsmöglichkeiten 106
    I. Feststellung des Besitzstands 107

Inhaltsverzeichnis

II.	Anspruchsbegrenzung	109
	1. Freiwilligkeitsvorbehalt	109
	a) Vertraglicher Vorbehalt	109
	b) Kollektivrechtlicher Vorbehalt	109
	2. Widerrufsvorbehalt	110
	3. Widerruf und Mitbestimmung	110
	4. Widerruf wegen wirtschaftlicher Notlage	111
	a) Sanierungsplan	112
	b) Begründete Sanierungsaussichten	112
	c) Notlage des Konzerns	113
	d) Sanierungsbeiträge der Beteiligten	114
III.	Wegfall der Geschäftsgrundlage	115
	1. Allgemeiner Vorbehalt wegen Störung der Geschäftsgrundlage	115
	2. Treu und Glauben	115
IV.	Kündigung von Betriebsvereinbarungen	116
	1. Betriebliche Altersversorgung	116
	2. Beihilfen im Krankheitsfall/Pensionäre	117
D. Kollektivrechtliche Regelungsinstrumente		117
I.	Tarifvorbehalt/Regelungssperre	117
	1. Erzwingbare Mitbestimmung	118
	2. Ergänzende Betriebsvereinbarungen	118
	3. Neuregelung einer Betriebsvereinbarung	119
	a) Zeitkollisionsregel	119
	b) Regelungsabrede	119
	c) Ausgeschiedene Arbeitnehmer	120
	d) Pensionäre	120
	4. Umstrukturierende Betriebsvereinbarung	121
	5. Verschlechternde Betriebsvereinbarung	122
	a) Betriebsvereinbarungsoffenheit	122
	b) Wegfall der Geschäftsgrundlage	122
	c) Zeitkollisionsregel	124
	d) Günstigkeitsprinzip	124
II.	Einigungsstelle	126
	1. Erzwingbare Mitbestimmung	126
	2. Verschlechternde Ablösung einer Gesamtzusage durch Einigungsstelle	126
III.	Beschlussverfahren	127
	1. Rechtskrafterstreckung	128
	2. Wahrung von Besitzständen	128
IV.	Nachwirkung	129
	1. Besonderheiten bei freiwilligen bzw. teilmitbestimmten Betriebsvereinbarungen	129

Inhaltsverzeichnis

	2.	Begrenzung der Wirkung einer Kündigung	130
	3.	Ausschluss neu eintretender Arbeitnehmer	130
	4.	Vereinbarte Nachwirkung	131
V.	Vertragliche Änderung und Kündigung einer Vereinbarung nach dem Sprecherausschussgesetz		131
VI.	Tarifverträge		132
	1.	Verschlechterung tarifvertraglicher Sozialleistungen	132
		a) Geltung tarifvertraglicher Änderungen für ausgeschiedene Arbeitnehmer	132
		b) Vorrang: Tarifvertrag	133
		c) Keine Billigkeitskontrolle	133
	2.	Öffnungsklausel in einem Rationalisierungsschutzabkommen	134
	3.	Rückwirkende Senkung tariflicher Weihnachtsgratifikation	134
E. Besitzstandswahrung durch Rechtskontrolle			136
I.	Billigkeitskontrolle		136
	1.	Abstrakte und konkrete Kontrolle	136
	2.	Vertrauensschutzgedanke	136
II.	Drei-Stufen-Modell		137
III.	Ausschluss des Günstigkeitsprinzips		137
	1.	Ablösende Betriebsvereinbarung	137
	2.	Beispielsfall: Urlaubsgeld	138
		a) Gesamtregelungen	138
		b) Kein kollektiver Günstigkeitsvergleich	139
		c) Kein unmittelbares Synallagma	139
IV.	Bindungswirkung gerichtlicher Entscheidungen		140
V.	Leitende Angestellte		140

§ 4 Einschränkungen bei der betrieblichen Altersversorgung 143

A. Schließung eines betrieblichen Versorgungssystems für neu eintretende Mitarbeiter 143
    I. Problemstellung 143
    II. Differenzierung nach der Rechtsgrundlage der betrieblichen Altersversorgung 144
    III. Kein Verstoß gegen den Gleichbehandlungsgrundsatz 145
    IV. Mitbestimmung des Betriebsrats 145
    V. Checkliste 145

B. Verschlechterung des betrieblichen Versorgungssystems im Rahmen bestehender Arbeitsverhältnisse 146
    I. Problemstellung 146
    II. Einschränkung individualrechtlicher Versorgungszusagen 147
        1. Einvernehmliche Einschränkung 147
        2. Einseitiger Widerruf der Versorgungszusage 148
            a) Widerruf wegen Treuepflichtverletzung 148

		b) Widerruf wegen wirtschaftlicher Notlage	149
		c) Widerruf wegen Wegfalls der Geschäftsgrundlage (Überversorgung, wesentliche Änderung der Sach- und Rechtslage)	150
		d) Widerruf aufgrund Widerrufsvorbehalts	150
		e) Widerruf bei Unterstützungskassen	151
	3.	Betriebsbedingte Änderungskündigung im Hinblick auf die Versorgungszusage	152
III.	Einschränkung individualrechtlicher Versorgungszusagen mit kollektivem Bezug		152
	1.	Einschränkung durch Betriebsvereinbarung	153
	2.	Einschränkung durch Tarifvertrag	154
IV.	Verschlechterung einer Versorgungsbetriebsvereinbarung		154
	1.	Kündigung einer Versorgungsbetriebsvereinbarung	154
	2.	Abänderung einer Versorgungsbetriebsvereinbarung	155
	3.	Ersetzung durch Versorgungstarifvertrag	155
	4.	Individualrechtlicher Verzicht/Einschränkung	156
V.	Verschlechterung eines Versorgungstarifvertrags		156
VI.	Eingriffsumfang und Bestandsschutz in der betrieblichen Altersversorgung (Drei-Stufen-Modell)		157
	1.	Grundlage des Drei-Stufen-Modells	157
	2.	Erdienter Teilbetrag – Eingriff nur aus zwingendem Grund	158
	3.	Zeitanteilig erdiente Dynamik – Eingriff nur aus triftigem Grund	159
	4.	Dienstzeitabhängige Zuwächse – Eingriff nur aus sachlichem Grund	159
	5.	Verhältnismäßigkeit, Übergangsregelungen, Härteklauseln	160
VII.	Mitbestimmung des Betriebsrats		160
	1.	Allgemeine Grundsätze	160
	2.	Kollektiver Tatbestand	161
	3.	Mitbestimmung bei den verschiedenen Arten der Verschlechterungen	161
	4.	Durchführung der Mitbestimmung	162
	5.	Mitbestimmungswidrige Verschlechterung	163
VIII.	Gerichtliche Auseinandersetzungen		163
IX.	Checkliste		164
C. Verschlechterung des betrieblichen Versorgungssystems für Ausgeschiedene und Betriebsrentner			166
I.	Verschlechterungsmöglichkeiten		166
II.	Mitbestimmung des Betriebsrats		167
III.	Checkliste		168

D. Betriebliche Altersversorgung bei Insolvenz des Arbeitgebers (Eintritt des Pensionssicherungsvereins) 169
    I. Träger der Insolvenzsicherung 169
    II. Sicherungsfälle gem. § 7 BetrAVG 169
    III. Gesicherte Versorgungsansprüche 170
    IV. Beginn und Ende der Leistungspflicht 171
    V. Schutz des Pensionssicherungsvereins vor Rechtsmissbrauch .. 171
    VI. Gerichtliche Auseinandersetzungen 171
E. Anpassung der Leistungen der betrieblichen Altersversorgung nach § 16 BetrAVG 172
    I. Problemstellung 172
        1. Interessenlage der Beteiligten 172
        2. Art der betrieblichen Versorgungsleistungen 173
        3. Schutz der Altersversorgung vor einer wirtschaftlichen Auszehrung 173
            a) Wertsicherungsklauseln 173
            b) Spannenklauseln 174
    II. Entwicklung der Verpflichtung zur Ruhegeldanpassung 175
        1. Anpassungsverpflichtung nach der früheren Rechtsprechung des BAG 175
        2. Gesetzliche Regelungen seit 1974 175
    III. Inhalt und Gegenstand der gesetzlichen Anpassungsverpflichtung 177
        1. Anpassungsprüfung und Anpassungsentscheidung 177
        2. Keine Kürzung laufender Betriebsrenten 177
    IV. Zeitpunkt der Anpassungsprüfung 178
    V. Prüfungszeitraum 178
    VI. Anpassungsmaßstab 179
    VII. Kriterien der Anpassungsprüfung 180
        1. Anpassungsbedarf des Betriebsrentners 180
            a) Teuerungsausgleich als Anpassungsmaßstab 180
            b) Maßstab des Teuerungsausgleichs 180
            c) Basisjahr 181
            d) Keine Anwartschaftsdynamisierung 181
            e) Kein Abschlag wegen Voraussehbarkeit einer Geldentwertung 181
            f) Berechnungsmethode 181
            g) Begrenzung durch die sog. reallohnbezogene Obergrenze 182
            h) Gegenausnahme: »Aufgeholte« Verdiensteinbußen ... 183
            i) Bildung vergleichbarer Arbeitnehmergruppen 184
            j) Verpflichtung zur nachholenden Anpassung 184
            k) Gegenausnahme: Zu Recht unterbliebene Anpassung .. 185

		l) Verpflichtung zur nachträglichen Anpassung	187

         l) Verpflichtung zur nachträglichen Anpassung   187
         m) Obergrenzen der Versorgungsleistungen   187
      2. Die wirtschaftliche Lage des Arbeitgebers   188
         a) Gesetzliche Ausgangslage   188
         b) Rechtsprechungsgrundsätze des BAG   188
         c) Maßgeblicher Stichtag für die wirtschaftlichen
            Verhältnisse   190
      3. Unangemessene Eigenkapitalrendite   191
         a) Handelsrechtliche Jahresabschlüsse als Grundlage . . .   191
         b) Ermittlung des maßgeblichen Eigenkapitals   192
         c) Ermittlung des maßgeblichen Betriebsergebnisses   194
         d) Berechnung der angemessenen Eigenkapitalverzinsung .   196
         e) Grundlage: Umlaufrendite öffentlicher Anleihen   197
         f) Möglichkeit eines Geldentwertungsabschlags   197
         g) Berücksichtigung von Ertragsteuern   198
         h) Eigenkapitalauszehrung   198
         i) Investitionsbedarf   201
         j) Minderung der Ertragsteuerbelastung?   201
         k) Schema zur Ermittlung des maßgeblichen Eigenkapitals
            und des maßgeblichen Betriebsergebnisses   202
VIII. Besonderheiten bei nicht mehr werbend tätigen Unternehmen . .   203
  IX. Besonderheiten bei Betriebsstilllegung   203
   X. Anpassungsprüfung bei Unterstützungskassen, Pensionskassen
      und Direktversicherungen   204
  XI. Besonderheiten bei Konzernverflechtungen   205
      1. Vertragskonzerne   206
      2. Qualifiziert faktische Konzerne   206
      3. Nachholende Anpassung in Konzernverbindungen   207
      4. Vertrauensschutz in Konzernverbindungen   208
 XII. Mitteilungspflicht des Arbeitgebers   208
XIII. Betriebsverfassungsrechtliche Mitbestimmung bei der
      Betriebsrentenanpassung   208
XIV. Verjährungsfragen   209
      1. Verjährung des Rentenstammrechts und der einzelnen Raten .   209
      2. Bedeutung für rückwärtige Rentenanpassungen   209
 XV. Umsetzung der Anpassungsentscheidung / Klagemöglichkeit . .   210
XVI. Gesetzliche Ausnahmen von der Anpassungsverpflichtung . . .   211
      1. Ausnahme des § 16 Abs. 2 BetrAVG   211
      2. Ausnahme des § 16 Abs. 3 BetrAVG   211
      3. Ausnahme des § 16 Abs. 5 BetrAVG   212

Inhaltsverzeichnis

§ 5 **Muster** 213
 A. Änderungskündigung (mit Empfangsbekenntnis) 213
 B. Änderungskündigungsschutzklage gem. § 2 KSchG 214
 C. Klage des Arbeitnehmers auf Zahlung der angerechneten Zulage . . . 216
 D. Klage des Betriebsrats bei mitbestimmungswidriger Anrechnung von
    Tariflohnerhöhungen 217
 E. Antrag des Betriebsrats auf Erlass einer einstweiligen Verfügung bei
    mitbestimmungswidriger Anrechnung von Tariflohnerhöhungen 220
 F. Feststellungsantrag des Betriebsrats zu den Wirkungen der Kündigung
    einer Versorgungsbetriebsvereinbarung 223
 G. Feststellungsklage des Arbeitnehmers hinsichtlich widerrufener
    Versorgungszusage 225
 H. Anpassungsklage nach § 16 BetrAVG 227

Stichwortverzeichnis 231

Abkürzungsverzeichnis

a.A.	anderer Ansicht
a.a.O.	am angegebenen Ort
ABl EG	Amtsblatt der Europäischen Gemeinschaften
Abs.	Absatz
AE	Arbeitsrechtliche Entscheidungen
AEntG	Arbeitnehmerentsendegesetz
a.f.	alte Fassung
AfA	Absetzung für Abnutzungen
AFG	Arbeitsförderungsgesetz
AFRG	Arbeitsförderungs-Reformgesetz
AG	Aktiengesellschaft, Amtsgericht, Die Aktiengesellschaft (Zeitschrift)
AGBG	Gesetz zur Regelung des Rechts der Allgemeinen Geschäftsbedingungen
AGS	Anwalts Gebühren Spezial (Zeitschrift)
AiB	Arbeitsrecht im Betrieb (Zeitschrift)
AktG	Aktiengesetz
AltZertG	Altervorsorgeverträge-Zertifizierungsgesetz
a.M.	anderer Meinung
Anm.	Anmerkung
AnwBl	Anwaltsblatt (Zeitschrift)
AO	Abgabenordnung
AP	Arbeitsrechtliche Praxis
ArbG	Arbeitsgericht
ArbGG	Arbeitsgerichtsgesetz
ArbNErfG	Gesetz über Arbeitnehmererfindungen
ArbPlSchG	Gesetz über den Schutz des Arbeitplatzes bei Einberufung zum Wehrdienst
ArbStättV	Verordnung über Arbeitsstätten
ArbRB	Der Arbeits-Rechts-Berater (Zeitschrift)
ArbRBeschFG	Arbeitsrechtliches Beschäftigungsförderungsgesetz
ArbuR	Arbeit und Recht (Zeitschrift)
ArbZG	Arbeitszeitgesetz
ARST	Arbeitsrecht in Stichworten (Zeitschrift)
Art.	Artikel
ASiG	Arbeitssicherheitsgesetz
ATG	Altersteilzeitgesetz
ATO	Allgemeine Tarifordnung für Arbeitnehmer im öffentlichen Dienst
AuA	Arbeit und Arbeitsrecht (Zeitschrift)

Abkürzungsverzeichnis

Aufl.	Auflage
AÜG	Gesetz zur Regelung der gewerbsmäßigen Arbeitnehmerüberlassung
AuR	Arbeit und Recht (Zeitschrift)
AVmG	Altersvermögensgesetz
AWG	Außenwirtschaftsgesetz
Az	Aktenzeichen
AZO	Arbeitszeitordnung
BA	Bundesagentur für Arbeit
BAG	Bundesarbeitsgericht
BAGE	Entscheidungssammlung des Bundesarbeitsgerichts
BAnz	Bundesanzeiger
BAT	Bundesangestelltentarifvertrag
BB	Betriebs-Berater (Zeitschrift)
BBiG	Berufsbildungsgesetz
BDSG	Bundesdatenschutzgesetz
BErzGG	Bundeserziehungsgeldgesetz
BeschFG	Beschäftigungsförderungsgesetz
BetrAV	Betriebliche Altersversorgung (Zeitschrift)
BetrAVG	Gesetz zur Verbesserung der betrieblichen Altersversorgung
BetrR	Der Betriebsrat (Zeitschrift)
BetrVG	Betriebsverfassungsgesetz
BFH	Bundesfinanzhof
BFHE	Entscheidungssammlung des Bundesfinanzhofs
BGB	Bürgerliches Gesetzbuch
BGBl	Bundesgesetzblatt
BGH	Bundesgerichtshof
BPersVG	Bundespersonalvertretungsgesetz
BStBl	Bundessteuerblatt
Buchst.	Buchstabe
BUrlG	Bundesurlaubsgesetz
DB	Der Betrieb (Zeitschrift)
ders./dies.	derselbe/dieselbe(n)
DZWiR	Deutsche Zeitschrift für Wirtschaftsrecht
EFZG	Entgeltfortzahlungsgesetz
EGBGB	Einführungsgesetz zum Bürgerlichen Gesetzbuch
EGHGB	Einführungsgesetz zur Handelsgesetzbuch
ERA	Entgeltrahmentarifvertrag
ErfK	Erfurter Kommentar
EStG	Einkommensteuergesetz
EStR	Einkommensteuer-Richtlinien

Abkürzungsverzeichnis

EU	Europäische Union
EuGH	Gemeinsamer Gerichtshof der Europäischen Gemeinschaften
EWiR	Entscheidungen zum Wirtschaftsrecht (Zeitschrift)
EzA	Entscheidungssammlung zum Arbeitsrecht
EzA-SD	Entscheidungssammlung zum Arbeitsrecht Schnelldienst (Zeitschrift)
f., ff.	folgende, fortfolgende
FA	Fachanwalt Arbeitsrecht (Zeitschrift)
FS	Festschrift
GbR	Gesellschaft bürgerlichen Rechts
gem.	gemäß
GewArchiv	Gewerbearchiv (Zeitschrift)
GewO	Gewerbeordnung
GG	Grundgesetz
ggf.	gegebenenfalls
GK	Gemeinschaftskommentar
GmbH	Gesellschaft mit beschränkter Haftung
GmbHG	GmbH-Gesetz
GmbHR	GmbH-Rundschau (Zeitschrift)
GS	Großer Senat
GVG	Gerichtsverfassungsgesetz
HGB	Handelsgesetzbuch
h.L./h.M.	herrschende Lehre/herrschende Meinung
Hrsg.	Herausgeber
Hs	Halbsatz
i.d.F.	in der Fassung
InsO	Insolvenzordnung
i.S.d./v.	im Sinne des/der/von
i.V.m.	in Verbindung mit
JArbSchG	Jugendarbeitsschutzgesetz
KapCoRiLiG	Kapitalgesellschaften- und Co-Richtlinie-Gesetz
KG	Kommanditgesellschaft
KR	Gemeinschaftskommentar zum KSchG
KSchG	Kündigungsschutzgesetz
LAG	Landesarbeitsgericht
LAGE	Entscheidungen der Landesarbeitsgerichte
Lit.	Literatur
LM	Nachschlagewerk des BGH, hrsg. von Lindenmaier/Möhring
LohnFG	Lohnfortzahlungsgesetz

Abkürzungsverzeichnis

m. (abl./krit.) Anm.	mit (ablehnender/kritischer) Anmerkung
MitbestG	Mitbestimmungsgesetz
MüKo	Münchener Kommentar
MuSchG	Mutterschutzgesetz
m.w.N.	mit weiteren Nachweisen
NachwG	Nachweisgesetz
n.F.	neue Fassung
NJW	Neue Juristische Wochenschrift (Zeitschrift)
NJW-RR	Neue Juristische Wochenschrift Rechtsprechungs-Report (Zeitschrift)
Nr.	Nummer
n.rkr.	nicht rechtskräftig
n.v.	nicht veröffentlicht
NZA	Neue Zeitschrift für Arbeitsrecht
NZA-RR	Neue Zeitschrift für Arbeitsrecht Rechtsprechungs-Report
NZS	Neue Zeitschrift für Sozialrecht
OHG	Offene Handelsgesellschaft
OLG	Oberlandesgericht
PSVaG	Pensionssicherungsverein auf Gegenseitigkeit
Rn	Randnummer
Rspr.	Rechtsprechung
RVG	Rechtsanwaltsvergütungsgesetz
RzK	Rechtsprechung zum Kündigungsrecht
SAE	Sammlung arbeitsrechtlicher Entscheidungen
SchuldRModG	Schuldrechtsmodernisierungsgesetz
SGB	Sozialgesetzbuch
SprAuG	Sprecherausschussgesetz
StGB	Strafgesetzbuch
str.	streitig
st.Rspr.	ständige Rechtsprechung
TV	Tarifvertrag
TVAng	Tarifvertrag für Angestellte
TVG	Tarifvertragsgesetz
TzBfG	Teilzeit- und Befristungsgesetz
u.a.	unter anderem
u.ä.	und Ähnliches
UmwG	Umwandlungsgesetz
Urt.	Urteil

Abkürzungsverzeichnis

v.	von, vom
VermBG	Gesetz zur Förderung der Vermögensbildung der Arbeitnehmer
vgl.	vergleiche
VO	Verordnung
WährG	Währungsgesetz
WiB	Wirtschaftsrechtliche Beratung (Zeitschrift)
WM	Zeitschrift für Wirtschafts- und Bankrecht, Wertpapiermitteilungen
WO	Wahlordnung
z.B.	zum Beispiel
ZDG	Zivildienstgesetz
ZfA	Zeitschrift für Arbeitsrecht
ZInsO	Zeitschrift für das gesamte Insolvenzrecht
ZTR	Zeitschrift für Tarif-, Arbeits- und Sozialrecht des öffentlichen Dienstes

Literaturverzeichnis

Kommentare, Monographien:

Andresen/Förster/Rößler, Arbeitsrecht der betrieblichen Altersversorgung mit sozialversicherungsrechtlicher Grundlegung, Loseblatt (Stand: März 2004)

Ascheid, Kündigungsschutzrecht, 1993

Ascheid/Preis/Schmidt, Kündigungsrecht, Großkommentar, 2002 (zitiert: APS/*Bearbeiter*)

Bepler, Betriebliche Altersversorgung, 2002

Blomeyer/Otto, Gesetz zur Verbesserung der betrieblichen Altersversorgung, 3. Auflage 2004

Däubler/Kittner/Klebe (Hrsg.), Kommentar zum Tarifvertragsgesetz, 2003 (zitiert: Däubler/*Bearbeiter*)

Erfurter Kommentar zum Arbeitsrecht, hrsg. von Dieterich/Preis/Müller-Gloge/Schaub, 4. Auflage 2004 (zitiert: ErfK/*Bearbeiter*)

Fitting/Engels/Schmidt/Trebinger/Linsenmaier, Betriebsverfassungsgesetz mit Wahlordnung, Handkommentar, 22. Auflage 2004 (zitiert: *Fitting u.a.*)

Griebeling/Griebeling, Betriebliche Altersversorgung, 2. Auflage 2003

Hanau (Hrsg.), Festschrift für Günther Wiese zum 70. Geburtstag, 1998

Höfer, Gesetz zur Verbesserung der betrieblichen Altersversorgung, Loseblatt (Stand: September 2003)

v. Hoyningen-Huene/Linck, Kündigungsschutzgesetz, Kommentar, 13. Auflage 2002

Hümmerich, AnwaltFormulare Arbeitsrecht, 5. Auflage 2004

Hümmerich/Spirolke, Das arbeitsrechtliche Mandat, 2. Auflage 2003 (zitiert: H/S-*Bearbeiter*)

Kempen/Zachert, Tarifvertragsgesetz, 3. Auflage 1997

Kemper/Kisters-Kölkes/Berenz, BetrAVG, Kommentar, 2003 (zitiert: *Kemper u.a.*)

KR – Gemeinschaftskommentar zum Kündigungsschutzgesetz und zu sonstigen kündigungsschutzrechtlichen Vorschriften, verf. von Becker/Etzel/Bader u.a., 6. Auflage 2002 (zitiert: KR/*Bearbeiter*)

Küttner, Personalbuch 2004 (zitiert: Küttner/*Bearbeiter*)

Lindemann, Flexible Gestaltung von Arbeitsbedingungen nach der Schuldrechtsreform, 2003

Literaturverzeichnis

Langohr-Plato, Betriebliche Altersversorgung, 2. Auflage 2002

Löwisch/Rieble, Tarifvertragsgesetz, Kommentar, 1992

Münchener Handbuch zum Arbeitsrecht, hrsg. von Richardi/Wlotzke, 2. Auflage 2000 (zitiert: MünchArbR/*Bearbeiter*)

Münchener Kommentar zum BGB, hrsg. von Rebmann/Säcker/Rixecker, 4. Auflage 2001 (zitiert: MüKo-BGB/*Bearbeiter*)

Neef, Der Besitzstand in der betrieblichen Altersversorgung, in: Festschrift 50 Jahre Bundesarbeitsgericht, 2004

Preis, Der Arbeitsvertrag, 2002

Schaub, Arbeitsrechts-Handbuch, 10. Auflage 2002

Schwerdtner, Die Kürzung oder Einstellung betrieblicher Versorgungsleistungen wegen wirtschaftlicher Notlage des Arbeitgebers, in: Festschrift Uhlenbruck, 2002

Stahlhacke/Preis/Vossen, Kündigung und Kündigungsschutz im Arbeitsverhältnis, 8. Auflage 2002

Staudinger, Kommentar zum Bürgerlichen Gesetzbuch, 13. Auflage 1993 ff. (zitiert: Staudinger/*Bearbeiter*)

Stege/Weinspach/Schiefer, Betriebsverfassungsgesetz, Handkommentar, 9. Auflage 2002

Tschöpe (Hrsg.), Anwalts-Handbuch Arbeitsrecht, 3. Auflage 2003 (zitiert: Tschöpe/*Bearbeiter*)

Wiedemann (Hrsg.), Tarifvertragsgesetz, 6. Auflage 1999 (zitiert: Wiedemann/*Bearbeiter*)

Willemsen/Hohenstatt/Schweibert/Seibt, Umstrukturierung und Übertragung von Unternehmen, 2. Auflage 2003 (zitiert: *Willemsen u.a.*)

Ziepke/Schneider, Anrechnung und Widerruf, 2. Auflage 2000

Aufsätze:

Boemke/Seifert, Mitbestimmung bei vollständiger und gleichmäßiger Anrechnung von Tariflohnerhöhungen auf übertarifliche Zulagen, BB 2001, 985

Diller, Insolvenzvermeidung durch außergerichtliche Übernahme von Betriebsrenten durch den PSV, ZIP 1997, 765

Doetsch, Erhaltung der Gestaltungsfreiheit bei der betrieblichen Altersversorgung, DB 1993, 981

Gaul, Neue Rechtsprechung zur betrieblichen Altersversorgung, AuA 1997, 371

Literaturverzeichnis

Griebeling, Die Änderung und Ablösung betrieblicher Versorgungszusagen, ZIP 1993, 1055

Hanau/Kania, Stufentarifverträge, DB 1995, 1229, 1232

Hartauer, Zur Prüfung der wirtschaftlichen Lage nach § 16 BetrAVG, DB 1996, 2080

Hoß, Neue Rechtsprechung zur Anrechnung der Tariflohnerhöhung, NZA 1997, 1129

Kania, Flucht vor ERA – Zu spät?, BB 2004, 665

Langohr-Plato, Die rechtlichen Rahmenbedingungen bei der Anpassungsprüfung laufender Betriebsrenten nach § 16 BetrAVG, BB 2002, 406

ders., Rechtliche Rahmenbedingungen bei Eingriffen in betriebliche Rentensysteme, MDR 1994, 853

Löwisch, Die Änderung von Arbeitsbedingungen auf individualrechtlichem Wege, insbesondere durch Änderungskündigung, NZA 1988, 633

Ludewig/Kube, Zur Berücksichtigung einer angemessenen Eigenkapitalverzinsung und der Ertragsteuern im Rahmen der Anpassungsentscheidung nach § 16 BetrAVG, DB 1998, 1725

Pauly, Betriebliche Altersversorgung – Keine Anpassung der Betriebsrente bei fehlender angemessener Eigenkapitalverzinsung, DB 1996, 1731

Reiserer, Freiwilligkeits- und Widerrufsvorbehalt bei Gratifikation, DB 1997, 426

Reiter, Der Neue Entgeltrahmentarifvertrag (ERA) für die Metallindustrie und die Eingriffsbefugnisse der Tarifvertragsparteien in bestehende Betriebsvereinbarungen, BB 2004, 437

Richardi, Ablösung arbeitsvertraglicher Vereinbarungen durch Betriebsvereinbarung, NZA 1990, 331

Roßmanith, Die Kündigung von Betriebsvereinbarungen über betriebliche Altersversorgung, DB 1999, 634

Schneider, Anrechnung von Tariferhöhungen, DB 2000, 922

Schneider, Anrechnung von Tarifverbesserungen, insbesondere Tariflohnerhöhungen auf übertarifliche Vergütungsbestandteile, DB 1993, 2530

Schwab, Mindestarbeitsbedingungen nach Verbandsaustritt des Arbeitgebers, BB 1994, 781, 782

Sowka, Die Anrechnung von Tariferhöhungen auf übertarifliche Zulagen – Leitfaden für die betriebliche Praxis, WiB 1995, 782

§ 1 Abschaffung, Kürzung und Rückforderung von arbeitsvertraglich vereinbarten Sozialleistungen

A. Begriffsbestimmungen

I. Arbeitsvergütung

Wesentlicher Bestandteil der arbeitsvertraglichen Pflichten des Arbeitgebers ist nach § 611 BGB die Zahlung der Arbeitsvergütung an den Arbeitnehmer. Dabei ist unter der Vergütung jeder geldwerte Vorteil zu sehen, der als Gegenleistung für die vom Arbeitnehmer erbrachte Arbeitsleistung bestimmt ist. Bei der Bemessung der Art und Höhe der Arbeitsvergütung sind die Vertragsparteien in ihren Vereinbarungen frei. Das grundsätzlich geltende Prinzip der **Vertragsfreiheit** wird dabei im Wesentlichen beschränkt durch die Grundsätze der Lohngleichheit und der Tarifbindung. 1

Zunehmend spielt bei den vertraglichen Vereinbarungen zwischen Arbeitnehmern und Arbeitgebern jedoch nicht allein die Vereinbarung der Arbeitsvergütung die wesentliche Rolle. Vielmehr sind es eine Vielzahl von **betrieblichen Sozialleistungen**, die arbeitgeberseitig gewährt und Bestandteil der arbeitsrechtlichen Vereinbarungen über die Vergütung werden. Bei der Beurteilung der Frage, welche Ansprüche den Arbeitnehmern aus den Vergütungs- und Vergütungsnebenbestandteilen zustehen, kommt es ganz entscheidend auf die vertraglichen Grundlagen an, da in der Praxis häufig nicht alle betrieblichen Sozialleistungen ausdrücklich vereinbart und im schriftlichen Arbeitsvertrag festgehalten werden. 2

II. Vergütungsbestandteile

Neben dem vertraglich vereinbarten Entgelt, welches regelmäßig das monatliche Gehalt bzw. den monatlichen Lohn darstellt, können zusätzliche Vergütungsbestandteile vereinbart werden. Die häufigste Form der Vereinbarung von zusätzlichen Vergütungsbestandteilen stellt dabei die Vereinbarung der Zahlung eines **13. Monatsgehalts** (teilweise auch eines 14. Gehalts) dar. Andere **Entgeltbestandteile** sind Sonderzuschläge, wie z.B. Überstundenzuschläge, Mehrarbeitsvergütungen, Erschwerniszuschläge. 3

Den Vergütungsbestandteilen ist dabei immanent, dass Sie als Entgelt einen Bestandteil der Vergütung darstellen und damit allein eine Honorierung der erbrachten Arbeitsleistungen in der Vergangenheit sind. Damit stellen die Vergütungsbestandteile, auch 4

§ 1 Abschaffung arbeitsvertraglich vereinbarter Sozialleistungen

das 13. Monatsgehalt, einen Teil der vertraglich geschuldeten Vergütung dar, die im **Gegenseitigkeitsverhältnis** zu der erbrachten Arbeitsleistung steht.[1]

III. Vergütungsnebenbestandteile

5 Zusätzlich zu den Entgeltbestandteilen werden oft weitere Leistungen vereinbart, die **Vergütungsnebenbestandteile** sind. Diese betrieblichen Sozialleistungen können sehr vielfältiger Natur sein. Am häufigsten haben wir es mit **Sonderzuwendungen (Gratifikationen)** zu tun. Diese werden neben dem vereinbarten Entgelt gewährt und sind häufig an besondere Anlässe gebunden. Zu den bekanntesten Formen der Gratifikationen zählen dabei das **Weihnachts- und Urlaubsgeld**. Aber auch andere Zuwendungen, wie z.b. für Geschäfts- und Dienstjubiläen, gehören zu den Gratifikationen.

6 Die Besonderheit der betrieblichen Sozialleistungen gegenüber dem vertraglich vereinbarten Entgelt besteht darin, dass die Sonderzuwendungen nicht nur eine Anerkennung für geleistete Dienste darstellen, sondern auch gleichzeitig ein Ausgleich für die in der Vergangenheit erwiesene **Betriebstreue** und/oder ein Anreiz für zukünftige Betriebstreue sein sollen.[2] Gleichwohl hat aber die Sonderzuwendung **Entgeltcharakter**, was sie entscheidend von Geschenken des Arbeitgebers, die als Bar- oder Naturalleistung erbracht werden können, unterscheidet. Auch bei einer freiwilligen Leistung behalten die betrieblichen Sozialleistungen ihren Entgeltcharakter, auch wenn sie vom Arbeitgeber als Geschenk bezeichnet werden.[3]

B. Individualrechtliche Grundlagen

I. Inhalt der einzelvertraglichen Vereinbarung

7 Weder auf Vergütungsbestandteile wie das 13. Gehalt noch auf Gratifikationen wie Weihnachts- und Urlaubsgeld gibt es einen gesetzlichen Anspruch. Daher kommt es ganz wesentlich darauf an, was die Parteien vereinbart haben. Dabei ist von entscheidender Bedeutung, auch für die Beurteilung der bestehenden Ansprüche und der Freiwilligkeits- und Widerrufsvorbehalte (siehe Rn 67 ff.) sowie der Rückforderungsmöglichkeiten (siehe Rn 104 ff.), ob es sich bei den Vereinbarungen um einen Vertragsbestandteil oder um eine Sonderzuwendung/Gratifikation handelt.

8 Es bedarf daher der **Auslegung**, ob es sich bei dem fraglichen Anspruch um einen Entgeltbestandteil oder eine betriebliche Sozialleistung handelt. Bei der Auslegung der vertraglichen Vereinbarungen kommt es nicht darauf an, welchen Begriff die Parteien

---

1 BAG NZA 1999, 766.
2 BAG AP Nr. 100 zu § 611 BGB Gratifikation.
3 BAG AP Nr. 93 zu § 611 BGB Gratifikation.

für die Sondervergütung wählen. Es ist unerheblich, ob die Sondervergütung als Gratifikation, Weihnachts- und/oder Urlaubsgeld, 13. Monatsgehalt etc. bezeichnet wird. Entscheidend sind die von den Arbeitsvertragsparteien festgelegten Anspruchsvoraussetzungen. Der jeweilige **Inhalt der Zusage einer Sonderleistung** des Arbeitgebers ist deren Charakter zu entnehmen. Hieraus ergeben sich die Voraussetzungen, ob und wann ein entsprechender Anspruch entstehen soll, unter welchen Bedingungen er gekürzt werden kann oder entfällt.[4]

Bei der Beurteilung der Art der Sonderleistung werden von der Rechtsprechung drei Arten unterschieden, und zwar:
- Sonderzahlungen mit reinem Entgeltcharakter,
- Sonderzahlungen zur Honorierung vergangener und/oder zukünftiger Betriebstreue,
- Sonderzahlungen mit Mischcharakter.

1. Sonderzahlungen mit reinem Entgeltcharakter

Eine Sonderzahlung mit reinem Entgeltcharakter stellt ausschließlich eine Gegenleistung für die erbrachte Arbeitsleistung des Arbeitnehmers im Bezugszeitraum dar. Der Arbeitnehmer **verdient** diesen Anspruch neben der vertraglich vereinbarten Arbeitsvergütung, und zwar in den jeweiligen Abrechnungsmonaten. Lediglich die Auszahlung erfolgt erst am vereinbarten Fälligkeitszeitpunkt.[5] Bei den Sonderzahlungen mit reinem Entgeltcharakter handelt es sich um einen **Vergütungsbestandteil**, der von der erbrachten Arbeitsleistung des Arbeitnehmers im Bezugszeitraum abhängt. Im Regelfall handelt es sich bei solchen Sonderleistungen um die Zahlung eines 13. Gehalts.

Unter bestimmten Umständen ist die Vereinbarung eines »Weihnachtsgelds« dahin gehend auszulegen, dass diese Sonderzuwendung den Rechtscharakter eines reinen Arbeitsentgelts hat und keine Gratifikation mit Mischcharakter darstellt. Dies ist insbesondere dann gegeben, wenn der Anspruch auf Weihnachtsgeld weder eine Wartezeit noch ein ungekündigtes Arbeitsverhältnis voraussetzt, eine Rückzahlungsklausel nicht vereinbart wird und die Regelung im systematischen Zusammenhang mit der Vergütungsregelung steht.[6]

2. Sonderzahlungen zur Belohnung der Betriebstreue

Eine **Gratifikation im engeren Sinne** stellt es dar, wenn die Sonderleistung die vergangene und/oder zukünftige Betriebstreue honorieren soll. Durch eine solche Sonderleistung kann eine ununterbrochene Betriebszugehörigkeit in der Vergangenheit

---

4 BAG AP Nr. 162 zu § 611 BGB Gratifikation.
5 BAG AP Nr. 172 zu § 611 BGB Gratifikation.
6 BAG v. 21.5.2003–10 AZR 408/02, n.v.

§ 1   Abschaffung arbeitsvertraglich vereinbarter Sozialleistungen

belohnt werden, und zwar dergestalt, dass für die Entstehung eines Anspruchs auf die Sonderzahlung ausschließlich die Dauer der rechtlichen Zugehörigkeit des Arbeitnehmers zum Betrieb des Arbeitgebers entscheidend ist.

13 *Praxishinweis*
Eine Sonderleistungszusage als Ausgleich für zurückliegende Betriebstreue ist in den Arbeitsverträgen im Wesentlichen daran zu erkennen, dass das Arbeitsverhältnis zu einem bestimmten **Stichtag** noch besteht (siehe dazu Rn 63 ff.).

14 Durch eine in die Zukunft gerichtete Stichtagsregelung kann die Vereinbarung einer Gratifikation derart ausgestattet werden, dass diese eine Belohnung für zukünftig zu erwartende Betriebszugehörigkeit darstellt.

3. Sonderzahlungen mit Mischcharakter

15 Häufig werden Sonderzahlungen vereinbart, die einen sog. Mischcharakter haben. Mit solchen Sonderleistungen werden sowohl die erbrachte **Arbeitsleistung** als auch die vergangene und/oder zukünftige **Betriebstreue** honoriert. Solche Vereinbarungen finden sich häufig in Tarifverträgen oder in Arbeitsverträgen.

II. Rechtsgrundlagen

1. Ausdrückliche Vereinbarung im Arbeitsvertrag

16 Am einfachsten ist es für die Arbeitsvertragsparteien, wenn eine ausdrückliche **vertragliche Vereinbarung** vorliegt. Es ist zwar nicht erforderlich, dass eine entsprechende Vereinbarung schriftlich erfolgt, da einzelvertragliche Vereinbarungen grundsätzlich keiner Form bedürfen. Zweckmäßig ist eine schriftliche Fixierung aber in jedem Fall.

17 Nach § 2 Abs. 2 S. 1 NachwG hat der Arbeitgeber ohnehin spätestens einen Monat nach dem vereinbarten Beginn des Arbeitsverhältnisses die wesentlichen Vertragsbedingungen schriftlich niederzulegen, die Niederschrift zu unterzeichnen und dem Arbeitnehmer auszuhändigen. In diese Niederschrift sind unter anderem die Zusammensetzung und die Höhe des Arbeitsentgeltes einschließlich der Zuschläge, der Zulagen, Prämien und Sonderzahlungen sowie anderer Bestandteile des Arbeitsentgelts und deren Fälligkeit aufzunehmen (§ 2 Abs. 2 S. 2 Nr. 6 NachwG).

2. Mehrmalige vorbehaltlose Zahlung

18 Unabhängig von einer ausdrücklichen Vereinbarung kann ein individualrechtlicher Anspruch auch entstehen durch eine mehrmalige vorbehaltlose Zahlung einer betrieblichen Sozialleistung durch den Arbeitgeber an den einzelnen Arbeitnehmer. Eine

einzelvertragliche Vereinbarung gilt daher auch dann als zustande gekommen, wenn der Arbeitgeber dem einzelnen Arbeitnehmer die Gratifikation in **drei aufeinander folgenden Jahren vorbehaltlos** gewährt hat. Der individuelle Anspruch des einzelnen Arbeitnehmers entsteht allein aus der vorbehaltlosen Zahlung, wobei nicht erforderlich ist, dass eine betriebliche Übung gegenüber allen Arbeitnehmers entsteht. Es handelt sich hier um einen einzelvertraglichen Anspruch des Arbeitnehmers.

3. Betriebliche Übung

Ein Gratifikationsanspruch kann für den einzelnen Arbeitnehmer auch aus einer im Betrieb des Arbeitgebers bestehenden, für alle Arbeitnehmer geltenden betrieblichen Übung heraus entstehen. Eine betriebliche Übung stellt eine regelmäßige **Wiederholung bestimmter Verhaltensweisen** eines Arbeitgebers dar, woraus die im Betrieb beschäftigten Arbeitnehmer schließen können, die Leistung bzw. Zahlung soll den Arbeitnehmern auf Dauer eingeräumt werden. 19

Aus dem konkludenten Verhalten der Vertragsparteien, nämlich des Arbeitgebers einerseits und der Arbeitnehmer andererseits, entsteht hier ein **vertraglicher Anspruch** des Arbeitnehmers auf die im Betrieb üblich gewordenen Leistungen des Arbeitgebers. Dabei ist das Verhalten des Arbeitgebers als Vertragsangebot zu werten. Dieses wird durch den Arbeitnehmer stillschweigend angenommen. 20

Der Arbeitgeber kann das Entstehen einer Bindungswirkung aufgrund seines Verhaltens und der daraus entstehenden betrieblichen Übung nur durch Erklärung entsprechender **Vorbehalte** verhindern (siehe Rn 67 ff.). Es kommt nämlich bei der Entstehung eines Anspruchs aus betrieblicher Übung nicht auf den Verpflichtungswillen des Arbeitgebers an. Entscheidend ist vielmehr, wie der Arbeitnehmer die Erklärung oder das Verhalten des Arbeitgebers **nach Treu und Glauben** unter Berücksichtigung aller Begleitumstände verstehen musste und verstehen durfte. 21

Im Regelfall entsteht eine betriebliche Übung, wenn der Arbeitgeber die betriebliche Sonderleistung an die Arbeitnehmer in drei aufeinander folgenden Bezugszeiträumen vorbehaltlos zahlt. Es ist jedoch immer zu prüfen, ob sich aus den Umständen im Einzelfall Anhaltspunkte ergeben, aus denen zu schließen ist, dass es seitens des Arbeitgebers an einem Bindungswillen für die Zukunft fehlt.[7] 22

> *Praxishinweis* 23
> So entsteht nach der Rechtsprechung des BAG dann keine betriebliche Übung, wenn die Zahlung einer Sonderleistung zwar in drei aufeinander folgenden Zeiträumen vorbehaltlos erfolgt, jedoch die Zahlungen **in jeweils unterschiedlicher Höhe** durchgeführt werden. In diesem Falle kann der Arbeitnehmer nicht

---

[7] BAG NZA 1998, 423.

§ 1 Abschaffung arbeitsvertraglich vereinbarter Sozialleistungen

darauf vertrauen, hier auch in Zukunft einen Anspruch auf die Leistung zu haben. Der Arbeitnehmer kann hier lediglich von einem jährlichen Bindungswillen des Arbeitgebers ausgehen.[8]

24 Für **neu begründete Arbeitsverhältnisse** gilt eine bereits bestehende betriebliche Übung im Betrieb des Arbeitgebers uneingeschränkt, es sei denn, dass die Geltung der betriebliche Übung in den vertraglichen Vereinbarungen zwischen neu eingestelltem Arbeitnehmer und Arbeitgeber ausdrücklich ausgeschlossen ist.[9]

25 Eine betriebliche Übung, die einmal entstanden ist, stellt jedoch keine Bindung für alle Zeit dar. Sie kann durch die arbeitsvertraglichen Gestaltungsmittel jederzeit aufgehoben oder geändert werden, und zwar durch Kündigung, Aufhebungsvertrag oder durch eine andere betriebliche Übung. Insbesondere ist es möglich, eine bisherige betriebliche Übung durch eine **dreijährige »Nichtübung«** aus der Welt zu schaffen.[10] Widerspricht der Arbeitnehmer einer neuen Handhabung durch den Arbeitgeber über einen Zeitraum von drei Jahren nicht, so wird die betriebliche Übung entsprechend geändert.[11]

26 Eine solche Änderung der betrieblichen Übung ist auch dahin gehend möglich, dass eine bislang vorbehaltlose Zahlung einer Gratifikation nur noch unter dem **Vorbehalt der Freiwilligkeit** der Leistung erbracht werden soll. Dann muss aber der Arbeitgeber klar und unmissverständlich erklären, dass die bisherige betriebliche Übung einer vorbehaltlosen Zahlung beendet und ersetzt werden soll durch eine Leistung, auf die in Zukunft ein Rechtsanspruch nicht mehr bestehen soll.[12]

27 Kein Anspruch aus einer betrieblichen Übung besteht allerdings dann, wenn das Arbeitsverhältnis rechtlich **unterbrochen** war, **neu begründet** wurde und im Übrigen die Voraussetzung einer betrieblichen Übung bzw. einer dreimaligen vorbehaltlosen Zahlung nicht gegeben ist. Dies gilt dann, wenn in dem neuen Arbeitsvertrag die Hauptpflichten in dem rechtlich selbständigen Anschlussarbeitsverhältnis neu festgelegt werden. Dann gilt dies für sämtliche Entgeltansprüche. Damit wird das Arbeitsverhältnis auf eine neue vertragliche Grundlage gestellt. Ansprüche auf Zahlung eines Weihnachtsgelds, die durch betriebliche Übung entstanden waren, sind damit nicht automatisch Bestandteil des neu begründeten Arbeitsverhältnisses.[13]

---

8 BAG NJW 1996, 3166.
9 BAG AP Nr. 9 zu § 242 BGB Betriebliche Übung.
10 ArbG Frankfurt v. 23.10.2002–7/14 Ca 681/02, n.v.
11 BAG NJW 2000, 308.
12 BAG NJW 2000, 308.
13 LAG Niedersachsen NZA-RR 2003, 531.

B. Individualrechtliche Grundlagen § 1

Praxishinweis 28
Eine betriebliche Übung zur Zahlung von Weihnachtsgeld wird bei Beendigung des Arbeitsverhältnisses ebenfalls beendet. Sie lebt bei einer rechtlichen Neubegründung des Arbeitsverhältnisses nicht wieder auf. Eine **Fortwirkung** der Anspruchsbegründung aus betrieblicher Übung ist nicht gegeben.

Eine Änderung einer betrieblichen Übung **durch eine Betriebsvereinbarung** ist nach der Auffassung des Großen Senats des BAG nur dann möglich, wenn die Änderung vorbehalten oder die Geschäftsgrundlage entfallen ist.[14] 29

4. Gesamtzusage

Eine weitere Form der Individualzusage stellt nach h.M. die Gewährung einer Gratifikation durch den Arbeitgeber aufgrund einer Gesamtzusage oder einer arbeitsvertraglichen Einheitsregelung dar. Durch eine Gesamtzusage hat der Arbeitgeber die Möglichkeit, an die **gesamte** Belegschaft **zusätzliche Leistungen** zu gewähren. Dies gilt jedoch nur für Arbeitnehmer begünstigende Regelungen. Die Gewährung erfolgt durch eine förmliche Bekanntgabe, die Annahme des Angebots[15] erfolgt durch die Arbeitnehmer konkludent, ohne dass es einer ausdrücklichen Annahmeerklärung bedarf. 30

Gesamtzusagen werden Bestandteil des Arbeitsvertrags. Insofern gelten hinsichtlich der Ansprüche auf betriebliche Sonderleistungen aus Gesamtzusagen die Ausführungen im Hinblick auf die Vereinbarungen im Arbeitsvertrag (siehe Rn 16 f.). 31

Praxishinweis 32
Eine den Arbeitnehmer im Hinblick auf die Sondervergütung begünstigende Gesamtzusage kann regelmäßig nicht durch eine spätere Kollektivvereinbarung verschlechtert werden.[16]

5. Arbeitsrechtlicher Gleichbehandlungsgrundsatz

a) Grundsatz der Gleichbehandlung

Schließlich kann sich ein einzelvertraglicher Anspruch des Arbeitnehmers auf eine Gratifikation auch aus dem arbeitsrechtlichen Gleichbehandlungsgrundsatz ergeben. Hiernach steht dem einzelnen Arbeitnehmer dann ein Anspruch auf eine Gratifikation zu, wenn der Arbeitgeber **allen** Arbeitnehmern oder einer **Gruppe** von Arbeitnehmern, die **objektiv abgrenzbar** ist, eine solche Sonderzuwendung gewährt. Dem Arbeitgeber 33

---
14 BAG NZA 1992, 702.
15 BAG AP Nr. 247 zu § 611 BGB Gratifikation.
16 BAG NZA 2002, 408.

§ 1 Abschaffung arbeitsvertraglich vereinbarter Sozialleistungen

ist es insoweit untersagt, einzelne Arbeitnehmer von dem Bezug der Sonderleistung auszuschließen. Zu diesem Grundsatz gibt es jedoch eine Reihe von Ausnahmen:

b) Zulässige Ausnahmen von der Gleichbehandlung

aa) Elternzeit

34 So ist es auch nach dem arbeitsrechtlichen Gleichbehandlungsgrundsatz nicht zu beanstanden, wenn von der Gewährung einer Weihnachtsgratifikation Arbeitnehmer ausgenommen werden, deren Arbeitsverhältnis wegen der **Inanspruchnahme der Elternzeit** (früher: Erziehungsurlaub) ruhen.[17] Anders ist dies allerdings zu bewerten, wenn Mutterschutzzeiten (Beschäftigungsverbote) zu einem Ausschluss von einer Sonderzahlung oder einer eventuellen Benachteiligung führen.[18]

bb) Drittmittelfinanzierung

35 Werden dem Arbeitgeber von einem Dritten Mittel für die Zahlung einer Gratifikation zur Verfügung gestellt, die **arbeitsplatzgebunden** sind, so folgt aus dem Gleichbehandlungsgrundsatz nicht, dass der Arbeitgeber verpflichtet ist, aus eigenen Mitteln auch an die auf den anderen Arbeitsplätzen beschäftigten Mitarbeiter eine entsprechende Gratifikation zu gewähren.[19]

cc) Betriebsübernahme

36 Ferner verstößt der Arbeitgeber nicht gegen den arbeitsrechtlichen Gleichbehandlungsgrundsatz, wenn er eine freiwillig gewährte Gratifikation an seine **Stammbelegschaft** zahlt, während die im Zuge einer Betriebsübernahme übernommenen Arbeitnehmer, deren Vergütungsniveau insgesamt höher ist als das der Stammbelegschaft, von dieser Zahlung ausgenommen werden.[20]

dd) Sachliche Gründe

37 **Gewerbliche Arbeitnehmer** können aus dem Gesichtspunkt des Gleichbehandlungsgrundsatzes dann nicht die höhere Gratifikation geltend machen, wenn der Arbeitgeber den Angestellten eine höhere Jahressonderzuwendung gewährt, um diese aus sachlichen Gründen näher an sein Unternehmen zu binden. Ein solcher sachlicher Grund

---

17 BAG NZA 2000, 944.
18 EUGH NZA 1999, 1325.
19 BAG NZA 2003, 1274.
20 LAG Düsseldorf LAGReport 2003, 263.

könnte in einem **Kostenaufwand** des Unternehmens für eine interne Ausbildung der Angestellten liegen.[21]

Ein sachlicher Grund für die unterschiedliche Höhe einer freiwilligen Sonderzahlung an verschiedene Arbeitnehmer ist auch dann gegeben, wenn durch die höhere Zahlung ein Ausgleich für nicht angeordnete **Mehrarbeit** gewährt werden soll.[22] 38

Möglich ist auch eine Differenzierung zwischen der Gruppe der auf zuwendungs- oder teilweise zuwendungsfinanzierten Stellen beschäftigten Arbeitnehmer und der Gruppe der auf leistungsfinanzierten Stellen beschäftigten Arbeitnehmer. Auch dies stellt einen **wirtschaftlichen Grund** dar, der eine sachliche Abweichung vom Gleichbehandlungsgrundsatz rechtfertigt.[23] 39

ee) Leistungsverhalten

Der arbeitsrechtliche Gleichbehandlungsgrundsatz hindert den Arbeitgeber schließlich nicht daran, die Zahlung einer freiwilligen Gratifikation nach dem Leistungsverhalten der Arbeitnehmer zu differenzieren. Der Arbeitgeber ist dann jedoch verpflichtet, entsprechende **Differenzierungsgründe** rechtzeitig offen zu legen. Rechtzeitig bedeutet in diesem Falle, dass die **Offenlegung** spätestens dann erfolgen muss, wenn ein übergangener Arbeitnehmer die Zahlung der Gratifikation unter Berufung auf den Gleichbehandlungsgrundsatz verlangt.[24] 40

ff) Gekündigtes Arbeitsverhältnis

Dem Arbeitgeber ist es auch unbenommen, bei Sonderzahlungen, die ansonsten an keine Anspruchsvoraussetzungen geknüpft sind, zwischen Arbeitnehmern, die in einem ungekündigten Arbeitsverhältnis stehen, und Arbeitnehmern, die in einem gekündigten Arbeitsverhältnis stehen, zu unterscheiden. Ein Anspruch aus dem Gleichbehandlungsgrundsatz ist dann nicht gegeben, da sich die **Umstände** bei bestehendem Arbeitsverhältnis wesentlich von denen bei gekündigtem unterscheiden.[25] 41

gg) Krankheit

Gewährt der Arbeitgeber eine Weihnachtszuwendung als freiwillige Leistung, also ohne Rechtspflicht oder Rechtsbindung für die Zukunft, so ist es ihm möglich, in den 42

---

21 BAG NZA 2003, 724.
22 LAG Hamburg v. 16.1.2003–1 Sa 27/02, n.v.
23 LAG Berlin v. 21.6.2002–8 Sa 657/02, n.v.
24 LAG Schleswig-Holstein v. 11.05.2000–4 Sa 431/99, n.v.
25 LAG Rheinland-Pfalz v. 13.11.2002–9 Sa 623/02, n.v.

§ 1 Abschaffung arbeitsvertraglich vereinbarter Sozialleistungen

Grenzen des § 4a S. 2 EFZG, die Arbeitnehmer auszunehmen, die im Bezugszeitraum **krankheitsbedingte Fehlzeiten** aufweisen[26] (siehe Rn 50).

6. Tarifvertrag, Betriebsvereinbarung

43 Ansprüche auf betriebliche Sozialleistungen können sich auch aus Tarifverträgen und/oder Betriebsvereinbarungen ergeben. Siehe dazu im Einzelnen § 3 Rn 8 ff. und 24 ff.

III. Kürzungs- und Ausschlussmöglichkeiten, Stichtagsklauseln

1. Zulässigkeit von Kürzungs- und Ausschlussvereinbarungen

44 Von besonderem Interesse ist die Frage, ob der Arbeitgeber berechtigt ist, die vereinbarten betrieblichen Sozialleistungen im Falle der **Nichterbringung der Arbeitsleistung** durch den Arbeitnehmer zu kürzen oder zu streichen. In Betracht kommen hier im Wesentlichen krankheitsbedingte Fehlzeiten des Arbeitnehmers oder die anderweitige Nichterbringung von Arbeitsleistungen durch den Arbeitnehmer, wie z.B. bei der Inanspruchnahme von Elternzeit.

45 Ob eine Kürzung der Sonderzahlung bei Fehlzeiten des Arbeitnehmers möglich ist, hängt in entscheidendem Maße davon ab, ob eine entsprechende **wirksame Vereinbarung** zwischen den Arbeitsvertragsparteien getroffen worden ist. Hierbei ist zu unterscheiden, ob die Sonderzahlung reinen Entgeltcharakter hat, eine Honorierung für die erwiesene bzw. zukünftige Betriebstreue darstellt oder Mischcharakter besitzt.

a) Sonderzahlungen mit reinem Entgeltcharakter

46 Bei Sonderzahlungen mit reinem Entgeltcharakter ist wie folgt zu unterscheiden:
- Für Fehlzeiten, für die ein **Entgeltfortzahlungsanspruch** nach dem EFZG besteht, ist eine Kürzungsvereinbarung nicht möglich und daher wegen § 134 BGB nichtig.
- Für Fehlzeiten, für die ein solcher **Entgeltfortzahlungsanspruch nicht** besteht, bedarf es keiner Kürzungsvereinbarung, da für diese Zeiten kein anteiliger Anspruch auf die Sonderzahlung besteht.[27]

b) Sonderzahlungen zur Belohnung der Betriebstreue

47 Wenn es sich um eine Leistung für die erwiesene und/oder für die zukünftige **Betriebstreue** handelt, entfällt der Anspruch auf die Sonderzahlung im Falle der Nicht-

---

26 BAG NZA 2002, 1284.
27 BAG NZA 2001, 785.

erbringung der Arbeitsleistung **nicht**. In diesem Falle müssen Kürzungsmöglichkeiten ausdrücklich vereinbart werden.

c) Sonderzahlungen mit Mischcharakter

Wenn die Sonderzahlung **Mischcharakter** hat, also zugleich ein Entgelt für die erbrachte Arbeitsleistung und eine Belohnung der Betriebstreue darstellt, entfällt der Anspruch ebenfalls nicht automatisch. Für Zeiten der Nichterbringung der Arbeitsleistung ist eine Kürzungsvereinbarung zulässig.[28]

48

2. Grenzen von Kürzungsvereinbarungen

Wenn eine Kürzungsvereinbarung grundsätzlich wirksam ist, ist zu klären, welchen **Umfang** die Kürzungen haben. Dies hängt wiederum im Wesentlichen von den Vereinbarungen zwischen Arbeitgeber und Arbeitnehmer ab. Diese sind entsprechend **auszulegen**, wobei die in der Vereinbarung festgelegten wie auch die gesetzlichen **Grenzen** zu beachten sind.

49

Dabei ist folgende Besonderheit zu berücksichtigen: Die Vereinbarung von Kürzungsmöglichkeiten wegen **krankheitsbedingter Fehlzeiten** ist **nur** im Rahmen des § 4a EFZG zulässig. Dies gilt auch dann, wenn es sich bei der fraglichen Leistung um eine Sondervergütung »im freien Ermessen« handelt.[29]

50

Die Parteien haben zum einen die Möglichkeit, die Kürzungsvereinbarung auf **sämtliche Zeiten** zu erstrecken, in denen die Arbeitsleistung nicht erbracht wird. Zum anderen werden in Kürzungsvereinbarungen auch häufig **genaue Gründe** des Nichterbringens der Arbeitsleistung genannt. So kann insbesondere eine Begrenzung der Kürzungsmöglichkeit auf krankheitsbedingte Fehlzeiten, Elternzeit etc. beschränkt werden. In diesem Falle kann dann die Kürzungsmöglichkeit nicht auf andere Gründe für Fehlzeiten ausgedehnt werden.[30]

51

Eine Kürzungsvereinbarung kann ferner auch dahin gehend gefasst werden, dass eine Kürzung der Sonderzahlung dann eintritt, wenn das **Arbeitsverhältnis ruht**. In diesem Falle tritt die Kürzung dann ein, wenn ein gesetzlicher oder vertraglicher Ruhenstatbestand erfüllt ist. Um gesetzliche Ruhenstatbestände handelt es sich z.B. bei Fehlzeiten aufgrund eines rechtmäßigen Arbeitskampfs oder aufgrund der Inanspruchnahme der Elternzeit.[31]

52

---

28 BAG NZA 1996, 155.
29 LAG München v. 12.3.2003–9 Sa 980/02, n.v.
30 BAG NZA 1995, 951.
31 BAG EzA § 611 Gratifikation, Prämie Nr. 158.

§ 1 Abschaffung arbeitsvertraglich vereinbarter Sozialleistungen

53 *Praxishinweis*
Bei einer Kürzungsvereinbarung für den Fall des **Ruhens** des Arbeitsverhältnisses besteht keine Kürzungsmöglichkeit, wenn Fehlzeiten aufgrund von Krankheit entstehen. Durch krankheitsbedingte Arbeitsunfähigkeit tritt kein Ruhen des Arbeitsverhältnisses ein.[32]

54 Bei Sonderzahlungen mit **Mischcharakter** bzw. als **Honorierung der Betriebstreue** ist zudem auch eine Kürzungsvereinbarung möglich, welche sich auf krankheitsbedingte Fehlzeiten des Arbeitnehmers bezieht, für die dem Arbeitnehmer ein gesetzlicher Entgeltfortzahlungsanspruch zusteht.[33] Ferner besteht eine Kürzungsmöglichkeit auch für eine Sonderzahlung/Gratifikation mit Mischcharakter, wenn diese vorgesehen ist für die Zeit von Beschäftigungsverboten, z.B. Mutterschutz.[34]

3. Höhe der Kürzung

55 Im Regelfall erfolgt die Kürzung gemäß den vertraglichen Vereinbarungen **proportional** je anrechenbarem Fehltag. Bei überproportionalen Kürzungsvereinbarungen müssen diese dem Grundsatz der Verhältnismäßigkeit entsprechen.

56 *Praxishinweis*
Nach § 4a S. 2 EFZG darf die Kürzung einer Sondervergütung für jeden Tag der Arbeitsunfähigkeit infolge von Krankheit ein Viertel des Arbeitsentgelts, das im Jahresdurchschnitt auf einen Arbeitstag entfällt, nicht überschreiten.

4. Stichtagsklauseln

57 Kürzungsvereinbarungen können auch mit Stichtagsklauseln verbunden werden. So ist die Vereinbarung, dass eine Sonderzahlung nur **anteilig** gezahlt wird, wenn das Arbeitsverhältnis zum Zeitpunkt der Auszahlung (Stichtag) noch nicht im gesamten Bezugszeitraum bestanden hat, zulässig. Ebenfalls zulässig sind Vereinbarungen, wonach ein Anspruch auf eine Sonderzahlung **nur dann** besteht, wenn zu einem Stichtag eine bestimmte Wartezeit erfüllt ist. Es kann auch vereinbart werden, dass ein Anspruch auf eine Sonderzahlung nur für die Arbeitnehmer besteht, die **vor** einem bestimmten Stichtag eingestellt wurden. Die Sonderzahlung kann vertraglich auch davon abhängig gemacht werden, dass das Arbeitsverhältnis zu einem bestimmten Zeitpunkt (Stichtag) **noch besteht** oder **ungekündigt** ist. Durch eine entsprechende Klausel kann ein Anspruch auf die Zahlung auch bei einer **betriebsbedingten Kündigung** des Arbeitgebers vor dem Stichtag ausgeschlossen werden. Folgende Besonderheiten sind zu beachten:

---

32 BAG NZA 1996, 542.
33 BAG NZA 2002, 1284.
34 BAG NZA 1995, 1165.

B. Individualrechtliche Grundlagen § 1

Hat die Sonderzahlung **reinen Entgeltcharakter**, entfällt der Anspruch auf diese Leistung nicht automatisch beim vorzeitigen Ausscheiden. Es entsteht hier ein **anteiliger Anspruch** entsprechend den Zeiten, in denen die Vergütung im Bezugszeitraum anteilig »verdient« wurde. Vorliegend ist lediglich der Fälligkeitszeitpunkt auf einen bestimmten Stichtag hinausgeschoben. 58

Stellt dagegen die Sonderzahlung eine allein die **Betriebstreue** honorierende Leistung dar, dann besteht **kein Anspruch** auf diese Leistung, wenn das Arbeitsverhältnis zum entsprechenden Stichtag (Fälligkeit bzw. Auszahlung) nicht mehr besteht bzw. gekündigt ist.[35] 59

Praxishinweis 60
Das gilt auch für die betriebsbedingte Kündigung, nicht jedoch für den **Aufhebungsvertrag**. Im Falle der Beendigung zum Stichtag durch Aufhebungsvertrag muss die Kürzung bzw. der Wegfall des Anspruchs auf die Sonderleistung, die allein die Betriebstreue honoriert, **ausdrücklich vereinbart** werden. Ein Aufhebungsvertrag steht in diesem Falle einer Kündigung nicht gleich.[36]

Liegt eine Stichtagsklausel **nicht** vor, muss im Einzelfall geklärt werden, ob auch bei einem vorzeitigen Ausscheiden des Arbeitnehmers ein Anspruch bzw. anteiliger Anspruch auf die vereinbarte Sonderzahlung besteht. So kann aus der **Formulierung** als »Weihnachtsgeld« zwar geschlossen werden, dass ein Anspruch auf dieses »Weihnachts«-Geld nur gegeben sein soll, wenn das Arbeitsverhältnis zu Weihnachten noch besteht.[37] Allerdings sind immer die jeweils individuellen Absprachen maßgeblich. 61

Praxishinweis 62
Wird im Arbeitsvertrag die Regelung zum Weihnachtsgeld unmittelbar mit der Vergütungsvereinbarung getroffen, so kann aus diesem **systematischen Zusammenhang** geschlossen werden, dass das Bestehen des Arbeitsverhältnisses am Auszahlungstag nicht Voraussetzung für den Anspruch auf (anteilige) Zahlung des Weihnachtsgelds ist.[38]

Stichtagsklauseln sind häufig ein Indiz dafür, dass es sich bei der Sonderleistung nicht um eine Honorierung der erbrachten Leistungen handelt, sondern dass **zumindest auch** eine Belohnung für erbrachte oder zukünftige **Betriebstreue** erfolgen soll (siehe Rn 13). 63

Durch eine Stichtagsklausel, welche den Fortbestand des Arbeitsverhältnisses über einen bestimmten Zeitpunkt hinaus im Rahmen einer **zumutbaren Bindung** festschreiben will, wird auch die zukünftige Betriebstreue ausgeglichen. Eine solche 64

---

35 BAG EzA BGB § 611 Gratifikation, Prämie Nr. 87.
36 BAG AP Nr. 146 zu § 611 BGB Gratifikation.
37 BAG NZA 1994, 651.
38 BAG v. 21.5.2003–10 AZR 408/02, n.v.

§ 1 Abschaffung arbeitsvertraglich vereinbarter Sozialleistungen

Stichtagsklausel liegt dann vor, wenn festgelegt wird, dass für den Anspruch auf die Sonderzahlung das Bestehen des Arbeitsverhältnisses an einem bestimmten Stichtag und darüber hinaus bis zu einem bestimmten weiteren Stichtag erforderlich ist.

65 *Formulierungsbeispiel*
»Dem Arbeitnehmer steht die Zahlung eines Weihnachtsgelds in Höhe von ▓▓▓ EUR zu. Die Auszahlung des Weihnachtsgelds erfolgt mit dem November-Gehalt. Der Anspruch besteht nur, wenn das Arbeitsverhältnis am 30.11. des Kalenderjahres ununterbrochen zwölf Monate bestanden hat.«

66 Eine Stichtagsregelung im Hinblick auf zukünftige Betriebstreue wird im Regelfall in Verbindung mit einer Rückzahlungsklausel vereinbart (siehe Rn 104 ff.).

C. Freiwilligkeits- und Widerrufsvorbehalte

I. Grundsätze

67 In der Praxis stellt sich immer wieder die Frage, wie Zusagen zur Zahlung von betrieblichen Sozialleistungen geändert werden können. Bei der Änderung ist es völlig unerheblich, auf welcher vertraglichen Grundlage diese Zusagen beruhen, sei es z.B. auf ausdrücklicher arbeitsvertraglicher Vereinbarung oder auf betrieblicher Übung.

68 Da es sich bei der Zusage betrieblicher Sozialleistungen um einen vertraglichen Anspruch handelt, kann diese Zusage **einvernehmlich** durch die bekannten arbeitsrechtlichen Instrumentarien, insbesondere durch Änderungsvertrag oder Aufhebungsvertrag abgeändert oder aufgehoben werden. In Betracht kommt allerdings auch die Änderung durch eine Änderungskündigung (siehe dazu Rn 142 ff.).

69 Eine Möglichkeit für den Arbeitgeber, **einseitig** Zusagen für betriebliche Sozialleistungen abzuändern oder für die Zukunft wegfallen zu lassen, sieht die Rechtsprechung in der Vereinbarung von –zulässigen – Freiwilligkeits- und Widerrufvorbehalten.

70 *Praxishinweis*
Zu beachten ist, dass Freiwilligkeits- und Widerrufsvorbehalte zwischen den Arbeitsvertragsparteien **vereinbart** sein müssen. Fehlt eine solche Vereinbarung, kann der Arbeitgeber eine einmal erteilte Zusage nicht widerrufen. Er wäre dann zur Leistung verpflichtet.

71 Grundsätzlich ist es zulässig, in die Vereinbarung von Sonderzahlungen die unter Widerrufs- und/oder Freiwilligkeitsvorbehalten stehen, auch **Leistungsaspekte** einfließen zu lassen. Dies verstößt nicht gegen den arbeitsrechtlichen Gleichbehandlungsgrundsatz, wenn eine rechtzeitige Offenlegung der Differenzierung durch den Arbeitgeber erfolgt (siehe Rn 40).

II. Freiwilligkeitsvorbehalt

1. Begriff

Ein Anspruch des Arbeitnehmers auf Zahlung einer Sonderzuwendung besteht dann nicht, wenn die Gewährung unter einem Freiwilligkeitsvorbehalt steht. Durch einen ausdrücklichen Freiwilligkeitsvorbehalt ist der Arbeitgeber berechtigt, eine Sonderzahlung **jederzeit** (ohne vorherige Ankündigung und ohne Bindung an § 315 BGB) einzustellen, zu kürzen oder die Voraussetzungen für ihre Gewährung zu ändern. Behält sich der Arbeitgeber die Freiwilligkeit der Zahlung vor, so steht es in seinem **Ermessen**, ob er die Zahlung leistet oder nicht. Einer besonderen Begründung für die Nichtgewährung bedarf es dabei nicht. Der Arbeitnehmer, der weiß, dass der Arbeitgeber noch darüber entscheiden muss, ob er überhaupt eine Gratifikation zahlen will, muss auch damit rechnen, dass der Arbeitgeber sie von anderen Voraussetzungen und Bedingungen abhängig macht. Dazu gehört es, dass bestimmte Gruppen von Arbeitnehmern von der Leistung gänzlich ausgenommen werden.

72

Behält sich der Arbeitgeber die Freiwilligkeit der Sonderzahlung vor, so ist für den Arbeitnehmer ein Anspruch **für die Zukunft**, und nur für die Zukunft ausgeschlossen. Ein rückwirkender Ausschluss ist nicht möglich. Der Arbeitgeber kann bei einem wirksamen Freiwilligkeitsvorbehalt jedes Jahr erneut die Entscheidung treffen, ob und unter welchen Voraussetzungen die Zahlung der Sonderzuwendung erfolgt.[39]

73

Mit einem Freiwilligkeitsvorbehalt kann der Arbeitgeber auch Ansprüche des Arbeitnehmers auf Zahlung einer betrieblichen Sozialleistung **im laufenden Bezugszeitraum** ausschließen.[40] Dies gilt unabhängig davon, ob der Arbeitnehmer in Erwartung der Sonderzahlung bereits entsprechende Dispositionen getroffen hat. Hat sich der Arbeitgeber wirksam die Freiwilligkeit der Gratifikationszahlung vorbehalten, muss der Arbeitnehmer damit rechnen, dass er die Leistung nicht erhält. Denn ein Arbeitnehmer, der weiß, dass der Arbeitgeber noch über die Leistungsgewährung zu entscheiden hat, muss stets damit rechnen, dass der Arbeitgeber die Leistung einstellen oder von neuen Bedingung abhängig machen kann.

74

Die Vereinbarung eines Freiwilligkeitsvorbehalts stellt sicher, dass auch nach einer entsprechenden betrieblichen Übung und bei dreimaliger vorbehaltsloser Zahlung **kein durchsetzbarer Anspruch** auf Zahlung der Gratifikation entstehen kann. Der Arbeitgeber kann insoweit im Arbeitsvertrag eine Zusage zur Zahlung einer Gratifikation dergestalt gewähren, dass er sich in jedem Jahr von neuem vorbehält, ob, unter welchen Voraussetzungen und in welcher Höhe die Gratifikation gezahlt werden soll.[41]

75

---

39 BAG NZA 2001, 24.
40 BAG EzA § 611 BGB Gratifikation, Prämie Nr. 141.
41 BAG NZA 2000, 944.

§ 1 Abschaffung arbeitsvertraglich vereinbarter Sozialleistungen

76 *Praxishinweis*
Durch einen Freiwilligkeitsvorbehalt wird nicht der anspruchsbegründende Charakter einer Gratifikationszusage (§ 194 Abs. 1 BGB) beseitigt. Es wird lediglich die **Durchsetzbarkeit** eines Anspruchs eingeschränkt.

77 Durch einen Freiwilligkeitsvorbehalt wird zudem verhindert, dass im Laufe des Bezugszeitraumes ein anteiliger Anspruch heranwächst und dem Arbeitnehmer ggf. eine **anteilige** Gratifikation zustehen könnte. Bei bestehendem Freiwilligkeitsvorbehalt kann ein Anspruch nur dann entstehen, wenn der Arbeitgeber für den Bezugszeitraum eine vorbehaltslose Zusage erteilt oder aber die zugesagte Gratifikation tatsächlich ausgezahlt wird.[42]

78 Das BAG geht auch in seiner aktuellen Rechtsprechung davon aus, dass bei vereinbartem Freiwilligkeitsvorbehalt sich allein aus der vertraglichen Vereinbarung noch kein durchsetzbarer Rechtsanspruch ergebe. Dieser entstehe nur dann, wenn der Arbeitgeber im Bezugsjahr eine vorbehaltslose Zusage erteilt, die Gratifikation auszahlt oder ggf. ein Verstoß gegen den Gleichbehandlungsgrundsatz (siehe Rn 33 ff.) gegeben ist.[43]

2. Formulierung des Freiwilligkeitsvorbehalts

79 Ein Freiwilligkeitsvorbehalt muss **eindeutig** gefasst sein. Aus der entsprechenden Klausel muss klar und deutlich ersichtlich sein, dass die Leistung freiwillig erfolgt und **keinen Rechtsanspruch** begründet. Will ein Arbeitgeber jede vertragliche Bindung verhindern und sich die volle Entscheidungsfreiheit vorbehalten, so muss er das in seiner Erklärung gegenüber dem Arbeitnehmer unmissverständlich deutlich machen, denn nach §§ 133, 157 BGB ist im Zweifel der Empfängerhorizont maßgeblich.

80 *Praxishinweis*
Unklarheiten bei der Formulierung von Freiwilligkeitsvorbehalten gehen zu Lasten des Verwenders. Im Zweifel steht dem Arbeitnehmer daher ein Anspruch auf die Auszahlung der vereinbarten Sonderleistung zu.

Nicht ausreichend ist ein Vorbehalt mit der Formulierung »Außerdem erhält der Arbeitnehmer folgende freiwillige Leistung: ...«. Diese Formulierung enthält keinen Ausschluss des Rechtsanspruchs, sie bezieht sich nur auf den Zusagezeitpunkt.[44]

81 Allein aus der **Formulierung als freiwillige Leistung** ergibt sich nämlich nicht, dass die Zusage ohne Bindungswillen erfolgte oder bis zur Auszahlung frei widerruflich oder modifizierbar sein sollte. Der Arbeitnehmer kann nämlich dann, wenn der fehlende Bindungswille des Arbeitgebers **nicht erkennbar** ist, davon ausgehen, dass das Wort »freiwillig« nur so zu verstehen sei, dass der Arbeitgeber sich freiwillig zur

---

42 BAG NZA 1996, 1027.
43 BAG NZA 2000, 944.
44 BAG MDR 2003, 272.

Erbringung der Leistung verpflichtet, ohne dass er dazu durch Tarifvertrag, Betriebsvereinbarung oder Gesetz gezwungen ist.[45]

Auch muss der Arbeitnehmer dann nicht davon ausgehen, dass ein Rechtsanspruch ausgeschlossen ist, wenn für die entsprechenden Leistungen im Arbeitsvertrag lediglich die **Überschrift »Freiwillige soziale Leistungen«** verwendet wird.[46] Allein aus der Überschrift ist ein mangelnder Bindungswille des Arbeitgebers für den Arbeitnehmer nicht ersichtlich. Es ist erforderlich, dass in der Vertragspassage ausdrücklich auf den Freiwilligkeitsvorbehalt hingewiesen wird. 82

Der Arbeitgeber muss also zur Wirksamkeit des Freiwilligkeitsvorbehalts in der entsprechenden Zusage deutlich zum Ausdruck bringen, dass die Leistung **ohne Anerkennung einer Rechtspflicht** gewährt werden soll. Nur dann kann er in jedem Jahr erneut eine Entscheidung darüber treffen, ob, unter welchen Voraussetzungen und an welche Arbeitnehmer eine Gratifikation gezahlt werden soll.[47] Dieser Grundsatz liegt auch der Rechtsprechung des **BAG** zugrunde. Das BAG wendet die sog. Freiwilligkeitsklausel deshalb in den Fällen an, in denen der Arbeitgeber in einer für den Arbeitnehmer unmissverständlichen Weise kundgetan hat,[48] dass »ein Anspruch nicht hergeleitet werden kann«[49] oder die Leistung »ohne Anerkennung einer Rechtspflicht«[50] in Aussicht gestellt wird. 83

Neuerdings noch verstärkt durch das **Transparenzgebot** des § 307 Abs. 1 S. 2 BGB ist ein Freiwilligkeitsvorbehalt nur wirksam, wenn der Arbeitgeber ausdrücklich klarstellt, dass er nicht nur freiwillig leistet, sondern auch einen Rechtsanspruch **für die Zukunft ausschließen** will. Seit In-Kraft-Treten des Schuldrechtsmodernisierungsgesetzes findet eine **Inhaltskontrolle** vorformulierter Vertragsbedingungen nach den §§ 305 ff. BGB statt. Die früher für das Arbeitsrecht geltende Bereichsausnahme des AGBG wurde aufgehoben. Bei der Anwendung der §§ 305 ff. BGB n.F. auf Arbeitsverträge sind jedoch gem. § 310 Abs. 4 S. 2 BGB die im Arbeitsrecht geltenden Besonderheiten angemessen zu berücksichtigen. 84

Formulierungsbeispiele 85
Unter Berücksichtigung der Rechtsprechung des BAG ist folgende Formulierung eines Freiwilligkeitsvorbehalts denkbar:
»Die Zahlung der Gratifikation erfolgt als freiwillige Leistung des Unternehmens. Auch bei mehrmaliger Zahlung und wiederholter Gewährung ergibt sich kein Anspruch auf Zahlung der Gratifikation für die Zukunft.«

---

45 BAG AP Nr. 247 zu § 611 BGB Gratifikation.
46 BAG NZA 2001, 24.
47 BAG NZA 2000, 944.
48 BAG EzA § 242 BGB Betriebliche Übung Nr. 43.
49 BAG AP Nr. 193 zu § 611 BGB Gratifikation.
50 BAG AP Nr. 187 zu § 611 BGB Gratifikation.

§ 1 Abschaffung arbeitsvertraglich vereinbarter Sozialleistungen

Auch der folgende, von *Schiefer*[51] empfohlene Wortlaut ist von der Rechtsprechung als klar und unmissverständlich akzeptiert worden:
»Bei Weihnachts-, Urlaubs- oder Abschlussgratifikationen handelt es sich um freiwillige Leistungen, die ohne Anerkennung einer Rechtspflicht gewährt werden und auch bei wiederholter Zahlung keinen Rechtsanspruch für die Zukunft begründen.«

III. Widerrufsvorbehalt

1. Begriff

86 Vom Freiwilligkeitsvorbehalt ist der Widerrufsvorbehalt zu unterscheiden. Durch einen Widerrufsvorbehalt wird der Arbeitgeber lediglich berechtigt, eine einmal erteilte Zusage, aus der sich ein vertraglicher Anspruch des Arbeitnehmers ergibt, abzuändern oder zu streichen. Mit einem wirksamen Widerrufsvorbehalt wird der Arbeitgeber in die Lage versetzt, eine zugesicherte Leistung **für die Zukunft auszuschließen**.

87 Wie der Freiwilligkeitsvorbehalt muss auch der Widerrufsvorbehalt **ausdrücklich** zwischen den Vertragsparteien **vereinbart** sein (siehe Rn 72 ff.). Bei der Ausübung des Widerrufs hat der Arbeitgeber die **Grundsätze des billigen Ermessens** nach § 315 BGB zu beachten[52] (siehe dazu näher Rn 96 ff.).

88 Die Zulässigkeit eines Widerrufsvorbehalts hat jedoch auch Grenzen. Führt die Vereinbarung eines Rechts zur einseitigen Änderung einzelner Vertragsbedingungen zu einer **Umgehung des zwingenden Kündigungsschutzrechts**, ist eine solche Vereinbarung nach § 134 BGB nichtig.[53] Dies ist dann der Fall, wenn durch die vorgesehene einseitige Änderung wesentlicher Elemente des Arbeitsvertrags eine Störung des Gleichgewichtes zwischen Leistung und Gegenleistung eintritt.[54]

89 *Praxishinweis*
Eine Umgehung des Kündigungsschutzes liegt nach der Rechtsprechung dann vor, wenn die Kürzung einer Zulage mehr als **15 %** beträgt.[55]

2. Formulierung des Widerrufsvorbehalts

90 Der Widerrufsvorbehalt muss ausdrücklich vereinbart und **eindeutig gefasst** sein. So interpretiert das BAG z.B. die Wendungen »übertarifliche freiwillige Zulage« oder »freiwillige Sozialleistung« nicht als Vereinbarung eines Vorbehalts.[56] Bei der

---

51 NZA-RR 2000, 560.
52 *Reiserer*, DB 1997, 426.
53 BAG NZA 1995, 603.
54 BAG DB 1983, 1368.
55 BAG NZA 1996, 603.
56 BAG NZA 2003, 147.

C. Freiwilligkeits- und Widerrufsvorbehalte § 1

Erklärung sind verschiedene Formulierungen denkbar. Die Widerrufsmöglichkeit sollte jedoch immer zum Ausdruck kommen.

Praxishinweis 91
Unklarheiten bei der Formulierung gehen zu Lasten des Arbeitgebers. Der Arbeitnehmer hat also im Zweifel Anspruch auf die Sonderzahlung.

Es empfiehlt sich, auch **die möglichen Gründe** im Hinblick auf die Ausübung 92
des billigen Ermessens bereits in der Vereinbarung anzugeben. Im Wesentlichen kommen hier wirtschaftliche Gründe in Betracht. Es kann aber auch allgemein auf ein betriebliches Erfordernis abgestellt werden.

Formulierungsbeispiele 93
»Die Zahlung der Gratifikation erfolgt unter dem Vorbehalt des Widerrufs. Der Widerruf ist aus wirtschaftlichen Gründen möglich.«

»Der Arbeitgeber behält sich den Widerruf der Gratifikationszusage vor. Mit der Erklärung des Widerrufs sind dem Arbeitnehmer die Gründe des Widerrufs mitzuteilen. Als solche kommen sachliche, betriebliche Erfordernisse in Betracht, die eine Auszahlung der Gratifikation nach billigem Ermessen unmöglich machen.«

Enthält ein Schreiben des Arbeitgebers, das an die Belegschaft gerichtet und am 94
schwarzen Brett ausgehängt ist, eine übertarifliche Zulage, die unter einen Widerrufsvorbehalt gestellt ist, so wird diese Zusage in ihrer Gesamtheit als günstige Betriebsübung Inhalt des Vertrags der eintretenden Mitarbeiter. Das Angebot des Arbeitgebers ist als Ganzes zu sehen, so dass nicht nur die tatsächliche Besserstellung durch die übertarifliche Leistung durch den Arbeitnehmer schlüssig angenommen werden kann, sondern auch die Widerrufbarkeit Inhalt des Vertrags wird, weil die Mehrleistung, auch wenn sie widerruflich geleistet werden soll, eine insgesamt günstigere Regelung darstellt, die durch Entgegennahme seitens des Arbeitnehmers Vertragsinhalt in eben dieser Form wird.[57]

3. Widerruf

Der Widerruf einer vertraglich zugesicherten Sonderzahlung zielt ab auf die **Be-** 95
seitigung des bestehenden Anspruchs. Er stellt eine empfangsbedürftige Willenserklärung dar. Mit ihm soll die Rechtsfolge, nämlich ein vertraglicher Anspruch, beseitigt werden.[58]

---

57 LAG Rheinland-Pfalz NZA-RR 1997, 468.
58 LAG Rheinland-Pfalz NZA-RR 2000, 409.

§ 1 Abschaffung arbeitsvertraglich vereinbarter Sozialleistungen

96   Die Wirksamkeit eines Widerrufs hängt von einer zweifachen Inhaltskontrolle ab:
- Auf der ersten Stufe muss die Vereinbarung des Widerrufsvorbehalts überhaupt wirksam sein. Dies verneint das BAG bislang für den Kernbestand des Arbeitsverhältnisses.[59]
- Auf einer zweiten Stufe muss der konkrete Widerruf im Einzelfall dem billigen Ermessen i.S.d. § 315 BGB entsprechen.

97   Entscheidend ist, dass bei einem Widerrufsvorbehalt die anspruchsbegründende Zusage einer Gratifikation nur durch eine **ausdrückliche Willenserklärung des Arbeitgebers** beseitigt werden kann. Es sind die allgemeinen Regeln der Abgabe und des Zugangs einer empfangsbedürftigen Willenserklärung nach §§ 116 ff. BGB zu beachten. Dem Arbeitnehmer muss demzufolge eine ausdrückliche Erklärung zugehen, aus der sich ergibt, welche Zusage zu welchem Zeitpunkt widerrufen werden soll. Es empfiehlt sich hier ein Schreiben an den jeweiligen Arbeitnehmer, dessen Empfang bestätigt werden sollte.

98   *Formulierungsbeispiel*
»Sehr geehrte/r Frau/Herr ....,

hiermit erkläre ich den Widerruf der Zusage zur Zahlung eines Weihnachtsgeldes gemäß den Bestimmungen in § ... des Arbeitsvertrags. Der Widerruf gilt ab sofort. Mein Recht zum Widerruf der Weihnachtsgeldzusage ergibt sich aus dem im Arbeitsvertrag erklärten Widerrufsvorbehalt.

Mit freundlichen Grüßen

Arbeitgeber«

99   Bei einer Vielzahl von Arbeitnehmern, für die ein Widerruf einer Gratifikationszusage erklärt werden soll, kann es mitunter sehr mühsam sein, einzelne Widerrufserklärungen zu verfassen. Es kann insofern der Widerruf auch durch ein **Rundschreiben** erfolgen. Es muss jedoch auch dann der Zugang der Widerrufserklärung an alle Arbeitnehmer erfolgen. Es empfiehlt sich hier mit einer Namensliste zu arbeiten, auf der alle Arbeitnehmer die Kenntnisnahme der Widerrufserklärung mit ihrer Unterschrift bestätigen.

100   *Praxishinweis*
Für den **Zugang** eines Widerrufs ist es nicht ausreichend, wenn der Arbeitgeber die Widerrufserklärung am »Schwarzen Brett« im Betrieb aushängt. Damit ist ein wirksamer Zugang der Widerrufserklärung des Arbeitgebers an den einzelnen Arbeitnehmer nicht gegeben. Durch den Aushang wird zudem nicht gewährleistet, dass alle Arbeitnehmer Kenntnis vom Widerruf erhalten.[60]

101   Die Rechtswirksamkeit des Widerrufs hängt – ähnlich wie bei der »ablösenden Betriebsvereinbarung« – davon ab, ob beim Arbeitgeber **hinreichende Gründe** vorlie-

---

[59] ErfK/*Preis*, §§ 305–310 BGB Rn 57 m.w.N.
[60] LAG Rheinland-Pfalz NZA-RR 2000, 409.

gen. Es sind die Maßstäbe der Rechtsprechung zu beachten, die für die verschiedenen Widerrufsfälle aus den Grundsätzen von Treu und Glauben, der Billigkeit und der Angemessenheit/Verhältnismäßigkeit entwickelt wurden. Das Vorliegen solcher Gründe muss der Arbeitgeber **nachweisen**. Liegen die Gründe nicht vor oder können sie nicht hinreichend nachgewiesen werden, ist der ausgesprochene Widerruf unwirksam.

Der besondere Vertrauensschutz des Arbeitnehmers gebietet grundsätzlich, dass der Widerruf **unverzüglich bei Kenntnis der Widerrufsgründe** ausgesprochen wird. Der Widerruf wegen **wirtschaftlicher Notlage** wird ebenfalls unverzüglich zu erklären sein. Dies bedeutet allerdings nicht, dass die Erklärung schon bei Kenntnis der Notlage erfolgen muss. **102**

Hat sich der Arbeitgeber den Widerruf der vertraglich zugesicherten Sonderzuwendung vorbehalten, so bewirkt seine Erklärung, dass er die zugesagte Zahlung widerrufe, das **Erlöschen des Anspruchs** des Arbeitnehmers auf die entsprechende Leistung.[61] Diese Wirkung tritt jedoch nur dann ein, wenn die Widerrufserklärung dem Arbeitnehmer **vor der vertraglich vereinbarten Fälligkeit** zugeht.[62] Wenn und solange ihm nicht vor der Fälligkeit des Auszahlungsanspruchs ein Widerruf zugeht, hat der Arbeitnehmer einen Anspruch auf die vereinbarte Sonderzahlung. **103**

D. Rückzahlungsvorbehalte

I. Vertragliche Vereinbarung

In der Praxis werden Zusagen von Sonderzahlungen häufig mit Rückzahlungsvorbehalten verbunden. Diese sind zulässig und wirksam für Fälle, in denen der Arbeitnehmer **innerhalb der nächsten Zeit nach Fälligkeit** der Zahlung aus dem Arbeitsverhältnis ausscheidet. Die Möglichkeit der Vereinbarung von Rückzahlungsvorbehalten gilt allerdings nur für Vergütungsnebenbestandteile wie Sonderzahlungen/Gratifikationen oder andere Prämienzahlungen. **Ausgeschlossen** ist die Rückforderung eines 13. Gehalts, und zwar auch dann, wenn diese zwischen den Arbeitsvertragsparteien vereinbart ist. **104**

II. Zulässigkeit

1. Grundsatz

Die Rechtsprechung, insbesondere das BAG hat die Zulässigkeit von Rückzahlungsklauseln an Voraussetzungen geknüpft, die in die Rechte des Arbeitnehmers auf freie Arbeitsplatzwahl eingreifen. Die aufgestellten Zulässigkeitskriterien knüpfen dabei im Wesentlichen an zwei Aspekte, und zwar **105**

---

61 BAG NZA 2001, 24.
62 BAG NZA 2001, 24.

§ 1 Abschaffung arbeitsvertraglich vereinbarter Sozialleistungen

- an die **Höhe** der Sonderzahlung in Bezug auf das monatliche Gehalt und
- an den **Zeitpunkt** der Fälligkeit der Zahlung.

106 Dabei stellt der Zeitpunkt der Fälligkeit der Zahlung auch den **Beginn der Bindungswirkung** dar.

107 Nach der Rechtsprechung des BAG sind Rückzahlungsvorbehalte unzulässig und daher unwirksam,
- wenn sie Gratifikationen bis zu einer Höhe von 100 EUR betreffen[63] oder
- wenn sie den Arbeitnehmer über einen Zeitraum von mehr als sechs Monaten hinaus binden. Von diesem Grundsatz macht das BAG allerdings eine Ausnahme bei sehr hohen Gratifikationen (siehe Rn 113).

2. Bindungsfristen

a) Gratifikationen unter einem Monatsgehalt

108 Bei Sonderzahlungen, die **über** den Betrag von **100 EUR** hinausgehen und **unter einem Monatsgehalt** liegen, ist eine Bindungsfrist bis zu **maximal drei Monaten** zulässig.[64] Wird eine Gratifikation z.B. als Weihnachtsgeld zum Jahresende ausgezahlt und liegt die Höhe des zu diesem Zeitpunkt fälligen Betrags über 100 EUR und unter einem Monatsgehalt, dann ist eine maximale Bindung des Arbeitnehmers durch Vereinbarung einer Rückzahlungsklausel bis zum 31.3. des Folgejahres zulässig.[65] Wird dem Arbeitnehmer eine Weihnachtsgratifikation in Höhe von 50 % seines Gehalts gezahlt, so ist eine Klausel dann unwirksam, wenn sie eine Rückzahlung der Gratifikation für den Fall vorsieht, dass der Arbeitnehmer mit dem 31.3. des Folgejahres ausscheidet. Der Arbeitnehmer kann nur **bis zum 31.3. des Folgejahres** gebunden werden, wenn die Gratifikation weniger als ein Monatsgehalt beträgt.[66]

b) Gratifikationen in Höhe eines Monatsgehalts und darüber

109 Beträgt die Gratifikation ein Monatsgehalt oder mehr, kann eine Bindungsfrist von **maximal sechs Monaten** vereinbart werden. Bei dem zum Jahresende fälligem Weihnachtsgeld ist daher eine Rückzahlungsklausel mit einer Bindung über den 31.3. des Folgejahres hinaus, maximal bis zum 30.6. des Folgejahres zulässig. Dies gilt jedenfalls dann, wenn der Arbeitnehmer bis dahin mehrere Kündigungsmöglichkeiten hat.[67]

---

63 BAG DB 1982, 2144.
64 BAG EzA § 611 BGB Gratifikation, Prämie Nr. 61.
65 BAG NZA 2003, 1032.
66 BAG NZA 1993, 935.
67 BAG DB 1979, 898.

Praxishinweis **110**
Zu beachten ist ausdrücklich, dass die zulässige Bindungsdauer über den 31.3. des Folgejahres bereits bei einer Gratifikation in Höhe eines Monatsbezugs gilt. Will man die Bindungswirkung bis zum 31.3. des Folgejahres begrenzen, so muss deren Höhe unter einem Gehalt liegen.

Besonderheiten gelten, wenn die Höhe der Gratifikation genau ein Monatsgehalt **111** im Auszahlungsmonat beträgt. Hier ist neben der Höhe der Gratifikation und dem Auszahlungszeitpunkt zusätzlich noch die **Anzahl der Kündigungsmöglichkeiten** zu berücksichtigen, d.h. es ist nach der Anzahl der bis zum 31.3. des Folgejahres bestehenden Kündigungsmöglichkeiten des Arbeitnehmers zu differenzieren.[68]

Hat der Arbeitnehmer z.b. aufgrund einer einmonatigen Kündigungsfrist bis zum 31.3. **112** des Folgejahres mehrere Kündigungsmöglichkeiten, so kann er die Gratifikation nur dann behalten, wenn er den Betrieb erst **nach** dem 31.3. des Folgejahres zum nächst zulässigen Kündigungstermin verlässt.[69] Die Rückzahlungsbindung wird daher auf den Zeitpunkt nach dem 31.3. des Folgejahres erstreckt, der die kürzeste nach dem 31.3. in Gang gesetzte Kündigungsfrist um einen Tag überschreitet.[70] Stehen dem Arbeitnehmer bis zum 31.3. des Folgejahres **mehrere Kündigungsmöglichkeiten** zu, so ist die Kündigung zum 31.3. die letzte, die er auslassen muss, um der Rückzahlung der Gratifikation zu entgehen.

c) Höhere Gratifikationen

Liegt der Gratifikationsbetrag bei einer Höhe von zwei Monatsgehältern oder darüber, **113** dann ist ausnahmsweise auch eine Bindung **über** den Zeitraum von **sechs Monaten** hinaus möglich. Das BAG hat eine Klausel mit einer **abgestuften Rückzahlungsverpflichtung** bis zum Ende des neunten Monats nach der Auszahlung für zulässig erachtet.[71]

d) Berechnung der Bindungsfristen

aa) Beginn der Bindungsfrist

Bei der Berechnung der Bindungsfristen ist auf den **Zeitpunkt der Fälligkeit** bzw. **114** der Auszahlung der Gratifikation abzustellen. Maßgeblich ist dabei die Höhe der zu diesem Zeitpunkt vom Arbeitnehmer empfangenen Leistung.

---

68 LAG Nürnberg v. 28.5.2003–3 Sa 321/02, n.v.
69 BAG NZA 1993, 935.
70 LAG Nürnberg v. 28.5.2003–3 Sa 321/02, n.v.
71 BAG AP Nr. 1 zu § 611 BGB Urlaub und Gratifikation.

§ 1 Abschaffung arbeitsvertraglich vereinbarter Sozialleistungen

115 Insbesondere richtet sich die zulässige Bindungsdauer nicht nur nach der Höhe der Gratifikation, sondern auch nach dem Zeitpunkt der vereinbarten Fälligkeit der Leistung. Wenn eine einheitlich bezeichnete Leistung in zwei **Teilbeträgen** zu unterschiedlichen Zeitpunkten fällig wird, kann nur die zum Jahresende fällige Zahlung für die Bindungswirkung in das Folgejahr maßgeblich sein.[72]

116 *Beispiel*
*Wird die Zahlung einer Gratifikation in Höhe eines Monatsgehalts vereinbart, wobei jeweils 50 % als Urlaubsgeld im Sommer und 50 % als Weihnachtsgeld im November oder zum Jahresende gezahlt werden, dann ist für die Bemessung der Bindungswirkung in das Folgejahr auch nur der zum Jahresende gezahlte Teil der Gratifikation maßgeblich. Diese liegt mit 50 % dann **unter einem Monatsentgelt**, so dass die maximale Bindungsfrist bis zum 31.3. des Folgejahres gilt. Es ist nämlich nicht die Höhe der Gesamtleistung, sondern die Höhe des zuletzt gewährten Teilbetrags entscheidend.[73]*

bb) Ende der Bindungsfrist

117 Problematisch ist die Klärung der Frage, zu welchem **Zeitpunkt** der Arbeitnehmer nun aus dem Betrieb ausscheiden kann, ohne dass er die Bindungsfrist verletzt und damit zur Rückzahlung verpflichtet wird. Kann also der Arbeitnehmer z.B. vor dem 31.3., zum 31.3. oder erst nach dem 31.3. des Folgejahres ausscheiden?

118 Im Wesentlichen ist auch hier die Höhe der Gratifikation im Verhältnis zum Gehalt im Auszahlungszeitraum entscheidend (siehe Rn 105). Eine Rückzahlungsklausel ist daher auch dann unwirksam, wenn bei einer Weihnachtsgratifikation in Höhe von 50 % des Gehaltes die Rückzahlung der Gratifikation bei einem Ausscheiden des Arbeitnehmers **mit** dem 31.3. des Folgejahres vorgesehen wird.[74] Die Rückzahlung ist nur bei einem Ausscheiden **vor** dem 31.3. des Folgejahres möglich.

119 *Praxishinweis*
*Aus dieser Rechtsprechung folgt, dass eine Beendigung des Arbeitsverhältnisses mit Ablauf des 31.3. bei bestehender Rückzahlungsvereinbarung **keine Rückzahlung** der Weihnachtsgratifikation bewirkt, wenn diese unter einem Monatsbruttogehalt liegt.*

---

72 BAG NZA 2003, 1032.
73 LAG Hamm LAGE § 611 BGB Gratifikation Nr. 68c.
74 BAG NZA 1993, 935.

D. Rückzahlungsvorbehalte § 1

Die Rechtsprechung stellt hier insbesondere darauf ab, ob der Arbeitnehmer während des Bindungszeitraums lediglich eine oder aber mehrere Kündigungsmöglichkeiten hatte[75] (siehe Rn 111f.). 120

III. Rechtsfolgen

1. Unzulässige Rückzahlungsvorbehalte

Für den Fall, dass in den Rückzahlungsvorbehalten zu lange Bindungsfristen vereinbart worden sind, ist die gesamte Rückzahlungsklausel **nichtig**. Damit scheidet ein Rückforderungsanspruch des Arbeitgebers aus. Die Gratifikationszusage bleibt jedoch wirksam. Im Ergebnis behält der Arbeitnehmer also seinen Anspruch aus der Gratifikationszusage, auch wenn er nicht an die Bindungsfristen gebunden ist; der Arbeitgeber hingegen verliert seinen Rückzahlungsanspruch. 121

2. Zulässige Rückzahlungsvorbehalte

Die rechtlich zulässige Rückzahlungsvereinbarung bewirkt, dass der Arbeitnehmer verpflichtet ist, die erhaltene Gratifikation zurück zu zahlen, wenn er sich nicht an die Bindungsfrist hält, d.h. wenn er vor dem Ablauf der Bindungsfrist aus dem Unternehmen des Arbeitgebers ausscheidet. Der Arbeitnehmer muss die erhaltene Gratifikation **vollständig** zurückzahlen, einschließlich des Sockelbetrags von 100 EUR.[76] 122

Der Rückzahlungsanspruch des Arbeitgebers richtet sich nach dem **Bruttobetrag der Gratifikation** und umfasst damit alles, was der Arbeitnehmer erhalten hat. Hierzu gehören neben dem ausgezahlten Nettobetrag auch die vom Arbeitgeber abgeführte Lohnsteuer sowie die Arbeitnehmeranteile der Beiträge zur Sozialversicherung.[77] Dies folgt daraus, dass es sich bei dem Rückforderungsanspruch um einen vertraglichen Anspruch handelt, der sich auf Rückzahlung in voller Höhe richtet, wohingegen ein Bereicherungsanspruch nach § 812 BGB auf die Herausgabe des Erlangten zielt. 123

> *Praxishinweis*
> Bezüglich der Arbeitnehmeranteile der Sozialversicherungsbeiträge besteht ein Erstattungsanspruch aus § 26 Abs. 2 SGB IV, der gegenüber der Einzugsstelle geltend zu machen ist. Die abgeführte Lohnsteuer kann allein im Rahmen der Einkommensteuererklärung geltend gemacht werden. 124

---

75 BAG NJW 1962, 1537.
76 BAG AP Nr. 36 zu § 611 BGB Gratifikation.
77 LAG Thüringen LAGE § 611 BGB Gratifikation Nr. 71.

§ 1 Abschaffung arbeitsvertraglich vereinbarter Sozialleistungen

125 Für den Arbeitgeber besteht die Möglichkeit, mit seinem Rückzahlungsanspruch gegen noch ausstehende Lohnforderungen des Arbeitnehmers aufzurechnen. Er hat dabei allerdings die geltenden **Pfändungsfreigrenzen** zu berücksichtigen.

IV. Formulierung von Rückzahlungsklauseln

1. Grundsätze

126 Rückzahlungsvereinbarungen müssen **eindeutig, klar** und **unmissverständlich** formuliert sein. Die Rechtsprechung stellt hier strenge Anforderungen.[78]

127 Auch aus der »Natur des Weihnachtsgelds« allein ergibt sich keine Rückzahlungsverpflichtung beim vorzeitigen Ausscheiden, wenn eine solche Rückzahlung nicht ausdrücklich vereinbart wird. Wie andere Gratifikationen auch steht das Weihnachtsgeld nicht ohne weiteres unter dem Vorbehalt einer Rückzahlungsverpflichtung.[79] Auch ein Hinweis im Arbeitsvertrag, dass in den vergangenen Jahren ein zusätzliches Weihnachtsgeld in bestimmter Höhe gezahlt worden sei, auf das aber kein Rechtsanspruch bestehe, ist nicht ausreichend. Eine Rückzahlungsvereinbarung wird damit nicht begründet.[80]

128 Besonders problematisch sind dabei Bezugnahmen auf **Tarifverträge** bzw. die Regelungen aus Tarifverträgen. Soweit in einer vertraglichen Vereinbarung die Zahlung eines Weihnachtsgelds zugesichert ist und »**im Übrigen**« auf die Geltung der tariflichen Vorschriften verwiesen wird, so bezieht sich diese Bezugnahme nicht gleichzeitig auf eine eventuell vorliegende tarifliche Rückzahlungsklausel.[81]

129 *Praxishinweis*
Soll durch eine Bestimmung im Arbeitsvertrag auch die Rückzahlungsklausel eines **Tarifvertrags** *vereinbart werden, muss entweder eine ausdrückliche Bezugnahme auf die konkrete Rückzahlungsklausel enthalten sein oder aber eine vollständige Vereinbarung des gesamten Tarifvertrags im Arbeitsvertrag erfolgen.*

130 Eine arbeitsvertragliche Rückzahlungsklausel hinsichtlich einer Gratifikation ist dann unwirksam, wenn darin die Voraussetzung der Rückzahlungspflicht und/oder ein eindeutig bestimmter Zeitraum für die Bindung des Arbeitnehmers **nicht hinreichend bestimmt** ist. Insbesondere kann nicht durch eine ergänzende Vertragsauslegung eine Rückzahlungspflicht innerhalb der von der Rechtsprechung entwickelten Grenzen ermittelt werden, wenn entsprechende Anhaltspunkte fehlen.[82]

---

[78] LAG Hessen NZA-RR 2000, 93.
[79] LAG Rheinland-Pfalz NZA-RR 1997, 46.
[80] LAG Rheinland-Pfalz NZA-RR 1997, 46.
[81] LAG Hamm NZA-RR 2000, 541.
[82] BAG EzA § 611 BGB Gratifikation, Prämie Nr. 127.

D. Rückzahlungsvorbehalte § 1

Eine ausreichende Vereinbarung einer Rückzahlungsklausel ergibt sich auch nicht 131
daraus, dass der Arbeitgeber alle Mitarbeiter durch einen **Aushang am Schwarzen Brett** darauf hinweist, dass das Weihnachtsgeld bei einem Ausscheiden vor dem 31.3. des Folgejahres zurückzuzahlen sei. Der Aushang am Schwarzen Brett stellt keine Vereinbarung dar und ersetzt eine solche auch nicht. Der Arbeitgeber kann nicht davon ausgehen, dass die Arbeitnehmer von dem Aushang Kenntnis erlangen und damit auch einverstanden sind.[83]

2. Geltung der Rückzahlungsklausel für bestimmte Beendigungstatbestände

Bei der Formulierung der Rückzahlungsklauseln kann unterschieden werden, ob die 132
Verpflichtung zur Rückzahlung der Gratifikation
- für jede Kündigung,
- für eine Kündigung des Arbeitgebers,
- für eine Kündigung des Arbeitnehmers oder
- für jeden Beendigungstatbestand

gelten soll.

Im Regelfall werden Rückzahlungsklauseln für den Fall der **Kündigung** vereinbart. 133
Dann gelten diese Vereinbarungen unabhängig davon, ob die Kündigung vom Arbeitnehmer oder vom Arbeitgeber ausgesprochen wurde. Wenn sich der Arbeitgeber in einer entsprechenden Klausel vorbehalten hat, dass die Gratifikation im Falle einer **durch ihn** ausgesprochenen Kündigung vom Arbeitnehmer zurückzuzahlen ist, dann gilt ein derartiger Vorbehalt zur Rückzahlung auch für den Fall der Arbeitgeberkündigung aus **betriebsbedingten Gründen**.[84]

Sieht eine einzelvertragliche Rückzahlungsklausel die Rückzahlung einer Gratifikation 134
bei vorzeitigem Ausscheiden aufgrund einer eigenen **Kündigung** des Arbeitnehmers oder einer Kündigung des Arbeitgebers vor, die durch einen in der Person des Mitarbeiters liegenden Grund ausgesprochen wurde, entsteht eine Rückzahlungsverpflichtung **nicht** beim Abschluss eines **Aufhebungsvertrags**, auch wenn dieser auf Veranlassung des Arbeitnehmers abgeschlossen worden ist.[85]

Praxishinweis 135
Bei der Formulierung von Rückzahlungsklauseln sollte nach Möglichkeit nicht auf den Ausspruch einer Kündigung, sondern auf die Beendigung des Arbeitsverhält-

---

[83] LAG Rheinland-Pfalz NZA-RR 1997, 46.
[84] BAG EzA § 611 BGB Gratifikation, Prämie Nr. 76.
[85] LAG Hamm NZA-RR 1999, 514.

§ 1 Abschaffung arbeitsvertraglich vereinbarter Sozialleistungen

nisses abgestellt werden. Damit wären auch mögliche Aufhebungsverträge oder andere Beendigungstatbestände erfasst.

3. Änderung von Rückzahlungsklauseln

136 Vereinbarte Rückzahlungsklauseln können auch geändert werden. Dabei ist unproblematisch die einvernehmliche ausdrückliche Vertragsänderung.

137 Eine Änderung der Rückzahlungsklausel ist auch durch eine anders lautende Formulierung in der **Auszahlungsmitteilung** möglich. Enthält nämlich diese eine Erklärung, dass es sich bei der Zahlung um eine freiwillige Leistung ohne Rechtsanspruch handle, die im Falle der Kündigung des Arbeitsverhältnisses zurückzuzahlen ist, so wird damit zugunsten des Arbeitnehmers die ursprüngliche Vereinbarung, wonach eine Rückzahlung im Fall der Beendigung des Arbeitsverhältnisses bis zum 31.3. des Folgejahres erfolgen muss, abgeändert. Die gewährte freiwillige Leistung wird zwar auf den vertraglich begründeten Anspruch des Arbeitnehmers angerechnet. Für die Rückzahlung gelten aber die günstigeren Modalitäten.[86] Für den Fall der Beendigung des Arbeitsverhältnisses durch Befristung oder Aufhebungsvertrag besteht dann keine Rückzahlungsverpflichtung mehr.

4. Fristberechnung

138 Die Formulierung der Rückzahlungsklausel ist entscheidend für die Berechnung der Bindungsfrist und deren Einhaltung. Der Ablauf der Bindungsfrist bemisst sich nach **§ 188 BGB**.

139 *Beispiel*
Im Arbeitsvertrag ist folgende Rückzahlungsklausel vereinbart: »Das Weihnachtsgeld ist zurückzuzahlen, wenn der Arbeitnehmer bis zum 31.3. des jeweiligen Folgejahres aus dem Betrieb des Arbeitgebers ausscheidet.«
Die festgelegte Frist »bis zum« 31.3. des Folgejahres endet mit dem Ablauf des Tages. Ein Ausspruch einer Kündigung zum 31.3. führt zur Beendigung des Arbeitsverhältnisses mit dem Ablauf dieses Tages. Folglich besteht eine Rückzahlungsverpflichtung, wenn zum 31.3. gekündigt wird. Der entsprechende Tag gehört insofern noch mit zur Frist, was der Rechtsprechung des BAG entspricht, wonach eine Kündigung zum 30.6. eines Jahres zu einer Beendigung in der ersten Jahreshälfte führt.[87]

---

86 LAG Hamm NZA-RR 2003, 13.
87 BAG EzA § 611 Gratifikation, Prämie Nr. 103.

5. Formulierungsvorschlag

Es ist sicherlich nicht einfach, eine allgemeine Formulierung einer Rückzahlungsklausel zu finden. Dies folgt daraus, dass für die Zulässigkeit solcher Klauseln und die vertraglichen Möglichkeiten von Vereinbarungen von Sonderzahlungen/Gratifikationen ein breites Spektrum von Gestaltungsmöglichkeiten zur Verfügung steht. Deshalb sind bei den Rückzahlungsklauseln auch keine einheitlichen Maßstäbe möglich. Eine **allgemeine Formulierung** einer Rückzahlungsklausel könnte wie folgt aussehen: 140

Formulierungsbeispiel 141
»Die Jahrssonderleistung ist zurückzuzahlen, wenn der Arbeitnehmer vor dem ▬ des Folgejahres aus dem Unternehmen ausscheidet, gleichgültig, ob aufgrund einer Arbeitnehmer- oder einer Arbeitgeberkündigung oder wegen eines Aufhebungsvertrags. Der Arbeitgeber ist berechtigt, mit dem Rückforderungsanspruch gegen nach der Kündigung fällig werdende Vergütungsansprüche unter Einhaltung der Pfändungsfreigrenzen aufzurechnen.«

E. Änderungskündigung

I. Wesen der Änderungskündigung

Um einseitig die Bedingungen eines Arbeitsvertrags zu ändern, muss der Arbeitgeber eine sog. Änderungskündigung aussprechen. Eine Änderungskündigung ist eine **Vollkündigung**, die mit dem Angebot an den Arbeitnehmer verbunden wird, zu geänderten Bedingungen weiter zu arbeiten (**Änderungsangebot**). 142

Wie alle einseitigen Willenserklärungen muss auch die Kündigungserklärung im Rahmen einer Änderungskündigung klar, eindeutig und unbedingt sein. Die Kündigungserklärung ist – wie alle einseitigen Willenserklärungen – grundsätzlich **bedingungsfeindlich**. Zulässig sind nur **Rechtsbedingungen** oder Bedingungen, deren Eintritt vom Willen des Erklärungsempfängers (Kündigungsempfängers) abhängig sind (sog. **Potestativbedingungen**).[88] Insoweit gilt für die **Änderungskündigung** eine **Ausnahme** von dem Grundsatz, dass Kündigungserklärungen bedingungsfeindlich sind, als es als zulässig angesehen wird, dass der Arbeitgeber unter der Bedingung kündigt, dass der Arbeitnehmer das Änderungsangebot nicht annimmt.[89] 143

Praxishinweis 144
Bei der Formulierung einer Änderungskündigung muss sehr sorgsam darauf geachtet werden, dass eine vorbehaltlose und unbedingte Kündigungserklärung mit

---

[88] ErfK/*Müller-Glöge*, § 620 BGB Rn 21; H/S-*Hümmerich/Holthausen*, § 10 Rn 20.
[89] H/S-*Hümmerich/Holthausen*, § 10 Rn 494.

einem Änderungsangebot verbunden wird. In der Praxis wird häufig das Kündigungsschreiben falsch formuliert und damit die **Wirksamkeit der Kündigung gefährdet**.

145 Ein häufiger Fehler liegt darin, das Wirksamwerden der Kündigung unter einen Vorbehalt bzw. eine **auflösende Bedingung** zu stellen.[90] Das kann ggf. schon dadurch geschehen, dass in dem Änderungskündigungsschreiben die Formulierung »Weiterbeschäftigung« verwendet wird. Unter Weiterbeschäftigung wird gewöhnlich eine Fortsetzung des Arbeitsverhältnisses ohne Unterbrechung verstanden.[91]

146 Ebenso problematisch kann die Wendung sein, die Kündigung werde unter bestimmten Voraussetzungen »gegenstandslos«. »Gegenstandslos« bedeutet »überflüssig, hinfällig«.[92] Von der Kündigung sollen also keine Rechtswirkungen mehr ausgehen.

II. Abgrenzung: »Teilkündigung«

147 Ein häufiger Fehler bei Ausspruch einer Änderungskündigung ist auch die Verwendung einer Formulierung, die auf die **Kündigung einzelner Vertragselemente** hinausläuft. Es werden Formulierungen verwendet wie: »... kündigen wir hiermit zum ... Ihren Anspruch auf ...« Es wird also vom Erklärungswert einer solchen Kündigung her nicht das Arbeitsverhältnis als solches gekündigt, sondern eine einzelne Bedingung des Arbeitsvertrags, insbesondere ein Vergütungsbestandteil oder eine betriebliche Sozialleistung. Die Kündigung einzelner Bedingungen eines Arbeitsvertrags ohne die Kündigung des Arbeitsverhältnisses insgesamt ist aber nicht möglich. Dabei würde es sich um eine **unzulässige Teilkündigung** handeln.[93]

III. Voraussetzungen der Änderungskündigung

1. Allgemeine Voraussetzungen

148 Der Arbeitgeber muss daher auch im Rahmen einer Änderungskündigung alle Voraussetzungen beachten, die auch für eine Vollkündigung gelten. Dies betrifft
- das Erfordernis eines triftige **Kündigungsgrunds** im Sinne des KSchG,
- die Einhaltung der jeweiligen vertraglichen, tariflichen und oder gesetzlichen **Kündigungsfrist**,
- das etwaige Erfordernis der **Betriebsratanhörung**[94]

---

90 Siehe etwa BAG NJW 2001, 3355; so auch schon BAG AP Nr. 1 zu § 626 BGB Bedingung = EzA § 626 BGB Nr. 9.
91 BAG NJW 2001, 3355.
92 BAG NJW 2001, 3355.
93 H/S-*Hümmerich/Holthausen*, § 10 Rn 2, Rn 490.
94 BAG DB 1990, 993; BAG NZA 1990, 894.

- und das etwaige **Zustimmungserfordernis** nach § 99 BetrVG, falls eine **Versetzung** (Legaldefinition in § 95 Abs. 3 BetrVG) bzw. **Ein- oder Umgruppierung** damit verbunden ist.

Zudem muss mit der Kündigung ein konkretes, **annahmefähiges Änderungsangebot** für die Zeit nach Ablauf der Kündigungsfrist verbunden sein. Das Änderungsangebot muss dabei so konkret sein, dass Arbeitnehmer in der Lage ist, das Angebot ohne weiteres anzunehmen oder abzulehnen.[95]

149

2. Beachtung von Sonderkündigungsschutzvorschriften

Da eine Änderungskündigung eine Vollkündigung, verbunden mit einem Änderungsangebot, ist, gelten die allgemeinen verfahrensrechtlichen und materiell-rechtlichen Voraussetzungen einer Vollkündigung entsprechend. Dies betrifft insbesondere den **Sonderkündigungsschutz** nach den verschiedenen Sonderkündigungsschutzvorschriften.

150

Besonderer gesetzlicher Kündigungsschutz besteht für
- Betriebsratsmitglieder, Jugend- und Auszubildendenvertreter, Mitglieder einer Bordvertretung oder eines Seebetriebsrates, § 15 KSchG;
- Elternzeitnehmer, § 18 Abs. 1 BErzGG;
- Mitarbeiterinnen in Mutterschutz, § 9 Abs. 1 Satz 1 MuSchG. Das gilt aber nur dann, wenn die Zustimmung der zuständigen obersten Landesbehörde (Gewerbeaufsichtsamt) zur vorgesehenen Kündigung noch nicht vorliegt. Ist die Zustimmung erteilt worden, kann eine Änderungskündigung ausgesprochen werden;
- schwerbehinderte Menschen, § 85 SGB IX, sofern das Integrationsamt der beabsichtigten Kündigung noch nicht zugestimmt hat. Liegt die Zustimmung vor, darf eine Änderungskündigung ausgesprochen werden;
- Mitarbeiter mit tariflichem oder einzelvertraglichem Sonderkündigungsschutz, wonach eine ordentliche Kündigung ausgeschlossen ist. Das trifft häufig für Mitarbeiter zu, die eine bestimmte Altersgrenze (ggf. in Kombination mit einer bestimmten Mindestbeschäftigungsdauer im Betrieb) erreicht haben;
- Wehr- und Zivildienstleistende, § 2 Abs. 1 ArbPlSchG, § 78 ZDG i.V.m. § 2 Abs. 1 ArbPlSchG
- Auszubildende nach Ablauf der Probezeit im Ausbildungsverhältnis, § 15 Abs. 2 Nr. 1 BBiG.

151

---

95 H/S-*Hümmerich/Holthausen*, § 10 Rn 490.

3. Soziale Rechtfertigung i.S.v. § 1 KSchG

152 Für eine betriebsbedingte Änderungskündigung nach § 2 Satz 1 KSchG müssen hinsichtlich ihrer **sozialen Rechtfertigung** die **Voraussetzungen nach § 1 Abs. 2 S. 1 bis 3, Abs. 3 KSchG** vorliegen. Nach der ständigen Rechtsprechung des 2. Senats des BAG ist bei einer betriebsbedingten Änderungskündigung zunächst das Änderungsangebot des Arbeitgebers daran zu messen, ob dringende betriebliche Erfordernisse gem. § 1 Abs. 2 KSchG es bedingen.[96] Dabei ist auch bei einer Ablehnung des Änderungsangebots durch den Arbeitnehmer nicht auf die Beendigung des Arbeitsverhältnisses, sondern auf das Änderungsangebot und seine soziale Rechtfertigung abzustellen.[97]

153 Bei der Frage der **sozialen Rechtfertigung** i.S.d. § 2 S. 1, § 1 Abs. 2 KSchG handelt es sich um die Anwendung eines **unbestimmten Rechtsbegriffs**, die vom Revisionsgericht nur darauf überprüft werden kann,
- ob das LAG in dem angefochtenen Urteil den Rechtsbegriff selbst verkannt hat,
- ob es bei der Unterordnung des Sachverhalts unter die Rechtsnormen der §§ 2, 1 KSchG Denkgesetze oder allgemeine Erfahrungssätze verletzt hat,
- ob es bei der gebotenen Interessenabwägung, bei der dem Tatsachenrichter ein Beurteilungsspielraum zusteht, alle wesentlichen Umstände berücksichtigt hat und
- ob das Urteil in sich widerspruchsfrei ist (**eingeschränkter Prüfungsmaßstab**).[98]

154 Nach ständiger Rechtsprechung des 2. Senats des BAG ist bei einer betriebsbedingten Änderungskündigung das Änderungsangebot des Arbeitgebers daran zu messen, ob **dringende betriebliche Erfordernisse** gem. § 1 Abs. 2 KSchG das Änderungsangebot bedingen und ob der Arbeitgeber sich bei einem an sich anerkennenswerten Anlass zur Änderungskündigung darauf beschränkt hat, nur solche Änderungen vorzunehmen, die der Arbeitnehmer billigerweise hinnehmen muss.[99]

155 Änderungskündigungen zur **Anpassung vertraglicher Nebenabreden** an geänderte Umstände sollen dabei einem weniger strengen Maßstab unterliegen als Änderungskündigungen zur **Entgeltabsenkung**.[100]

4. Betriebsbedingte Änderungskündigung nach betrieblicher Organisationsänderung

156 Eine Änderungskündigung ist durch dringende betriebliche Erfordernisse i.S.v. § 1 Abs. 2 KSchG bedingt, wenn sich der Arbeitgeber zu einer organisatorischen

---

[96] Zuletzt BAG AP Nr. 53 zu § 2 KSchG 1969 = EzA § 2 KSchG Nr. 35; BAG AP Nr. 52 zu § 2 KSchG 1969 = EzA § 2 KSchG Nr. 40; H/S-*Hümmerich/Holthausen*, § 10 Rn 529.
[97] St. Rspr. des 2. Senats, z.B. BAG BAGE 73, 151 und BAG BAGE 89, 149.
[98] St. Rpsr. des 2. Senats, z.B. BAG BAGE 92, 71 und BAG BAGE 92, 61.
[99] BAG BAGE 90, 182; BAG AP Nr. 53 zu § 2 KSchG 1969 = EzA § 2 KSchG Nr. 35; BAG AP Nr. 40 zu § 4 TVG Nachwirkung.
[100] BAG BB 2004, 110, Anm. *Pomberg* EWiR 2003, 1099.

Maßnahme entschließt, bei deren innerbetrieblicher Umsetzung das **Bedürfnis für die Weiterbeschäftigung des Arbeitnehmers** in diesem Betrieb überhaupt oder unter Zugrundelegung des Vertragsinhalts zu den bisherigen Arbeitsbedingungen **entfällt**.[101]

> *Praxishinweis* **157**
> Dies gilt auch, wenn der Arbeitgeber die gerichtlich **nur auf Willkür hin zu überprüfende unternehmerische Organisationsentscheidung** getroffen hat,
> - eine Abteilung stillzulegen,
> - bestimmte Arbeiten an ein anderes Unternehmen zur selbständigen Erledigung zu vergeben und/oder
> - an einem bestimmten Standort zu konzentrieren.[102]

Nach der gegenwärtigen Wirtschafts- und Sozialordnung trägt – so das BAG – der Arbeitgeber das wirtschaftliche Risiko für die zweckmäßige Einrichtung und Gestaltung des Betriebes. Der Arbeitgeber ist auf Grund seiner **Berufsfreiheit** nach Art. 12 Abs. 1 GG grundsätzlich bis an die Grenze der Willkür berechtigt, seine betrieblichen Aktivitäten einzuschränken und bestimmte bisher in seinem Betrieb verrichtete Arbeiten an Dritte fremd zu vergeben. Hierzu gehört zweifellos genauso das Recht, **158**
- sein Unternehmen aufzugeben bzw.
- selbst darüber zu entscheiden, welche Größenordnung es haben und
- welche unternehmerische Ziele es verfolgen soll,[103]
- sowie die Festlegung, an welchem Standort welche arbeitstechnische Zwecke verfolgt werden sollen.[104]

Dementsprechend kann ihn das gesetzliche Kündigungsschutzrecht nicht dazu verpflichten, betriebliche **Organisationsstrukturen und -abläufe** oder **Standorte** beizubehalten und geplante Organisationsänderungen nicht durchzuführen. Es ist nicht Sache der Arbeitsgerichte, dem Arbeitgeber eine bessere betriebliche oder unternehmerische Organisationsstruktur vorzuschreiben.[105] **159**

5. Betriebsbedingte Änderungskündigung zur Entgeltreduzierung

Eine Änderungskündigung ist demgegenüber nur unter sehr engen Voraussetzungen möglich. Sie ist zur Vergütungsreduzierung oder -änderung regelmäßig zunächst **nicht aus Gründen der Gleichbehandlung** aller Mitarbeiter sozial gerechtfertigt. Dem Arbeitgeber, der mit einzelnen Arbeitnehmern einzelvertraglich eine höhere **160**

---

101 BAG EzA § 1 KSchG Betriebsbedingte Kündigung Nr. 97; BAG DB 2002, 2276.
102 Vgl. BAG BAGE 55, 262, 269 f.; BAG BAGE 84, 209; BAG AP Nr. 40 zu § 4 TVG Nachwirkung, Anm. *Hromadka* EWiR 2002, 819.
103 BAG BAGE 90, 182.
104 BAG AP Nr. 40 zu § 4 TVG Nachwirkung.
105 BAG BAGE 83, 127; BAG BAGE 92, 61.

§ 1 Abschaffung arbeitsvertraglich vereinbarter Sozialleistungen

Vergütung vereinbart hat, als sie dem betrieblichen Niveau entspricht, ist es verwehrt, die Vergütung unter Berufung auf den Gleichbehandlungsgrundsatz dem (niedrigeren) Entgelt der übrigen Arbeitnehmer anzupassen.[106] Dies folgt schon aus dem Rechtssatz, dass beim Abschluss eines Arbeitsvertrages der **Grundsatz der Vertragsfreiheit Vorrang** vor dem arbeitsrechtlichen Gleichbehandlungsgrundsatz hat.[107] Der Gleichbehandlungsgrundsatz dient allein zur Begründung von Rechten, nicht aber zu deren Einschränkung.[108]

161 Bei der betriebsbedingten Änderungskündigung zur **Entgeltreduzierung** – etwa **zum Abbau einer Zulage** – ist nach der Rechtsprechung des BAG[109] zu berücksichtigen, dass der Arbeitgeber nachhaltig in das arbeitsvertraglich vereinbarte Verhältnis von Leistung und Gegenleistung eingreift, wenn er die vereinbarte Vergütung reduzieren will. Grundsätzlich sind einmal geschlossene Verträge einzuhalten.[110] Ein **Geldmangel** allein kann den Schuldner nicht entlasten.

162 Die **Dringlichkeit** eines schwerwiegenden Eingriffs in das Leistungs-/Vergütungsgefüge, wie es die Änderungskündigung zur Durchsetzung einer erheblichen Vergütungssenkung darstellt, ist deshalb nur begründet, wenn **bei Aufrechterhaltung der bisherigen Personalkostenstruktur** weitere, betrieblich **nicht mehr auffangbare Verluste** entstehen, die absehbar zu einer Reduzierung der Belegschaft oder sogar zu einer Schließung des Betriebs führen.

163 Die **Unrentabilität des Betriebs** kann daher einer Weiterbeschäftigung des Arbeitnehmers zu unveränderten Bedingungen des Arbeitsvertrags entgegenstehen und ein dringendes betriebliches Erfordernis zur Änderung der Arbeitsbedingungen sein, wenn durch die Senkung der Personalkosten die **Stilllegung** des Betriebs **oder** die **Reduzierung** der Belegschaft **verhindert werden kann** und die Kosten durch andere Maßnahmen nicht zu senken sind.[111] Eine betriebsbedingte Änderungskündigung, die eine aus wirtschaftlichen Gründen sonst erforderlich werdende Beendigungskündigung vermeidet, ist danach grundsätzlich zulässig. Sie ist oft das einzige dem Arbeitgeber zur Verfügung stehende Mittel.

164 So kommt etwa bei einem durch die **hohe Vergütung** wirtschaftlich für den Betrieb nicht mehr tragbaren Arbeitnehmer nach dem Grundsatz der Verhältnismäßigkeit keine

---

106 BAG BAGE 38, 348; BAG AP Nr. 53 zu § 2 KSchG 1969 = EzA § 2 KSchG Nr. 35; H/S-*Hümmerich/Holthausen*, § 10 Rn 551 ff.
107 BAG BAGE 13, 103.
108 BAG ZIP 2003, 45 unter Hinweis auf *v.Hoyningen-Huene*, Anm. zu AP Nr. 3 zu § 2 KSchG 1969.
109 Zuletzt BAG ZIP 2003, 45, Anm. *Fleddermann* EWiR 2003, 17; vgl. auch bereits BAG BAGE 79, 159; BAG AP Nr. 50 zu § 2 KSchG 1969 = EzA Nr. 31; BAG BAGE 90, 182; BAG AP Nr. 40 zu § 4 TVG Nachwirkung.
110 BAG BAGE 79, 159; BAG AP Nr. 53 zu § 2 KSchG 1969 = EzA Nr. 35 zu § 2 KSchG.
111 Vgl. BAG BAGE 79, 159; BAG AP Nr. 50 zu § 2 KSchG = EzA § 2 KSchG Nr. 31 = NZA 1999, 255 = BB 1999, 904 = DB 1999, 103; BAG BAGE 90, 182; BAG Nr. 53 zu § 2 AP KSchG 1969 = EzA § 2 KSchG Nr. 35; BAG AP Nr. 40 zu § 4 TVG Nachwirkung; KR/*Rost*, § 2 KSchG Rn 107a.

E. Änderungskündigung § 1

Beendigungs-, sondern **nur eine Änderungskündigung** in Betracht. Das bedeutet nach Auffassung des BAG allerdings nicht, dass die dringenden betrieblichen Erfordernisse schon im Zeitpunkt der Kündigung einer Weiterbeschäftigung des Arbeitnehmers im Betrieb dergestalt entgegenstehen müssen, dass der Arbeitgeber mit dem Ausspruch einer Änderungskündigung warten muss, bis sein Ruin unmittelbar bevorsteht. Prüfungsmaßstab ist, ob die schlechte Geschäftslage einer Weiterbeschäftigung des Arbeitnehmers zu unveränderten Bedingungen entgegensteht.[112]

Regelmäßig setzt deshalb eine solche Situation einen **umfassenden Sanierungsplan** voraus, der alle gegenüber der beabsichtigten Änderungskündigung milderen Mittel ausschöpft.[113]

165

Praxishinweis

Vom Arbeitgeber ist in diesem Zusammenhang zu verlangen, dass er **substantiiert**
- die Finanzlage des Betriebs,
- den Anteil der Personalkosten,
- die Auswirkung der erstrebten Kostensenkungen für den Betrieb und für die Arbeitnehmer darstellt und
- ferner darlegt, warum andere Maßnahmen nicht in Betracht kommen.[114]

166

Maßgeblich für eine solche Änderungskündigung kann nach Auffassung des BAG nur das **Gesamtergebnis des Betriebs** sein. Allein das negative Ergebnis einzelner Abteilungen reiche hierfür nicht aus. Dies ergebe sich aus § 1 Abs. 2 KSchG.[115]

167

Hinzu kommt, dass eine Lohnsenkung nur in einem **Ausmaß** erfolgt, das der Arbeitnehmer billigerweise hätte hinnehmen müssen. In einem Fall hat das BAG[116] eine Vergütungsabsenkung um 14 % nicht akzeptiert. Ebenso wenig müssten die Arbeitnehmer im Regelfall Einkommensminderungen auf **Dauer** hinnehmen, wenn der Arbeitgeber nur einen vorübergehenden Betriebsverlust zum Anlass der Kündigung nimmt.

168

Unabhängig davon muss eine Änderungskündigung, die eine Lohnkürzung vorsieht, weil die finanzielle Situation des Betriebs dies verlangt, den **Gleichbehandlungsgrundsatz** beachten und dem entsprechend sämtliche Mitarbeiter eines Betriebs gleichermaßen belasten. Die Arbeitnehmer müssen es nach Auffassung des BAG[117] nämlich billigerweise nicht hinnehmen, dass der Arbeitgeber bei wirtschaftlichen Verlusten ohne sachlichen Grund einzelne von ihnen herausgreift und

169

---

112 Zuletzt BAG AP Nr. 53 zu § 2 KSchG 1969 = EzA § 2 KSchG Nr. 35.
113 St. Rspr. des 2. Senats, siehe BAG AP Nr. 50 zu § 2 KSchG 1969 = EzA § 2 KSchG Nr. 31, BAG AP Nr. 53 zu § 2 KSchG 1969 = EzA § 2 KSchG Nr. 35; BAG AP Nr. 40 zu § 4 TVG Nachwirkung.
114 BAG AP Nr. 40 zu § 4 TVG Nachwirkung; KR/*Rost*, § 2 KSchG Rn 107c; BAG ZIP 2003, 4, Anm. *Fleddermann* EWiR 2003, 17; H/S-*Hümmerich/Holthausen*, § 10 Rn 553.
115 BAG AP Nr. 50 zu § 2 KSchG 1969 = EzA § 2 KSchG Nr. 31.
116 BAG AP Nr. 50 zu § 2 KSchG 1969 = EzA § 2 KSchG Nr. 31.
117 BAG AP Nr. 50 zu § 2 KSchG 1969 = EzA § 2 KSchG Nr. 31; BAG ZIP 2003, 45, Anm. *Fleddermann* EWiR 2003, 177.

ihnen eine erhebliche Einkommensminderung ansinnt, während er das Einkommen der weitaus überwiegenden Mehrzahl der Arbeitnehmer unangetastet lässt.

170 Zusätzlich muss eine solche Kündigung auch **Zusagen** an die betroffenen Arbeitnehmer beinhalten. Diese Zusagen können beispielsweise Voraussetzungen für eine **spätere Gehaltserhöhung** oder auch eine **Arbeitsplatzgarantie** sein.

171 **Unabhängig vom Vorliegen eines Gesamtsanierungskonzepts** kann ein dringendes betriebliches Erfordernis zur Abänderung der bisherigen Arbeitsbedingungen unter Umständen auch dann gegeben sein, wenn die **Gewährung oder Verlängerung bestimmter Kreditverträge** durch den Kreditgeber **von Einsparungen** zu einem bestimmten Zeitpunkt und in einer bestimmten Art und Weise **abhängig** gemacht werden.[118] Der bloße allgemeine Hinweis der kreditgewährenden Bank nach einer rentableren Betriebsführung genügt insoweit allein jedoch nicht.[119]

6. Änderungskündigung bei wirksam vereinbartem Widerrufsvorbehalt

172 Eine Änderungskündigung beeinträchtigt die Interessen des Arbeitnehmers in nicht gerechtfertigter Weise, wenn sie vom Arbeitgeber unter Verstoß gegen das dem gesamten Kündigungsrecht innewohnende **Verhältnismäßigkeitsprinzip** erfolgt.[120] Der Arbeitgeber ist nicht auf den Ausspruch einer Änderungskündigung angewiesen, um die Änderung der Arbeitsbedingungen zu erreichen, wenn ihm ein **milderes Mittel**, nämlich die Ausübung eines vorbehaltenen Widerrufs, zur Verfügung steht (sog. ultima ratio-Prinzip). Durch die Ausübung eines wirksam vorbehaltenen Widerrufs kann der Arbeitgeber grundsätzlich auch das angestrebte rechtliche Ziel verwirklichen, ohne den Bestand des Arbeitsverhältnisses im Ganzen zu gefährden.[121]

173 Hat der Arbeitgeber nicht ausdrücklich einen derartigen wirksam vorbehaltenen Widerruf erklärt, sondern eine – unwirksame – Änderungskündigung ausgesprochen, ist die unwirksame Änderungskündigung nach Auffassung des ArbG Frankfurt[122] gem. § 140 BGB in die Ausübung eines entsprechenden Widerrufs umzudeuten. Eine Kündigung, also auch eine Änderungskündigung, deren tatbestandliche Voraussetzungen nicht gegeben sind, sei grundsätzlich einer **Umdeutung** zugänglich.

174 Die **unwirksame Änderungskündigung** entspreche den Erfordernissen einer rechtswirksamen Ausübung des vorbehaltenen Widerrufs. Die **Ausübung des Widerrufs** sei rechtsgeschäftsähnliche Handlung. § 140 BGB sei insoweit entsprechend anwendbar. Der Widerruf könne demgemäß als Rechtsgeschäft i.S.d. § 140 BGB angesehen werden, dem als Ergebnis der Umdeutung Rechtswirksamkeit zuzuerkennen sei.

---

118 BAG RzK I 7 h Nr. 9.
119 BAG AP Nr. 40 zu § 4 TVG Nachwirkung.
120 Vgl. KR/*Rost*, § 2 KSchG Rn 106 a m.w.N.
121 Vgl. KR/*Rost*, § 2 KSchG Rn 47.
122 ArbG Frankfurt v. 15.1.1992 – 14 Ca 599/90, n.v.

Es sei nämlich anzunehmen, dass im Falle der Kenntnis der Nichtigkeit der Änderungskündigung der Arbeitgeber einen Widerruf erklärt hätte. Der Arbeitgeber habe durch die Änderungskündigung für den Wegfall der betreffenden Leistung zu erkennen gegeben, den »sichersten Weg« gehen zu wollen. Er habe damit klar zum Ausdruck gebracht, dass es ihm nicht konkret auf die **Wahl des Mittels**, sondern allein auf das Ziel ankam.

Die Rechtswirkungen des Widerrufs seien auch nicht weiter gehender als die einer Änderungskündigung. Der Bestand des Arbeitsverhältnisses im Ganzen werde gerade nicht in Frage gestellt. Letztlich sprächen auch keine schutzwürdigen Interessen des Arbeitnehmers gegen eine Umdeutung. Dem Arbeitnehmer sei das Ziel des Handelns des Arbeitgebers klar erkennbar. In rechtlich geschützte Positionen des Arbeitnehmers werde nicht eingegriffen.

7. Wegfall bzw. Anpassung der Geschäftsgrundlage

Mit ähnlichen Erwägungen weist das BAG auch den Einwand der Unwirksamkeit einer Änderungskündigung wegen des angeblichen Vorrangs des Rechtsinstituts des Wegfalls bzw. der Anpassung der Geschäftsgrundlage zurück. Auf einen Wegfall der Geschäftsgrundlage und eine anpassende Ergänzung des Arbeitsvertrags um einen Widerrufsvorbehalt könne sich der Arbeitgeber schon deshalb nicht wirksam berufen, weil das Institut des Wegfalls der Geschäftsgrundlage keinen selbständigen Änderungsgrund darstellt.[123] Das Kündigungsrecht sei **lex specialis**.[124] Soweit überhaupt der Wegfall der Geschäftsgrundlage die Änderung der Arbeitsbedingungen notwendig macht, habe der Arbeitgeber demgemäß eine Änderungskündigung auszusprechen.[125]

IV. Reaktionsmöglichkeiten des Arbeitnehmers

Der Arbeitnehmer hat nach Erhalt einer Änderungskündigung verschiedene **Reaktionsmöglichkeiten** (vgl. § 2 KSchG):[126]

- Er kann innerhalb einer Frist von zwei Wochen, oder wenn die Kündigungsfrist für das Arbeitsverhältnis länger ist, innerhalb der Drei-Wochen-Frist nach dem KSchG (§§ 4, 7 KSchG), **das Änderungsangebot vorbehaltlos annehmen**. Mit Ablauf der Kündigungsfrist gelten dann die neuen Arbeitsbedingungen.

---

123 BAG ZIP 2003, 45, Anm. *Fleddermann* EWiR 2003, 17; KR/*Rost*, § 2 KSchG Rn 54k.
124 BAG ZIP 2003, 45, Anm. *Fleddermann* EWiR 2003, 17 unter Hinw. auf BAG EzA § 1 KSchG Personenbedingte Kündigung Nr. 12; *Ascheid*, Rn 91; *Stahlhacke/Preis/Vossen*, Rn 149; *v.Hoyningen-Huene/Linck*, § 1 Rn 105a.
125 BAG ZIP 2003, 45, Anm. *Fleddermann* EWiR 2003, 17 unter Hinw. auf BAG v. 13.3.1987–7 AZR 792/85, n.v.
126 H/S-*Hümmerich/Holthausen*, § 10 Rn 503 ff.

§ 1 Abschaffung arbeitsvertraglich vereinbarter Sozialleistungen

180 ■ Er kann das **Änderungsangebot insgesamt ablehnen**, muss dann aber innerhalb der Drei-Wochen-Frist nach dem KSchG eine **Vollkündigungsschutzklage** erheben, andernfalls würde er nach §§ 4, 7 KSchG aufgrund der Kündigung mit Ablauf der Kündigungsfrist endgültig ausscheiden. Obsiegt er mit seiner Kündigungsschutzklage, verbleibt es bei den bisherigen, besseren Arbeitsbedingungen; unterliegt er, scheidet er aus dem Arbeitsverhältnis aus.

181 ■ Er kann innerhalb der Zwei-Wochen-Frist nach § 2 KSchG beziehungsweise, wenn die Kündigungsfrist länger ist, innerhalb der Drei-Wochen-Frist nach §§ 4, 7 KSchG das Änderungsangebot **unter dem Vorbehalt der sozialen Rechtfertigung annehmen**. Er muss dabei aber gleichzeitig in der Drei-Wochen-Frist seit Zugang der Änderungskündigung eine sog. **Änderungskündigungsschutzklage** zum Arbeitsgericht erheben, um überprüfen zu lassen, ob die Änderung der Arbeitsbedingungen sozial gerechtfertigt ist. Obsiegt er im Änderungskündigungsschutzprozess, verbleibt es bei den ursprünglichen, besseren Arbeitsbedingungen; unterliegt er, gelten mit Ablauf der Kündigungsfrist die neuen, verschlechterten Arbeitsbedingungen, er hat aber seinen Arbeitsplatz nicht insgesamt verloren.

182 Dieses Regelungsschema hat das BAG inzwischen hinsichtlich der zuerst genannten Fallgruppe geändert.[127] Die **vorbehaltlose Annahme** des in einer Änderungskündigung enthaltenen Änderungsangebots ist danach **nicht an die Höchstfrist von drei Wochen nach Zugang der Kündigung (§ 2 Satz 2 KSchG) gebunden**. Die betroffenen Arbeitnehmer haben Zeit sich zu überlegen, ob sie das mit einer Änderungskündigung (§ 2 KSchG) verbundene neue Vertragsangebot annehmen möchten. Die dreiwöchige Frist, mit der sie sich gegen die Kündigung selbst wenden müssen, gilt hierfür nach der neuen Auffassung des BAG nicht.[128]

183 Im Urteilfall wurde eine Änderungskündigung wegen eines geplanten Berlin-Umzugs ausgesprochen. Der Arbeitnehmer hatte erst vier Monate nach der Änderungskündigung dem Arbeitgeber mitgeteilt, dass er das Arbeitsverhältnis zu den veränderten Bedingungen fortsetzen möchte. Die Mitteilung erging kurz bevor der vom Arbeitgeber zu beachtende Zeitpunkt für eine ordentliche Kündigung zum Umzugstermin ablief. Das BAG sah dies als rechtzeitig an (§ 147 BGB).

184 Die Entscheidung der Frage, bis zu welchem Zeitpunkt ein Vertragsangebot unter Abwesenden angenommen werden kann, der Antragende also unter regelmäßigen Umständen eine Antwort auf sein Angebot erwarten durfte, unterliegt danach tatrichterlichem Ermessen. Die Entscheidung des Tatsachengerichts sei vom Revisionsgericht nur daraufhin überprüfbar, ob die Voraussetzungen und Grenzen des **tatrichterlichen Ermessens** richtig bestimmt und eingehalten worden sind (**eingeschränkter Überprüfungsmaßstab**).[129]

---

127 BAG AP Nr. 6 zu § 9 KSchG 1969, Anm. *Dahlbender* EWiR 2003, 781.
128 BAG AP Nr. 6 zu § 9 KSchG 1969, Anm. *Dahlbender* EWiR 2003, 781; zust. nunmehr auch ErfK/ *Ascheid*, § 2 KSchG Rn 36.
129 BGH LM Nr. 1 zu § 147 BGB; MüKo-BGB/*Kramer*, § 148 Rn 8.

E. Änderungskündigung § 1

Nicht angesprochen hat das BAG dabei die Frage der Annahmefrist bei Ausspruch einer **Änderungskündigung unter Anwesenden** (vgl. § 147 Abs. 1 BGB). Wenn das BAG die Regelung über die Zwei- bzw. Drei-Wochen-Frist in § 2 KSchG nur auf die Erklärung des Vorbehalts der sozialen Rechtfertigung anwenden will, nicht aber auch auf die Annahme des Änderungsangebots, dann wäre § 2 KSchG nicht lex specialis zu § 147 BGB und es müsste konsequenterweise bei einem mit einer Änderungskündigung verbundenen Änderungsangebot unter Anwesenden nach § 147 Abs. 1 BGB die Annahme sofort erfolgen. Bei nicht sofortiger Annahme würde damit das Änderungsangebot als abgelehnt gelten, der Arbeitnehmer könnte also nur noch die Vollkündigungsschutzklage erheben. 185

Diese Auffassung kann aber nicht mit dem Willen des Gesetzgebers in Übereinklang gebracht werden, wonach die Arbeitnehmer bei einer Änderungskündigung eine ausreichende Bedenkzeit erhalten sollen und die strenge »Alles-oder-nichts-Situation« einer Vollkündigung mit dem Risiko des völligen Arbeitsplatzverlustes von ihnen genommen werden soll. 186

Seit In-Kraft-Treten des § 2 KSchG war daher in der Literatur und von einzelnen Landesarbeitsgerichten angenommen worden, das Planungsinteresse des Arbeitgebers fordere es, dem Arbeitnehmer in derartigen Fällen zwar nur eine kurze aber auch angemessene Überlegungsfrist einzuräumen.[130] § 2 Satz 2 KSchG enthalte daher nicht nur die Höchstfrist für die Annahme des Änderungsangebots durch den Arbeitnehmer unter dem Vorbehalt des § 2 Satz 1 KSchG, sondern konkretisiere gleichzeitig verbindlich für die vorbehaltlose Annahme die Annahmefrist des § 147 Abs. 2 BGB. Diese Auffassung erscheint weiterhin als sachgerecht und richtig. 187

Solange allerdings das BAG die Frage der Annahmefrist bei einem mit einer Änderungskündigung verbundenen Änderungsangebot unter Anwesenden nicht geklärt hat, bleibt in der Praxis, insbesondere in der anwaltlichen Beratungs- und Vertretungspraxis eine erhebliche **Rechtsunsicherheit** bestehen. So muss in der anwaltlichen **Praxis auf Arbeitnehmerseite** möglicherweise neben einer Änderungskündigungsschutzklage hilfsweise auch eine Vollkündigungsschutzklage erhoben werden, für den Fall, dass das unter Anwesenden erklärte Angebot nicht sofort angenommen wurde und damit vielleicht schon als abgelehnt gilt. 188

Für den **Arbeitgeber** bzw. dessen anwaltlichen Vertreter stellt sich in diesen Fällen die mindestens genauso schwierige Frage, ob **nach Ablauf der Kündigungsfrist** eine Beschäftigung des Arbeitnehmers zu den geänderten, aber vielleicht verspätet angenommenen Änderungsbedingungen überhaupt noch geduldet werden kann, weil bei der verspäteten Annahme das Angebot bereits als abgelehnt angesehen werden musste und daher die Kündigung als Vollkündigung zu gelten hatte. Dann bliebe 189

---

130 LAG Köln NZA-RR 2000, 303; LAG Baden-Württemberg LAGE § 2 KSchG Nr. 12; APS/*Künzl*, § 2 KSchG Rn 161; ErfK/*Ascheid*, § 2 KSchG Rn 41; v.*Hoyningen-Huene/Linck*, § 2 Rn 100; KR/*Rost* § 2 KSchG Rn 72a – jedenfalls in der Regel; a.A. Löwisch, § 2 Rn 16; *ders.*, NZA 1988, 633, 635.

Arens

§ 1 Abschaffung arbeitsvertraglich vereinbarter Sozialleistungen

aus Arbeitgebersicht zur Vermeidung des Annahmeverzugs wohl nur das **Angebot eines Prozessarbeitsverhältnisses** zu den früheren, also unveränderten Bedingungen, es sei denn, der Arbeitnehmer wäre auch bereit, ein Prozessarbeitsverhältnis zu den geänderten Bedingungen zu akzeptieren.

190 *Praxishinweis*
Will der Arbeitgeber diese Situation vermeiden, sollte er das Änderungsangebot unter Anwesenden sogleich **mit einer Annahmefrist** entsprechend der Vorbehaltserklärungsfrist des § 2 KSchG **verbinden**, da § 147 Abs. 1 BGB hinsichtlich des Erfordernisses der sofortigen Annahme bei Angeboten unter Anwesenden dispositiv ist, wie sich ohne weiteres aus § 148 BGB ergibt.

191 Als milderes Mittel hat die **Änderungskündigung Vorrang vor** einer **Beendigungskündigung**.[131] Der Arbeitgeber muss aber eine Änderungskündigung möglicherweise dann nicht aussprechen, wenn er dem Arbeitnehmer ein entsprechendes Änderungsangebot bereits zuvor unterbreitet hatte und dieser das Angebot eindeutig und endgültig abgelehnt hatte. Mitunter taktieren Arbeitgeber in der Praxis daher, indem sie zur Vermeidung des Erfordernisses einer Änderungskündigung dem Arbeitnehmer zunächst ein entsprechendes Änderungsangebot unterbreiten, um dann im Falle der **Ablehnung** sogleich zum Mittel der **Vollkündigung** greifen zu können bzw. im Falle der Annahme dem Arbeitnehmer die Möglichkeit einer Änderungskündigungsschutzklage abzuschneiden.

192 *Praxishinweis*
Um nicht in diese **Entscheidungszwangslage** gebracht zu werden, ohne die geänderten Bedingungen arbeitsgerichtlich überprüfen lassen zu können, empfiehlt es sich in einer solchen Situation für den betroffenen Arbeitnehmer, auf das Änderungsangebot weder mit einer eindeutigen Absage noch mit einer eindeutigen Annahme zu reagieren. Stattdessen kann der Arbeitnehmer auf das Änderungsangebot in der Weise reagieren, dass er erklärt, das **Angebot nur unter dem Vorbehalt seiner sozialen Rechtfertigung annehmen** zu wollen. Damit schneidet er seinerseits dem Arbeitgeber die Möglichkeit einer sofortigen Vollkündigung ab und zwingt den Arbeitgeber zum Ausspruch einer Änderungskündigung, die er dann unter dem Vorbehalt seiner sozialen Rechtfertigung annehmen und hinsichtlich der sozialen Rechtfertigung der geänderten Bedingungen vom Arbeitsgericht überprüfen lassen kann.

---

131 BAG AP Nr. 111 zu § 1 KSchG 1969 Betriebsbedingte Kündigung; einschränkend ErfK/*Ascheid*, § 1 KSchG Rn 122.

V. Außerordentliche Änderungskündigung

Nach der Rechtsprechung möglich ist auch eine entfristete oder **außerordentliche, fristlose Änderungskündigung.** Voraussetzung dafür ist, dass dem Arbeitgeber die Fortsetzung des Arbeitsverhältnisses zu den bisherigen Bedingungen unzumutbar ist und ihm insbesondere auch nicht zumutbar ist, im Rahmen einer ordentlichen Änderungskündigung die jeweiligen Kündigungsfristen einzuhalten.[132]

193

Auch im Fall der außerordentlichen Änderungskündigung soll bei einer Annahme unter dem Vorbehalt der sozialen Rechtfertigung **kein Anspruch auf vorläufige Weiterbeschäftigung zu den unveränderten Arbeitsbedingungen** bis zum Abschluss des (Änderungs-) Kündigungsschutzverfahrens bestehen.[133]

194

VI. Beteiligung des Betriebsrats

Nach § 102 Abs. 1 S. 1 BetrVG ist der Betriebsrat vor jeder Kündigung zu hören. Das gilt auch für die Änderungskündigung.[134] Dabei sind bei der Änderungskündigung dem Betriebsrat nicht nur die Gründe für die Änderung der Arbeitsbedingungen, sondern auch das **Änderungsangebot selbst mitzuteilen.**[135]

195

Nach § 102 Abs. 1 S. 3 BetrVG ist eine Kündigung nicht nur dann unwirksam, wenn der Arbeitgeber gekündigt hat, ohne den Betriebsrat vorher angehört zu haben, sondern auch dann, wenn er seiner Unterrichtungspflicht nach § 102 Abs. 1 S. 2 BetrVG nicht richtig, insbesondere nicht ausführlich genug nachgekommen ist.[136] Aus dem Sinn und Zweck der Anhörung folgt für den Arbeitgeber die Verpflichtung, die Gründe für seine Kündigungsabsicht derart mitzuteilen, dass er dem Betriebsrat eine nähere Umschreibung des für die Kündigung maßgeblichen Sachverhalts gibt. Die Kennzeichnung des Sachverhalts muss einerseits so genau und umfassend sein, dass der Betriebsrat **ohne zusätzliche eigene Nachforschungen** in der Lage ist, selbst die Stichhaltigkeit der Kündigungsgründe zu prüfen und sich ein Bild zu machen. Der Arbeitgeber genügt daher der ihm obliegenden Mitteilungspflicht nicht, wenn er den Kündigungssachverhalt nur pauschal, stich- oder schlagwortartig umschreibt oder lediglich ein Werturteil abgibt, ohne die für seine Bewertung maßgeblichen Tatsachen mitzuteilen.

196

Da die Betriebsratsanhörung nach § 102 BetrVG aber nicht darauf abzielt, die Wirksamkeit der beabsichtigten Kündigung zu überprüfen, sondern sich darauf beschränkt,

197

---

132 BAG DB 1988, 1068; BAG BB 1989, 1198; H/S-*Hümmerich/Holthausen*, § 10 Rn 563 ff.
133 LAG Nürnberg ZInsO 2001, 776.
134 BAG AP Nr. 14 zu § 2 KSchG 1969 = EzA § 2 KSchG Nr. 6.
135 BAG AP Nr. 14 zu § 2 KSchG 1969 = EzA § 2 KSchG Nr. 6; BAG BAGE 73, 151; BAG AP Nr. 40 zu § 4 TVG Nachwirkung.
136 BAG BAGE 78, 39; BAG BAGE 93, 366.

§ 1 Abschaffung arbeitsvertraglich vereinbarter Sozialleistungen

im Vorfeld der Kündigung auf die Willensbildung des Arbeitgebers Einfluss zu nehmen, sind an die Mitteilungspflicht des Arbeitgebers bei der Anhörung nicht dieselben Anforderungen zu stellen wie an die Darlegungslast im Kündigungsschutzprozess. Der 2. Senat des BAG hat daher aus § 102 Abs. 1 BetrVG den **Grundsatz der sog. subjektiven Determinierung** abgeleitet, nach dem der Betriebsrat immer dann ordnungsgemäß angehört worden ist, wenn der Arbeitgeber ihm die aus seiner Sicht tragenden Umstände unterbreitet hat.[137]

198 Teilt der Arbeitgeber dem Betriebsrat objektiv kündigungsrechtlich erhebliche Tatsachen nicht mit, weil er die Kündigung darauf nicht stützen will oder weil er sie bei seinem Kündigungsentschluss für unerheblich oder entbehrlich hält, dann ist die Anhörung zwar selbst ordnungsgemäß erfolgt. Die in objektiver Hinsicht unvollständige Unterrichtung hat lediglich »mittelbar« die Unwirksamkeit der Kündigung zur Folge, wenn der mitgeteilte Sachverhalt zur sozialen Rechtfertigung der Kündigung nicht ausreicht, weil es dem Arbeitgeber verwehrt ist, **Gründe nachzuschieben**, die nicht Gegenstand der Betriebsratsanhörung waren.[138]

199 Nach dem Grundsatz der subjektiven Determinierung beschränkt sich die Mitteilungspflicht des Arbeitgebers nach Auffassung des BAG auf die Gründe, die ihn aus seiner subjektiven Sicht zur Kündigung veranlassen. Ist nach Auffassung des Arbeitgebers etwa eine Sozialauswahl überhaupt nicht durchzuführen, insbesondere weil er bei allen Mitarbeitern eine Streichung oder Kürzung bestimmter betrieblicher Sozialleistungen erreichen will, kann und braucht er dem Betriebsrat auch keine sozialen Auswahlgesichtspunkte mitzuteilen, weil für seinen Kündigungsentschluss diese nicht maßgeblich sind.[139]

VII. Änderungskündigungen im tarifrechtlichen Nachwirkungszeitraum

200 Die **Beendigung der verlängerten Tarifgebundenheit** nach § 3 Abs. 3 TVG tritt mit jeder Änderung eines Tarifvertrags ein. Sie erfasst auch die unveränderten Tarifregelungen.[140] Nach dem Wortlaut und dem Sinn und Zweck des § 3 Abs. 3 TVG muss die Nachbindung ihr Ende finden, wenn der Tarifvertrag selbst endet oder geändert wird, weil der ausgetretene Arbeitgeber auf diese Modifizierung des Tarifvertrags wegen seiner fehlenden Organisationszugehörigkeit keinen Einfluss mehr nehmen kann.

---

137 BAG BAGE 78, 39; BAG BAGE 93, 366.
138 BAG BAGE 93, 366.
139 BAG AP Nr. 111 zu § 1 KSchG 1969 Betriebsbedingte Kündigung = EzA § 1 KSchG Betriebsbedingte Kündigung Nr. 107; BAG AP Nr. 40 zu § 4 TVG § 4 Nachwirkung.
140 Siehe BAG BB 2002, 1048; BAG AP Nr. 40 zu § 4 TVG Nachwirkung; siehe zuvor schon BAG AP Nr. 13 zu § 3 TVG = EzA § 4 TVG Nachwirkung Nr. 14; BAG BAGE 94, 360; *Wiedemann*, § 3 Rn 70 ff.; *Hanau/Kania*, DB 1995, 1229, 1232.

E. Änderungskündigung § 1

Für die **Frage des Fortbestehens der Tarifgebundenheit** macht es nach Auffassung des BAG keinen Unterschied, ob die Tarifvertragsparteien eine **Änderung des Tarifvertrags** vornehmen oder nach der Kündigung des Tarifvertrages ein inhaltlich teilweise geänderter **neuer Tarifvertrag** abgeschlossen wird. Die Rechtsklarheit spricht nach Auffassung des BAG für ein Ende der Tarifgebundenheit in beiden Fällen. Die Annahme einer – teilweisen – Fortgeltung würde zu der Konsequenz führen, dass nebeneinander einerseits eine **Tarifgebundenheit nach § 3 Abs. 3 TVG** für den unveränderten Teil des Tarifvertrags besteht und anderseits eine Nachwirkung gem. § 4 Abs. 5 TVG für den von der Änderung erfassten Teil des Tarifvertrags eintritt.[141]

201

Nach § 4 Abs. 5 TVG gelten die Rechtsnormen eines Tarifvertrags nach seinem Ablauf weiter, bis sie durch eine andere Abmachung ersetzt werden. Die **Nachwirkung nach § 4 Abs. 5 TVG** schließt sich etwa bei einem Verbandsaustritt an das Ende der verlängerten Tarifgebundenheit nach § 3 Abs. 3 TVG an.[142] Die Nachwirkung hat nur eine **Überbrückungsfunktion**. Sie findet ihr Ende, wenn die Tarifnormen durch eine andere Abmachung ersetzt werden. Das kann durch eine einzelvertragliche Abmachung erfolgen.[143]

202

Indem der Arbeitnehmer das **Änderungsangebot** des Arbeitgebers **unter Vorbehalt** der gerichtlichen Nachprüfung **angenommen** hat, ist eine solche **einzelvertragliche Abmachung** zwischen den Parteien unter der Bedingung zustande gekommen, dass sich die Änderung der Arbeitsbedingungen in einem nachfolgenden Kündigungsschutzprozess als sozial gerechtfertigt erweist.[144]

203

Dem kann nach Auffassung des BAG[145] nicht entgegengehalten werden, die Annahme eines Angebots unter Vorbehalt gem. § 2 KSchG könne deshalb nicht zu einer anderen Abmachung i.S.d. § 4 Abs. 5 TVG führen, weil nach dem Wortlaut der Norm allein ein wechselseitiges Einverständnis zwischen Arbeitnehmer und Arbeitgeber der Nachwirkung ein Ende setzen könne und deshalb jede einseitig vom Arbeitgeber oktroyierte Änderung ausgeschlossen sei.[146] Die abweichenden Abmachungen müssen nicht im Wege einer konsensualen Konfliktlösung einvernehmlich zustande kommen.[147] Auch die durch eine Änderungskündigung herbeigeführte Vertragsänderung erfüllt deshalb die Voraussetzungen des § 4 Abs. 5 TVG.[148]

204

---

141 Vgl. schon BAG BAGE 94, 360.
142 BAG BAGE 94, 360; BAG AuA 2001, 277; BAG NZA 2002, 41.
143 BAG BAGE 93, 24; BAG BAGE 94, 360.
144 BAG v. 27.9.2001 – 2 AZR 236/00, AP TVG § 4 Nachwirkung Nr. 40.
145 BAG v. 27.9.2001 – 2 AZR 236/00, AP TVG § 4 Nachwirkung Nr. 40.
146 *Kempen/Zachert,* § 4 Rn 306.
147 Vgl. *Löwisch/Rieble,* § 4 Rn 229; *Wiedemann,* § 4 Rn 356; ErfK/*Schaub,* § 4 TVG Rn 77; *Hanau/Kania,* DB 1995, 1229, 1231; *Schwab,* BB 1994, 781, 782.
148 BAG AP Nr. 40 zu § 4 TVG Nachwirkung; so auch schon BAG AP Nr. 16 zu § 4 TVG Nachwirkung = EzA § 4 TVG Nachwirkung Nr. 8.

§ 1 Abschaffung arbeitsvertraglich vereinbarter Sozialleistungen

205 Die Änderung des Arbeitsverhältnisses kommt dabei nur zustande, wenn der Arbeitnehmer sich mit den neuen Arbeitsbedingungen einverstanden erklärt. Seine Vertragsfreiheit wird lediglich dadurch eingeschränkt, dass ihn der Arbeitgeber unter den Voraussetzungen des § 2 KSchG vor die Wahl stellen kann, entweder das Änderungsangebot anzunehmen oder den Arbeitsplatz zu verlieren. Akzeptiert der Arbeitnehmer die Änderungskündigung vorbehaltlos, steht dies sowieso einem Änderungsvertrag gleich. Nimmt er das Änderungsangebot unter Vorbehalt an, liegt eine Zustimmung vor, die zur Abänderung der Arbeitsbedingungen zum Zeitpunkt des Ablaufs der Kündigungsfrist führt, sobald die soziale Rechtfertigung der Änderungskündigung gem. §§ 2, 1 KSchG rechtskräftig festgestellt ist. Dann liegt gleichfalls eine übereinstimmende Vereinbarung über die geänderten Arbeitsbedingungen vor.

§ 2 Abbau übertariflicher Vergütungs- und Vergütungsnebenbestandteile durch Anrechnung von Tariflohnerhöhungen

A. Problemstellung

Verschiedentlich ist in Arbeitsverhältnissen, die einem Tarifvertrag unterliegen, einzelvertraglich eine **übertarifliche Vergütung** vereinbart.[1] Grund dafür kann sein, dass der Arbeitgeber einen Anreiz für besonders qualifizierte Arbeitnehmer setzen möchte, er eine engere Bindung der Mitarbeiter an das Unternehmen herbeiführen will oder er die tarifliche Vergütung aus anderen Gründen für unangemessen hält. Vor allem in wirtschaftlich schwierigen Zeiten kann sich das aber ändern. Dann stellt sich die Frage, wie die höhere einzelvertragliche Vergütung auf das niedrigere tarifliche Niveau zurückgeführt werden kann.   1

Ein Mittel ist die Anrechnung von Tariflohnerhöhungen auf außertarifliche Vergütungs- und Vergütungsnebenbestandteile. Voraussetzung dafür ist zunächst, dass der **Arbeitnehmer Anspruch auf den Tariflohn** hat – sei es aufgrund **beiderseitiger tariflicher Bindung** oder aufgrund **Bezugnahmeklausel im Arbeitsvertrag** –[2] und dass er **übertariflich vergütet** wird. Der Abbau findet so statt, dass die Tariflohnerhöhung nicht weitergegeben, sondern auf die übertarifliche Vergütung angerechnet wird. Abbau bedeutet hier also nicht, dass der Arbeitnehmer weniger erhält. Ihm kommen aber die Tariflohnerhöhungen solange effektiv nicht zugute, bis der übertarifliche Vergütungsbestandteil aufgezehrt ist.   2

Anrechnung von Tariflohnerhöhungen auf übertarifliche Vergütungsbestandteile: Das hört sich einfach an. Tatsächlich wirft das Thema aber eine Vielzahl individual- wie kollektivrechtlicher Fragen auf. Für die betriebliche Praxis ergeben sich daraus einige Fallstricke. So wundert es nicht, dass dieses Thema häufig die Rechtsprechung beschäftigt und dem Arbeitgeber häufig die Unwirksamkeit der Anrechnung bescheinigt wird. Es lohnt sich also, die Antworten auf die aufgeworfenen Fragen zu kennen, am besten schon vor Abschluss des Arbeitsvertrags.   3

---

1 Solche Zulagen finden sich bisweilen auch in Betriebsvereinbarungen, vgl. LAG Köln NZA-RR 2001, 487. Insofern ist allerdings § 77 Abs. 3 BetrVG zu beachten, dazu BAG SAE 1998, 303, 305 m. Anm. *Weber*.
2 Die Grundlage dieses Anspruchs ist unerheblich, vgl. BAG SAE 1998, 303, 306 m. Anm. *Weber*; *Schneider*, DB 1993, 2530.

B. Individualrechtliche Wirksamkeit der Anrechnung von Tariflohnerhöhungen

I. Übertariflicher Vergütungs- oder Vergütungsnebenbestandteil

4 Es gibt verschiedene Arten übertariflicher Vergütungsbestandteile. Deren Qualifizierung kann für die Anrechenbarkeit von Tariflohnerhöhungen von Bedeutung sein. Zu unterscheiden ist zwischen **zweckfreien** und **zweckgebundenen** Vergütungsbestandteilen.

5 Ein **zweckfreier** übertariflicher Vergütungsbestandteil liegt vor, wenn mit ihm keine besonderen Zwecke verfolgt werden. Dies wird regelmäßig der Fall sein, wenn der Arbeitsvertrag schlicht einen **über den Tariflohn liegenden Grundlohn** vorsieht. Mit der Differenz zwischen Tariflohn und arbeitsvertraglichem Lohn wird in aller Regel die **allgemeine Arbeitsleistung** abgegolten, es sei denn, der Arbeitsvertrag sieht ausdrücklich etwas anderes vor.[3]

6 Der Arbeitsvertrag kann aber auch neben dem Grundlohn eine **übertarifliche Zulage** vorsehen. Auch eine solche Zulage kann **zweckfrei** sein. Dies ist immer dann der Fall, wenn der Arbeitsvertrag keinen gesonderten Zweck festlegt und sich ein solcher auch nicht aus Abreden der Vertragsparteien oder sonstigen Umständen ergibt. Nicht maßgeblich ist, wie die Zulage genannt ist. Auch eine »Leistungszulage« kann zweckfrei sein, wenn sie nicht von besonderen Leistungskriterien abhängt.[4]

7 **Zweckgebunden** sind dagegen Vergütungsbestandteile – insbesondere Zulagen –, wenn sie nicht (nur) die allgemeine Arbeitsleistung honorieren, sondern gesonderten Zwecken dienen. Dies können sein:[5] **Leistungszulagen**, sofern sie von Leistungskriterien abhängen; **Erschwernis-** oder **Schmutzzulagen**; **Treueprämien**; **Funktions-** oder **Familienzulagen**. Auch eine Schichtzulage zählt hierzu.[6] In einem solchen Fall der Zweckbindung ist die Zulage als **selbständiger Lohnbestandteil** zu werten.

II. Anrechnungsvorbehalt im Arbeitsvertrag

8 Drei Konstellationen sind zu unterscheiden:
- Der Arbeitsvertrag enthält einen Anrechnungsvorbehalt;
- der Arbeitsvertrag schließt eine Anrechnung aus;
- der Arbeitsvertrag macht dazu keine Aussage.

---

[3] Vgl. BAG DB 1993, 380; *Schneider*, DB 1993, 2530, 2531.
[4] BAG SAE 1998, 303, 306.
[5] Dazu ErfK/*Preis*, § 611 BGB Rn 539.
[6] LAG Köln NZA-RR 2001, 487.

B. Individualrechtliche Wirksamkeit der Anrechnung von Tariflohnerhöhungen § 2

1. Arbeitsvertrag enthält einen ausdrücklichen Anrechnungsvorbehalt

Ein Anrechnungsvorbehalt kann auf zwei Arten ausgestaltet sein. Er kann eine **automatische Anrechnung** vorsehen. In dem Fall wird jede Tariflohnerhöhung automatisch auf den übertariflichen Vergütungsbestandteil angerechnet. Der Anrechnungsvorbehalt kann aber auch so formuliert werden, dass der **Arbeitgeber zur Anrechnung berechtigt** ist. Hier kann der Arbeitgeber anrechnen, muss es aber nicht. Es besteht also keine Anrechnungsautomatik, vielmehr bedarf es noch einer Entscheidung des Arbeitgebers.

9

Enthält der Arbeitsvertrag ausdrücklich einen allgemeinen Anrechnungsvorbehalt, so kommt es nicht auf die Qualifizierung des Lohnbestandteils an. Ob es sich um einen zweckfreien oder zweckgebunden (selbständigen) Lohnbestandteil handelt: der Arbeitgeber kann die Tariflohnerhöhung anrechnen.[7] Ein entsprechender Anrechnungsvorbehalt könnte wie folgt lauten:[8]

10

Formulierungsbeispiele

11

Beispiel 1:
»Der Arbeitnehmer erhält eine Vergütung in Höhe von monatlich 2.500 EUR, zahlbar jeweils am dritten Werktag des Folgemonats. Diese Vergütung setzt sich zusammen aus dem Tariflohn in Höhe von derzeit 2.200 EUR und einem übertariflichen Anteil in Höhe von 300 EUR. Die Parteien sind sich einig, dass der Arbeitgeber berechtigt ist, Erhöhungen des Tariflohns auf den übertariflichen Anteil teilweise oder vollständig anzurechnen. Anrechenbar sind auch Tariflohnerhöhungen, die aufgrund von Alterssprüngen, Umgruppierungen oder einer tariflichen Arbeitszeitverkürzung entstehen. Die Anrechnung muss bis zur zweiten, dem jeweiligen Tarifabschluss folgenden Entgeltzahlung erfolgen. Rechnet der Arbeitgeber über einen langen Zeitraum Tariflohnerhöhungen nicht an, so verliert er dadurch nicht sein Recht, dies in Zukunft anders zu handhaben.«

Beispiel 2:
»Der Arbeitnehmer erhält eine Vergütung in Höhe von monatlich 2.200 EUR und eine monatliche übertarifliche Erschwerniszulage von 300 EUR, zahlbar jeweils am dritten Werktag des Folgemonats. Die Parteien sind sich einig, dass der Arbeitgeber berechtigt ist, Erhöhungen des Tariflohns auf die übertarifliche Erschwerniszulage teilweise oder vollständig anzurechnen. Anrechenbar sind auch Tariflohnerhöhungen, die aufgrund von Alterssprüngen, Umgruppierungen oder einer tariflichen Arbeitszeitverkürzung entstehen. Die Anrechnung muss bis zur zweiten, dem jeweiligen Tarifabschluss folgenden Entgeltzahlung erfolgen. Rechnet der Arbeitgeber

---

[7] BAG SAE 1998, 203, 306 m. Anm. *Weber*; Küttner/*Kreitner*, Nr. 14 Rn 2; Tschöpe/*Wisland* Teil 4C Rn 177.
[8] Vgl. auch *Hümmerich*, § 1 Rn 1866; *Preis*, II V 70 Rn 113; *Ziepke/Schneider*, S. 36 f., 77.

§ 2 Abbau durch Anrechnung von Tariflohnerhöhungen

über einen langen Zeitraum Tariflohnerhöhungen nicht an, so verliert er dadurch nicht sein Recht, dies in Zukunft anders zu handhaben.«

Beispiel 3:
»Der Arbeitnehmer erhält eine monatliche Vergütung von 2.500 EUR, zahlbar jeweils am dritten Werktag des Folgemonats. Der derzeitige Tariflohn beträgt 2.200 EUR. Die Parteien sind sich einig, dass jede Erhöhung des Tariflohns automatisch auf die vertragliche Vergütung angerechnet wird, bis diese aufgezehrt ist. Automatisch angerechnet werden auch Tariflohnerhöhungen, die aufgrund von Alterssprüngen, Umgruppierungen oder einer tariflichen Arbeitszeitverkürzung entstehen.«

2. Arbeitsvertrag schließt Anrechnung aus

12 Die Vertragsparteien können die Anrechnung von Tariflohnerhöhungen auch ausdrücklich ausschließen. Auch in dem Fall kommt es auf die Qualifizierung des übertariflichen Lohnbestandteils nicht an: Der Arbeitgeber ist zu einer Anrechnung nicht berechtigt, gleich ob es sich um einen zweckfreien oder zweckgebundenen Lohnbestandteil handelt. Will er den übertariflichen Lohnbestandteil abbauen, geht dies nur im **Einvernehmen mit den Arbeitnehmern** oder mittels **Änderungskündigung**. Eine entsprechende vertragliche Abrede könnte wie folgt lauten:

13 *Formulierungsbeispiele*

Beispiel 1:
»Der Arbeitnehmer erhält eine Vergütung in Höhe von monatlich 2.500 EUR, zahlbar jeweils am dritten Werktag des Folgemonats. Diese Vergütung setzt sich zusammen aus dem Tariflohn in Höhe von derzeit 2.200 EUR und einem übertariflichen Anteil in Höhe von 300 EUR. Die Parteien sind sich einig, dass der Arbeitgeber nicht berechtigt ist, Erhöhungen des Tariflohns auf den übertariflichen Anteil anzurechnen.«

Beispiel 2:
»Der Arbeitnehmer erhält eine Vergütung in Höhe von monatlich 2.200 EUR und eine monatliche übertarifliche Erschwerniszulage von 300 EUR, zahlbar jeweils am dritten Werktag des Folgemonats. Die Parteien sind sich einig, dass der Arbeitgeber nicht berechtigt ist, Erhöhungen des Tariflohns auf die übertarifliche Erschwerniszulage anzurechnen.«

3. Arbeitsvertrag macht zur Anrechenbarkeit keine Aussage

14 Schwieriger ist der Fall, wenn der Arbeitsvertrag keine Regelung bereit hält. In einem solchen Fall bedarf es einer Vertragsauslegung. Dabei kommt es entscheidend auf den

B. Individualrechtliche Wirksamkeit der Anrechnung von Tariflohnerhöhungen **§ 2**

Zweck des übertariflichen Vergütungsbestandteils an. Vorbehaltlich einer Überprüfung des Einzelfalls lassen sich der Rechtsprechung folgende Grundsätze entnehmen:

Handelt es sich um einen **zweckfreien Vergütungsbestandteil**, so ist der Arbeitgeber auch bei fehlendem Anrechnungsvorbehalt zur Anrechnung einer Tariflohnerhöhung berechtigt. Das gilt sowohl bei einem über dem Tariflohn liegenden Grundlohn als auch bei einer übertariflichen Zulage.[9] Wird allerdings eine tarifliche Zulage erhöht, die einen besonderen Zweck verfolgt, so kann diese nicht auf einen allgemeinen übertariflichen Vergütungsbestandteil angerechnet werden (Grundsatz der Zweckidentität).[10] Dies geht nur bei einem ausdrücklichen Anrechnungsvorbehalt. 15

Ähnlich liegen die Dinge, wenn die Zulage mit einem **wirksamen Freiwilligkeits- oder Widerrufsvorbehalt** versehen ist. In diesem Fall kommt es nicht einmal auf eine etwaige Zweckbestimmung der Zulage an. Denn wenn der Arbeitgeber die Zulage freiwillig oder widerruflich ausgestaltet hat, so kann er sie auch aufgrund einer Tariflohnerhöhung reduzieren. 16

Anders ist es allerdings bei **zweckgebundenen arbeitsvertraglichen Vergütungsbestandteilen** wie echten Leistungszulagen, Erschwernis- oder Schmutzzulagen; Treueprämien; Funktions- oder Familienzulagen. Diese sind im Zweifel selbständige Vergütungsbestandteile und anrechnungsfest.[11] Anders ist es nur, wenn der Tarifvertrag eine Zulage regelt, die denselben Zweck wie die arbeitsvertragliche übertarifliche Zulage verfolgt. In einem solchen Fall der Zweckidentität ist eine Anrechnung zulässig. 17

Praxishinweis 18
Dafür, dass der übertarifliche Vergütungsbestandteil einen besonderen Zweck verfolgt, trägt der **Arbeitnehmer** die **Darlegungs- und Beweislast**.[12] Bei einer bloß mündlichen Vereinbarung können ihm aber Beweiserleichterungen zugute kommen, da der Arbeitgeber gegen seine Verpflichtungen aus dem Nachweisgesetz verstoßen hat.[13]

4. Einschränkungen bei Allgemeinen Geschäftsbedingungen?

Bis zum Schuldrechtsmodernisierungsgesetz unterlagen arbeitsvertragliche Regelungen bekanntlich keiner Kontrolle anhand des AGB-Gesetzes (Bereichsausnahme des § 23 Abs. 1 AGBG). Allerdings unterzog die Rechtsprechung auch schon zu diesen Zeiten arbeitsvertragliche Regelungen einer Inhaltskontrolle, bei der die AGB-rechtlichen Wertungen herangezogen wurden. Seit dem 1.1.2002 sind nunmehr auch 19

---

9 BAG DB 1993, 380; *Sowka*, WiB 1995, 782, 783.
10 *Ziepke/Schneider*, S. 25 f.
11 BAG NZA 2002, 342; LAG Köln NZA-RR 2001, 487; Küttner/*Kreitner*, Nr. 14 Rn 2.
12 BAG BAG Report 2003, 212, 213; ErfK/*Preis*, § 611 BGB Rn 539.
13 Dazu ErfK/*Preis*, Einf. NachwG Rn 22 f. m.w.N. zum Streitstand.

§ 2 Abbau durch Anrechnung von Tariflohnerhöhungen

Arbeitsverträge einer AGB-rechtlichen Kontrolle zugänglich. Allerdings sind dabei die arbeitsrechtlichen Besonderheiten angemessen zu berücksichtigen (§ 310 Abs. 4 S. 2 BGB). Es stellt sich die Frage, ob die oben unter Rn 9 bis 18 dargestellten Grundsätze einer AGB-rechtlichen Kontrolle standhalten.

20 Zunächst ist festzuhalten, dass die Rechtsprechung mit dieser Frage, soweit ersichtlich, bisher noch nicht befasst war. Im Schrifttum sind aber einige kritische Stimmen auszumachen. Dabei werden im Wesentlichen zwei Punkte problematisiert: Zum einen sei die Rechtsprechung zu der Anrechnungsmöglichkeit **bei fehlendem Anrechnungsvorbehalt** unter AGB-rechtlichen Vorgaben nicht haltbar. Sie sei nicht vereinbar mit der Unklarheitenregel des § 305c Abs. 2 BGB und dem Transparenzgebot des § 307 Abs. 1 Nr. 2 BGB.[14] Zum anderen sei es bedenklich, **zweckgebundene Zulagen unter einen allgemeinen Anrechnungsvorbehalt** zu stellen. Dies sei eine unangemessene Benachteiligung des Arbeitnehmers, weil zwischen allgemeiner Tariflohnerhöhung und zweckgebundener Zulage kein sachlicher Zusammenhang zu sehen sei.[15]

21 Gegen die vom Schrifttum vorgebrachten Einwände lässt sich ins Felde führen, dass es bei der Anrechnung von Tariflohnerhöhungen um – seit Jahren praktizierte – arbeitsrechtliche Besonderheiten geht, die berücksichtigt werden müssen.[16] Es bleibt abzuwarten, ob die Rechtsprechung ihre bewährte Linie beibehält oder sie aufgrund der AGB-rechtlichen Neuregelung ändert.

22 *Praxishinweis*
Nicht angreifbar ist es jedenfalls, einen zweckfreien Vergütungsbestandteil mit einem ausdrücklichen Anrechnungsvorbehalt zu versehen.[17] Vor diesem Hintergrund tut jeder Arbeitgeber gut daran, einen ausdrücklichen und unmissverständlichen Anrechnungsvorbehalt in den Arbeitsvertrag aufzunehmen. Aus Arbeitgebersicht sollte zudem vermieden werden, einen übertariflichen Vergütungsbestandteil mit einer Zweckbestimmung zu versehen.

5. Betriebliche Übung bei jahrelanger Nichtanrechnung?

23 Wurden Tariflohnerhöhungen über Jahre hinweg nicht auf den übertariflichen Vergütungsbestandteil angerechnet, stellt sich die Frage, ob dadurch nicht eine entsprechende **betriebliche Übung** etabliert wurde. Diese Frage beantworten aber Rechtsprechung und überwiegendes Schrifttum eindeutig mit nein.[18] Das bedeutet: Auch wenn der Arbeitgeber von einer Anrechnung der Tariflohnerhöhungen über

---

14 ErfK/*Preis*, § 611 BGB Rn 538; *Preis*, II V 70 Rn 118; *Hümmerich*, § 1 Rn 1849.
15 *Lindemann*, S. 328 f.
16 In diese Richtung auch Tschöpe/Schmalenberg, Teil 2A Rn 543.
17 *Preis*, II V 70 Rn 120.
18 BAG BAGE 71, 164, 170; BAG BAGReport 2003, 212, 213; ErfK/*Preis*, § 611 BGB Rn 541; Küttner/*Kreitner*, Nr. 14 Rn 2; *Sowka*, WiB 1995, 782, 783; a.M. etwa MünchArbR/*Hanau*, § 62 Rn 53.

B. Individualrechtliche Wirksamkeit der Anrechnung von Tariflohnerhöhungen § 2

Jahre hinweg absieht, ist er nicht gehindert, dies in Zukunft anders zu handhaben. Aus Gründen der Klarstellung empfiehlt es sich aber, darauf bereits im Arbeitsvertrag hinzuweisen (siehe Formulierungsbeispiel in Rn 11).

III. Tariflohnerhöhung

Es gibt unterschiedliche Arten der Tariflohnerhöhung. Diese Unterschiede haben Bedeutung dafür, ob eine Anrechnung auf einen übertariflichen Lohnbestandteil erfolgen darf. Die allgemeine Unterscheidung ist die zwischen **regelmäßigem tariflichen Entgelt** und **sonstigen geldwerten Vorteilen** eines Tarifabschlusses. Angerechnet werden dürfen grundsätzlich nur Erhöhungen, die dem regelmäßigen tariflichen Entgelt zuzuordnen sind. Eine Ausnahme besteht nur dann, wenn im Arbeitsvertrag ein entsprechend weiter Anrechnungsvorbehalt vereinbart ist oder der sonstige geldwerte Vorteil und die übertarifliche Zulage denselben Zweck verfolgen. Konkret bedeutet dies: 24

1. Prozentuale Erhöhung des Tariflohns

Der Normalfall ist die **prozentuale Erhöhung des Tariflohns**. Eine solche prozentuale Erhöhung kann ohne weiteres auf eine übertarifliche Zulage angerechnet werden, soweit eine vertragliche, ggf. durch Auslegung ermittelte Anrechnungsbefugnis besteht.   25

2. Pauschalzahlung und Einmalzahlung

Zuweilen vereinbaren die Tarifvertragsparteien eine **Pauschalzahlung**, mit welcher der Tariflohn für bestimmte Monate erhöht werden soll. Dies geschieht häufig, um eine während der Tarifverhandlungen bestehende Schwebezeit durch einen Pauschalbetrag auszugleichen. In diesen Fällen handelt es sich insofern also um eine rückwirkende Erhöhung des Tariflohns. Eine solche auf einer Pauschalzahlung beruhende Tariflohnerhöhung kann ebenfalls auf eine außertarifliche Zulage angerechnet werden.[19] Denn es bedeutet keinen Unterschied, ob der Tariflohn prozentual oder aufgrund einer Pauschalzahlung erhöht wird.   26

Nicht anrechnungsfähig sind dagegen tarifliche **Einmalzahlungen**. Diese zeichnen sich dadurch aus, dass sie als einmalige Sonderzahlungen eigenständig neben der eigentlichen Tariflohnerhöhung stehen und im Ergebnis nicht die Basis für künftige Tariflohnerhöhungen bilden. Die Arbeitgeber werden also nur einmal, nicht aber dauerhaft belastet. Deshalb scheidet eine Anrechnung auf **allgemeine übertarifliche Vergütungsbestandteile** aus.[20] Dagegen kann eine Anrechnung auf **zweckgleiche**   27

---

19 BAG BAGReport 2003, 212, 213; *Schneider*, DB 2000, 922.
20 BAG NZA 2002, 342, 344; *Schneider*, DB 2000, 922.

§ 2 Abbau durch Anrechnung von Tariflohnerhöhungen

übertarifliche Vergütungsbestandteile erfolgen.[21] Hier kommt es also auf die Zweckrichtung von tariflicher Einmalzahlung und übertariflichem Vergütungsbestandteil an.

28 Die **Abgrenzung** von anrechnungsfähiger **Pauschalzahlung** und in der Regel nicht anrechnungsfähiger **Einmalzahlung** ist nicht immer ganz eindeutig. Nicht maßgeblich ist die von den Tarifvertragsparteien gewählte Bezeichnung.[22] Vielmehr kommt es auf die Funktion, die Ausgestaltung der Zahlung und den tariflichen Gesamtzusammenhang an.[23] Ein gutes Beispiel für die Abgrenzung von Pauschal- und Einmalzahlungen bietet der jüngste Tarifabschluss für die Metallindustrie Baden-Württemberg, welcher auch in anderen Tarifgebieten übernommen wurde.[24]

29 Dort soll es demnächst einen neuen **Entgeltrahmentarifvertrag (ERA)** geben, der u.a. die bisherige Unterscheidung von Arbeitern und Angestellten aufgibt. Aufgrund dessen wurde die letzte prozentuale Tariflohnerhöhung in eine prozentuale Erhöhung der Tariftabellen und in mehrere Pauschalzahlungen aufgeteilt; der nachfolgende neue Entgelttarifvertrag wird ganz neue Entgelttabellen entwickeln. Die Pauschalzahlungen im vorangegangenen Tarifabschluss sollen auch dazu dienen, die systembedingten Mehrkosten, die den Arbeitgebern aufgrund der Umstellung auf den neuen Entgeltrahmentarifvertrag entstehen, auszugleichen. Kommt es doch nicht zu der beabsichtigten Umstellung der Tariftabellen, werden die Pauschalzahlungen wieder in die alte Tabelle eingerechnet.

30 Diese Pauschalzahlungen im Rahmen des neuen Entgeltrahmentarifvertrags können auf außertarifliche Vergütungsbestandteile angerechnet werden.[25] Dem steht auch nicht entgegen, dass durch sie systembedingte Mehrkosten der Umstellung auf die neuen Tariftabellen kompensiert werden sollen. Denn wie das BAG in einer anderen Entscheidung hervorhebt, »ist es Ausdruck der Tarifautonomie, dass die Tarifvertragsparteien die vergütungsrechtlichen Folgen bestimmter Entgeltleistungen in der ihnen angemessen erscheinenden Art und Weise festlegen und begrenzen«.[26]

3. Lohnerhöhung aufgrund tariflicher Arbeitszeitreduzierung

31 Eine tarifliche Lohnerhöhung kann auch darauf beruhen, dass die Arbeitszeit bei vollem Lohnausgleich verkürzt wird. Zwar bleibt der tatsächliche Lohn derselbe. Da der Arbeitnehmer aber dafür weniger arbeiten, also eine geringere Gegenleistung

---

21 *Schneider*, DB 2000, 922.
22 Vgl. BAG NZA 2003, 224, 225.
23 BAG NZA 2003, 224, 225 f.
24 Dazu *Kania*, BB 2004, 665; *Reiter*, BB 2004, 437, die sich allerdings jeweils mit einer anderen Thematik befassen.
25 So auch ArbG Frankfurt v.16.7.2003 – 6 Ca 11103/02, n.v.; das Urteil ist nicht rechtskräftig, die Berufung ist beim Hessischen LAG unter dem Az. 5 Sa 2036/03 anhängig.
26 BAG NZA 2003, 224, 226.

für denselben Lohn erbringen muss, kann dies durchaus als Lohnerhöhung gewertet werden.

Eine solche Lohnerhöhung durch Reduzierung der Arbeitszeit kann nur auf außertarifliche Vergütungsbestandteile angerechnet werden, wenn dies ausdrücklich im Arbeitsvertrag vereinbart ist.[27] Enthält der Arbeitsvertrag keine Regelung oder nur einen allgemeinen Anrechnungsvorbehalt, so ist eine Anrechnung unzulässig. Dies hat der Arbeitgeber bei der Formulierung des vertraglichen Anrechnungsvorbehalts zu berücksichtigen (vgl. Formulierungsvorschlag unter Rn 11).

4. Tariflohnerhöhung aufgrund Umgruppierung oder Alterssprungs

Eine Tariflohnerhöhung kann für Einzelne auch dadurch eintreten, dass sie in eine andere Tarifgruppe eingruppiert werden, etwa aufgrund einer Höhergruppierung oder eines Alterssprungs. Es geht hier also nicht um eine allgemeine Tariflohnerhöhung, sondern um eine **Steigerung des Tariflohns aufgrund einer Änderung der individuellen Umstände des einzelnen**.[28]

Ob ein **allgemeiner Anrechnungsvorbehalt** ausreicht, um diese individuelle Steigerung aufgrund der Änderung der persönlichen Verhältnisse auf einen außertariflichen Vergütungsbestandteil anzurechnen, erscheint sehr fraglich. Es bietet sich an, dies in Parallele zu der Tariflohnerhöhung durch Verkürzung der Arbeitszeit zu verneinen. Eine Anrechnung dürfte sich aber dann als unproblematisch erweisen, wenn sich der Anrechnungsvorbehalt ausdrücklich auch auf diese Fallgestaltung erstreckt.

5. Tarifliche Bestimmungen über die Nichtanrechenbarkeit

Bisweilen enthalten Tarifverträge Klauseln, wonach die Anrechnung der Lohnerhöhung auf übertarifliche Vergütungsbestandteile unzulässig sei. Dies ist auf zweierlei Weise möglich: Entweder werden auch die übertariflichen Lohnbestandteile im Tarifvertrag als Tariflohn ausgegeben (**Effektivklausel**) oder der Tarifvertrag untersagt eine Anrechnung der Tariflohnerhöhung auf die außertarifliche Zulage, die ihrerseits dadurch aber nicht zum Bestandteil des Tariflohns wird (**begrenzte Effektivklauseln**).[29] Seltener sind Tarifvertragsklauseln, die eine Anrechenbarkeit der Tariflohnerhöhungen vorschreiben (**negative Effektivklauseln**).

---

27 BAG DB 1999, 102; BAG AP Nr. 35 zu § 4 TVG Übertariflicher Lohn und Tariflohnerhöhung; anders noch BAG BB 1988, 702; a.A. etwa *Stege/Weinspach/Schiefer*, § 87 Rn 174 l, nach denen eine weiter gehende Anrechnungsmöglichkeit besteht.
28 Vgl. dazu BAG BAGE 71, 164, 171; BAG DB 1997, 1927.
29 Vgl. Däubler/*Deinert*, § 4 Rn 788 ff.; *Ziepke/Schneider*, S. 23 f.

§ 2 Abbau durch Anrechnung von Tariflohnerhöhungen

36 Nach der Rechtsprechung des BAG und der überwiegenden Auffassung im Schrifttum sind solche Klauseln **unwirksam**.[30] Sie greifen unzulässig in die vertragliche Gestaltungsmacht der Arbeitsvertragsparteien ein. Unwirksam sind auch negative Effektivklauseln, sie verstoßen gegen § 4 Abs. 3 TVG (Günstigkeitsprinzip).[31]

IV. Durchführung der Anrechnung

1. Hinweis an die Mitarbeiter

37 Sieht der Arbeitsvertrag eine automatische Anrechnung der Tariflohnerhöhung auf den außertariflichen Vergütungsbestandteil vor, so ergeben sich keine besonderen Fragen. Anders liegen die Dinge, wenn sich der Arbeitgeber die Entscheidung über die Anrechnung **vorbehalten** hat. Insofern hat er ein Gestaltungsrecht, dessen Ausübung an einige Vorgaben gebunden ist. Bedarf die Anrechnung der Mitbestimmung des Betriebsrates, so ist vorher die Zustimmung des Betriebsrates einzuholen (siehe Rn 68 ff.).

38 Sinnvoll, wenn auch rechtlich nicht erforderlich, ist es, die beabsichtigte Anrechnung den Mitarbeitern auf betriebsübliche Weise bekannt zu machen. Das verhindert, dass sie sich auf eine Erhöhung des Lohns einstellen. Die Mitteilung könnte folgendermaßen lauten:

39 *Formulierungsbeispiel*
»An alle Mitarbeiter: Nach dem Tarifabschluss vom _____ werden die Tariflöhne allgemein um _____ steigen. Aufgrund der schwierigen wirtschaftlichen Lage sind wir gezwungen, die Tariflohnerhöhung ab dem _____ in vollem Umfang auf die übertarifliche Vergütung anzurechnen. Das bedeutet: Ihr Effektivverdienst erhöht sich trotz Erhöhung der Tariflöhne nicht oder nur teilweise. Sollten Sie hierzu noch Fragen haben, wenden Sie sich bitte an die Personalabteilung.«

40 Aber auch wenn der Arbeitgeber eine Tariflohnerhöhung in voller Höhe weiter gibt, also keine Anrechnung erfolgt, sollte er dies auf betriebsübliche Weise bekannt machen. In dieser Bekanntmachung ist auf die Möglichkeit der Anrechnung bei künftigen Tariflohnerhöhungen hinzuweisen, auch wenn dies aus rechtlichen Gründen zur Verhinderung einer betrieblichen Übung nicht erforderlich ist. Die Mitteilung könnte folgendermaßen lauten:[32]

41 *Formulierungsbeispiel*
»An alle Mitarbeiter: Nach dem Tarifabschluss vom _____ werden die Tariflöhne allgemein um _____ steigen. Wir freuen uns, Ihnen mitteilen zu können, dass wir

---

30 Zur Unwirksamkeit von Effektivklauseln: BAG DB 1994, 1294; BAG AP Nr. 9 zu § 4 TVG Effektivklausel m. Anm. *Wiedemann*; *Schaub*, § 204 Rn 51f.; für begrenzte Effektivklauseln: BAG DB 1987, 2522; Wiedemann/*Wank*, § 4 Rn 537; a.M. etwa Däubler/*Deinert*, § 4 Rn 791 ff.
31 BAG DB 1986, 2031; *Ziepke/Schneider*, S. 25.
32 Vgl. auch die Formulierung bei *Ziepke/Schneider*, S. 38.

B. Individualrechtliche Wirksamkeit der Anrechnung von Tariflohnerhöhungen § 2

die Tariflohnerhöhung in vollem Umfang an alle Mitarbeiter weiter geben können. Wir werden von unserem Recht, die Tariflohnerhöhung auf die übertarifliche Zulage anzurechnen, keinen Gebrauch machen. Wir weisen Sie darauf hin, dass bei künftigen Tariflohnerhöhungen eine solche Anrechnung auf die übertarifliche Zulage erfolgen kann. Sollten Sie hierzu noch Fragen haben, wenden Sie sich bitte an die Personalabteilung.«

2. Zeitpunkt der Anrechnung

Die Anrechnung muss **zeitnah** zur Tariflohnerhöhung erfolgen. Hält sich der Arbeitgeber nicht daran, entfällt sein Anrechnungsrecht für die betreffende Tariflohnerhöhung.[33] Was »zeitnah« genau bedeutet, ist allerdings noch nicht hinreichend geklärt. 42

In einer neuen Entscheidung hat das BAG für einen Sonderfall zu dieser Frage Stellung genommen. In diesem Fall enthielt der Arbeitsvertrag die Formulierung, dass die übertarifliche Zulage auf **»kommende Lohnerhöhungen«** anrechenbar sei. Aus dem Wort »kommend« liest das BAG heraus, dass das Anrechnungsrecht einer strikten zeitlichen Grenze unterworfen sei: »*Das Attribut »kommende« in der Begriffskombination »kommende Lohnerhöhungen« lässt sich sinnvoll nur dahin auslegen, das dieses Tatbestandsmerkmal den Zeitpunkt der konkreten Anrechnungserklärung regelt: Diese Erklärung bezieht sich nur dann auf eine »kommende Lohnerhöhung« ..., wenn der Arbeitgeber sie dem Arbeitnehmer gegenüber vor In-Kraft-Treten des neuen Lohntarifvertrags, im Falle dessen rückwirkenden In-Kraft-Tretens spätestens mit dem ersten Vollzug der Tariflohnerhöhung vornimmt. Der Arbeitgeber muss also die erste Anrechnungsmöglichkeit nutzen.*«[34] 43

Diese Entscheidung betraf einen **Sonderfall**. Im Normalfall ist es nach der Auffassung des überwiegenden Schrifttums nicht erforderlich, dass der Arbeitgeber bereits unmittelbar nach dem Tarifabschluss, also bei der auf den Tarifabschluss folgenden Lohnauszahlung, anrechnen muss. Denn dies würde vielfach auf abrechnungstechnische Schwierigkeiten stoßen. Die Anrechnung müsse bei der **zweiten**, spätestens jedoch bei der **dritten Lohnzahlung** nach dem Tarifabschluss erfolgen.[35] Dies gilt auch bei rückwirkenden tariflichen Pauschalzahlungen. Auch wenn der Arbeitgeber für die Monate, auf welche sich die Rückwirkung erstreckt, die Zulage ungekürzt gezahlt hat, ist er an einer Anrechnung nicht gehindert.[36] Auch diese muss aber zeitnah zum Tarifabschluss sein. 44

---

33 BAG SAE 1998, 303, 308, m. Anm. *Weber*; *Schneider* DB 2000, 922, 923.
34 BAG NZA 2004, 437.
35 *Schneider*, DB 2000, 922, 923; *Weber*, SAE 1998, 303.
36 BAG BAGReport 2003, 212, 213 f.

§ 2 Abbau durch Anrechnung von Tariflohnerhöhungen

45 *Praxishinweis*
Angesichts dieser Unklarheiten tut der Arbeitgeber gut daran, die Anrechnung sofort, also bei der ersten Lohnauszahlung nach dem Tarifabschluss, vorzunehmen. Ist dies aus abrechnungstechnischen Gründen nicht möglich, sollte er die Anrechnung zumindest unverzüglich und nachweisbar betriebsüblich bekannt machen und dann bei der folgenden Lohnauszahlung umsetzen.

3. Beachtung billigen Ermessens (§ 315 Abs. 1 BGB)

46 Bei der Ausübung seines Gestaltungsrechts – Anrechnung der Tariflohnerhöhung – hat der Arbeitgeber billiges Ermessen zu beachten. Dies stellt indes keine große Hürde dar. Denn nach der Rechtsprechung des BAG ist bereits die Tariflohnerhöhung ein die Anrechnung rechtfertigender sachlicher Grund.[37] Das bedeutet nichts anderes, als dass die Anrechnung regelmäßig billigem Ermessen entspricht.

4. Beachtung des Gleichbehandlungsgrundsatzes

47 Bei der Anrechnung der Tariflohnerhöhung ist der Arbeitgeber an den **Gleichbehandlungsgrundsatz** gebunden. Dies gilt allerdings nur dann, wenn die Anrechnung nach einem bestimmten erkennbaren und generalisierenden Prinzip erfolgt.[38] Der Arbeitgeber ist also durch den Gleichbehandlungsgrundsatz nicht gehindert, Einzelfallentscheidungen zu treffen. In größeren Betrieben wird dies aber regelmäßig nicht möglich bzw. darstellbar sein.

48 Trifft der Arbeitgeber seine Anrechnungsentscheidung nach einem bestimmten erkennbaren und generalisierenden Prinzip, hat er also an den Gleichbehandlungsgrundsatz zu beachten. Das heißt nicht, dass er gezwungen ist, für alle Mitarbeiter gleich zu entscheiden. Er kann unter einzelnen Mitarbeitern oder Mitarbeitergruppen differenzieren, wenn dafür ein **sachlicher Grund** vorhanden ist. Ob der Gleichbehandlungsgrundsatz **betriebs- oder unternehmensbezogen** gilt, ist noch nicht endgültig geklärt.[39] Im ersten Fall könnte der Arbeitgeber bei der Anrechnung nach den jeweiligen Betrieben differenzieren, im zweiten Fall müsste er unternehmenseinheitlich entscheiden.

49 Ein sachlicher Differenzierungsgrund liegt etwa vor, wenn der Arbeitnehmer besonders qualifizierte Mitarbeiter von einer Anrechnung ausnimmt.[40] Oder wenn der Arbeitgeber auf eine Gruppe von Arbeitnehmern besonders angewiesen ist und er bei diesen deshalb eine Anrechnung unterlässt.[41] Dagegen darf der Arbeitgeber bei

---

37 BAG BB 1998, 2422, 2423; ArbG Wiesbaden NZA-RR 1996, 222, 223; *Boemke/Seifert*, BB 2001, 985, 988; *Preis*, II V 70 Rn 117, 121.
38 *Schneider*, DB 2000, 922, 924.
39 ErfK/*Preis*, § 611 BGB Rn 723; vgl. auch BAG BB 1998, 2422, 2423.
40 BAG DB NZA 1989 854; *Sowka*, WiB 1995, 782, 787.
41 BAG DB 1996, 834; *Schneider*, DB 2000, 922, 924.

der Anrechnung nicht zwischen Arbeitern und Angestellten unterscheiden, die bloße Zugehörigkeit zu einer von beiden Gruppen stellt kein sachliches Differenzierungskriterium dar.[42] Auch eine Differenzierung nach Krankheitstagen ist nicht zulässig, es sei denn, eine solche Differenzierung steht in einem sachlichen Zusammenhang mit dem betreffenden übertariflichen Lohnbestandteil.[43]

C. Mitbestimmung des Betriebsrats

I. Allgemeine Grundsätze

Eine Mitbestimmung des Betriebsrats kann sich aus § 87 Abs. 1 Nr. 10 BetrVG ergeben. Danach muss der Betriebsrat bei einer Anrechnung der Tariflohnerhöhung dann zustimmen, wenn diese zu einer **Änderung der Verteilungsgrundsätze** bei den Löhnen führt. Die Mitbestimmung soll der **Transparenz der Lohngestaltung** und der **innerbetrieblichen Lohngerechtigkeit** dienen.[44] Sie bezieht sich allerdings nicht auf die Höhe des Anrechnungsvolumens, sondern nur auf die Verteilungsgrundsätze.[45]

50

Allerdings gibt es eine Ausnahme: Stehen der Beteiligung des Betriebsrats **rechtliche oder tatsächliche Hindernisse** entgegen, so kann die Anrechnung mitbestimmungsfrei erfolgen, auch wenn sie zu einer **Änderung der Verteilungsgrundsätze** führt.[46] Solche rechtlichen und tatsächlichen Hindernisse sind dann anzunehmen, wenn dem Arbeitgeber bei der Anrechnung kein Regelungsspielraum verbleibt.

51

II. Mitbestimmung bei den verschiedenen Arten der Anrechnung

§ 87 Abs. 1 Nr. 10 BetrVG greift nicht per se bei jeder Anrechnung ein. Voraussetzung ist, dass sich die Verteilungsgrundsätze bei den Löhnen ändern und dem Arbeitgeber ein Regelungsspielraum verbleibt. Zur Beurteilung dessen kommt es auf die Art der Anrechnung an.

52

1. Kollektiver Tatbestand

Grundvoraussetzung ist zunächst, dass es sich bei der Anrechnung um einen **kollektiven Tatbestand** handelt. Handelt es sich dagegen um eine **Einzelmaßnahme**, sind die allgemeinen Verteilungsgrundsätze nicht berührt, greift § 87 Abs. 1 Nr. 10 BetrVG nicht ein.[47] Wann liegt nun ein Einzelfall, wann ein kollektiver Tatbestand vor?

53

---

42 BAG DB 1984, 2355; *Sowka*, WiB 1995, 782, 787.
43 ArbG Wiesbaden NZA-RR 1996, 222, 223.
44 BAG NZA 1992, 749; BAG BAGE 71, 164, 172; Küttner/*Kreitner*, Nr. 14 Rn 3.
45 BAG BB 1998, 2422, 2424; *Ziepke/Schneider*, S. 52 ff.
46 BAG NZA, 1992, 749; *Schaub*, § 204 Rn 49.
47 *Ziepke/Schneider*, S. 56 f.; *Sowka*, WiB 1995, 782, 784.

§ 2 Abbau durch Anrechnung von Tariflohnerhöhungen

54 Ein mitbestimmungsfreier **Einzelfall** kann nur angenommen werden, wenn die Anrechnung aufgrund individueller Umstände des Mitarbeiters erfolgt. Es darf kein innerer Zusammenhang zu der Entscheidung über die Anrechnung anderer Arbeitnehmer bestehen. Die Anzahl der betroffenen Mitarbeiter ist nicht entscheidend, sie kann aber ein Indiz sein.[48]

55 Ein mitbestimmungsfreier Einzelfall wird in der Rechtsprechung nur ausnahmsweise anerkannt.[49] Er kann etwa darin liegen, dass der Mitarbeiter selbst die Anrechnung aus steuerlichen Gründen wünscht.[50] Ein mitbestimmungsfreier Einzelfall wurde auch in einem Fall bejaht, in dem die Anrechnung bei einem einzelnen Arbeitnehmer auf einer Änderung seiner Tätigkeit beruhte.[51] Ein mitbestimmungspflichtiger kollektiver Tatbestand ist dagegen gegeben, wenn die Anrechnung wegen krankheitsbedingter Fehlzeiten,[52] Leistungsmängel,[53] Betriebszugehörigkeit[54] oder Erziehungsurlaub (jetzt: Elternzeit) erfolgt. Insofern besteht ein Zusammenhang zu der Entscheidung bei den übrigen Mitarbeitern. Denn es ist ein Vergleich der verschiedenen Mitarbeitern vonnöten, was stets als kollektiver Tatbestand zu werten ist.[55]

56 Es kann demnach festgehalten werden: Ein mitbestimmungsfreier Einzelfall kommt so gut wie nie vor. In der Regel gibt es irgendeinen inneren Zusammenhang zu der Entscheidung über die Anrechnung bei den anderen Mitarbeitern.

2. Vollständige Anrechnung der Tariflohnerhöhung

57 Wird die Tariflohnerhöhung vollständig und gleichmäßig auf alle Mitarbeiter angerechnet, so steht dem Betriebsrat kein Mitbestimmungsrecht zu. Dies wird folgendermaßen begründet: Fällt durch die vollständige und gleichmäßige Anrechnung die Zulage bei allen Mitarbeitern weg, so ist der Gegenstand der Mitbestimmung entfallen, steht der Mitbestimmung ein **tatsächliches Hindernis** entgegen.[56] Aber auch wenn die Zulage nicht vollständig wegfällt, besteht mangels Entscheidungsspielraums des Arbeitgebers ein Hindernis, und zwar diesmal ein **rechtliches Hindernis**.[57]

---

[48] BAG BAGE 71, 164, 173; *Fitting u.a.*, § 87 Rn 417 ff.; Küttner/*Kreitner*, Nr. 14 Rn 8; *Stege/Weinspach/Schiefer*, § 87 Rn 174 h.
[49] Vgl. die Übersichten bei *Sowka*, WiB 195, 782, 784; *Ziepke/Schneider*, S. 56 f.
[50] BAG DB 1993, 1143.
[51] LAG Baden-Württemberg NZA 1997, 1125.
[52] BAG DB 1993, 382.
[53] BAG DB 1993, 385.
[54] BAG DB 1993, 1143.
[55] BAG DB 1994, 2450; Küttner/*Kreitner*, Nr. 14 Rn 9.
[56] BAG BB 1990, 1485; *Stege/Weinspach/Schiefer*, § 87 Rn 174 f.
[57] BAG NZA 1992, 749; Küttner/*Kreitner*, Nr. 14 Rn 16; *Schaub*, § 204 Rn 49; kritisch *Boemke/Seifert*, BB 2001, 985, 987 ff.

C. Mitbestimmung des Betriebsrats § 2

Von diesen Grundsätzen ist das BAG allerdings in einem Sonderfall abgewichen.[58] Dort ging es nicht um die allgemeine Anrechnung einer Tariflohnerhöhung, sondern um die Anrechnung eines aufgrund von Alterssprüngen, Höhergruppierungen oder Erhöhung der Leistungszulage gesteigerten Tarifentgelts, von der nur ein Teil der Arbeitnehmer betroffen war. Auch wenn hinsichtlich dieses Teils die Anrechnung vollständig erfolgte, so verblieb dem Arbeitgeber noch ein Regelungsspielraum. Denn bei den übrigen Mitarbeitern bestand hinsichtlich der übertariflichen Zulage ein allgemeines Widerrufsrecht, so dass das Kürzungsvolumen auch auf diese Mitarbeiter hätte verteilt werden können. Diese Entscheidung kann nicht auf die Fälle übertragen werden, in denen eine allgemeine Tariflohnerhöhung auf alle Arbeitnehmer angerechnet wird, und zwar auch dann nicht, wenn hinsichtlich der außertariflichen Zulage noch ein allgemeiner Widerrufsvorbehalt vereinbart worden ist.[59]

58

3. Gleichmäßige Anrechnung um einen bestimmten Prozentsatz

Wird die Tariflohnerhöhung nicht vollständig, aber bei allen Arbeitnehmern zu einem bestimmten Prozentsatz angerechnet, und ändert sich dadurch das Verhältnis der Zulagen untereinander nicht, so ist § 87 Abs. 1 Nr. 10 BetrVG ebenfalls nicht einschlägig. Ein Mitbestimmungsrecht des Betriebsrats scheidet aus, weil das Verhältnis der Zulagen zueinander gleich bleibt.[60]

59

4. Vollständige Anrechnung bei Tarifsplitting

Es kommt häufiger vor, dass die Tarifvertragsparteien die Tariflohnerhöhung in eine Erhöhung des prozentualen Teils und in eine Pauschal- oder Einmalzahlung aufsplitten. Hier ist wie folgt zu differenzieren:

60

Bei einer Aufteilung in prozentuale Erhöhung und in eine **Pauschalzahlung** – d.h. eine Zahlung, die den Tariflohn für bestimmte Monate erhöht (siehe Rn 26 ff.) – muss der Arbeitgeber, der die Mitbestimmung vermeiden will, beide Teile der Tariflohnerhöhung anrechnen. Beide Teile werden nämlich als eine einheitliche Tariflohnerhöhung betrachtet.[61]

61

Anders liegen die Dinge, wenn der Tarifvertrag eine prozentuale Lohnerhöhung und zusätzlich eine **Einmalzahlung** vorsieht. Hier bilden prozentuale Tariflohnerhöhung und Einmalzahlung keine Einheit, letztere wird als selbständiger Bestandteil gewertet, der in aller Regel nicht auf allgemeine übertarifliche Bestandteile angerechnet werden

62

---

58 BAG DB 1997, 2081.
59 So auch *Ziepke/Schneider*, S. 129 ff.; a.M. *Boemke/Seifert*, BB 2001, 985, 987 ff.
60 *Küttner/Kreitner*, Nr. 14 Rn 12; *Ziepke/Schneider*, S. 59 f.
61 BAG NZA 2000, 898; BAG NZA 2002, 1216; BAG NZA 2002, 342; *Stege/Weinspach/Schiefer*, § 87 Rn 174l.

Wichert 85

kann (siehe Rn 26 ff.). In einem solchen Fall genügt es für eine vollständige Anrechnung, dass der Arbeitgeber nur den prozentualen Teil der tariflichen Lohnerhöhung berücksichtigt.[62] Kann die Einmalzahlung ausnahmsweise mit einer zweckgleichen übertariflichen Zulage verrechnet werden, so ist für die Vollständigkeit der Anrechnung jede von beiden Anrechnungen gesondert zu betrachten.[63]

63 *Praxishinweis*
In der Praxis ist die Abgrenzung zwischen Pauschal- und Einmalzahlung nicht immer leicht. Im Zweifel ist es daher für den Arbeitgeber empfehlenswert, beide Teile anzurechnen, wenn er die Mitbestimmung vermeiden will. Oder er holt vorsorglich die Zustimmung des Betriebsrats ein. Anderenfalls läuft er das Risiko, dass die Anrechnung insgesamt unwirksam ist, wenn sich die vermeintliche Einmalzahlung als Pauschalzahlung herausstellt.

5. Irrtum beim Vollzug der Anrechnung

64 Es kommt vor, dass sich der Arbeitgeber beim Vollzug der Anrechnungsentscheidung irrt und bei einzelnen Mitarbeiter **versehentlich** die Tariflohnerhöhung nicht angerechnet wird. Greift hier mangels vollständiger Anrechnung das Mitbestimmungsrecht des Betriebsrats?

65 Die Antwort auf diese Frage lautet nein.[64] Mitbestimmungspflichtig ist nämlich die Anrechnungsentscheidung und nicht deren Vollzug. Allerdings ist der Arbeitgeber gehalten, den Irrtum unverzüglich nach dem Bemerken zu korrigieren. Anderenfalls wird sein Verhalten als nachträgliche Änderung der ursprünglichen Anrechnungsentscheidung gewertet, welche den ganzen Vorgang mitbestimmungspflichtig macht.[65] Schließlich ist noch darauf hinzuweisen, dass der Arbeitgeber bei solchen Irrtümern die Darlegungs- und Beweislast trägt, dass er ursprünglich eine einheitliche Anrechnungsentscheidung getroffen hat und der fehlerhafte Vollzug auf einem Versehen beruht.[66]

6. Ungleichmäßige Anrechnung

66 Rechnet der Arbeitgeber eine Tariflohnerhöhung ungleichmäßig an, sind die Verteilungsmaßstäbe betroffen. Dies kann insbesondere dadurch geschehen, dass er einzelne Arbeitnehmer oder Arbeitnehmergruppen von der Anrechnung ausnimmt. Hier hat

---

62 *Ziepke/Schneider*, S. 66.
63 *Ziepke/Schneider*, S. 66.
64 BAG v. 22.04.1997 – 1 ABR 80/96, n.v.; BAG DB 1996, 1189.
65 *Ziepke/Schneider*, S. 64 f.
66 BAG, NZA 1996, 484; *Hoß*, NZA 1997, 1129, 1135.

der Betriebsrat mitzubestimmen, denn durch die Anrechnung wird das Verhältnis der Zulagen zueinander geändert.[67]

Ähnlich liegen die Dinge, wenn der Arbeitgeber zwar gleichmäßig nach einem bestimmten Maßstab anrechnet, sich dadurch aber das Verhältnis der Zulagen zueinander ändert. Beispiel: Anrechnung eines bestimmten Euro-Betrags. Auch hier kommt es zu einer Veränderung des Verhältnisses der Zulagen, weswegen eine Mitbestimmungspflicht besteht.[68]

III. Durchführung der Mitbestimmung

1. Einholung der Zustimmung des Betriebsrates

Ist die Anrechnung der Tariflohnerhöhung mitbestimmungspflichtig, bedarf sie der vorherigen Zustimmung des Betriebsrats. Das heißt: Der Arbeitgeber muss den Betriebsrat rechtzeitig und umfassend über die beabsichtigte Anrechnung informieren und die Zustimmung einholen. Ggf. muss er die Einigungsstelle einschalten.

2. Folgen mitbestimmungswidriger Anrechnung

Missachtet der Arbeitgeber das Mitbestimmungsrecht des Betriebsrats, so ist die Anrechnung **gegenüber den Mitarbeitern unwirksam**, auch wenn sie individualrechtlich zugelassen ist (**Theorie der Wirksamkeitsvoraussetzungen**).[69] Die erfolgte Anrechnung ist dann rückgängig zu machen. Durch eine spätere Einigung mit dem Betriebsrat wird die mitbestimmungswidrig erfolgte Anrechnung nicht rückwirkend geheilt.[70]

Es besteht aber die Möglichkeit, hinsichtlich der weiteren – zukünftigen – Zahlungen einen Vorbehalt zu erklären. Danach erfolgen die zukünftigen Zahlungen unter dem Vorbehalt einer Änderung unter Beteiligung des Betriebsrats, was zur Folge hat, dass bei späterer Einigung mit dem Betriebsrat die Arbeitnehmer die unter Vorbehalt stehenden Zahlungen ggf. (teilweise) zurückzuzahlen haben.[71] Allerdings dürfte sich ein Betriebsrat auf eine solche Einigung, die zur Rückzahlung bereits erhaltener Beträge führt, nur selten einlassen.

Will der Arbeitgeber eine mitbestimmungspflichtige Anrechnung ohne Zustimmung des Betriebsrats durchführen, kann dieser bei den Arbeitsgerichten **Unterlassung** verlangen. Dabei ist er nicht auf das Verfahren gem. § 23 BetrVG angewiesen, er

---

67 Vgl. Küttner/*Kreitner*, Nr. 14 Rn 19 ff.; *Ziepke/Schneider*, S. 60.
68 *Ziepke/Schneider*, S. 61.
69 BAG NZA 1992, 749; BAG NZA 1997, 277; *Sowka*, WiB 1995, 782, 783.
70 *Hoß*, NZA 1997, 1129, 1136; *Ziepke/Schneider*, S. 120.
71 MünchArbR/*Matthes*, § 341 Rn 113; Küttner/*Kreitner*, Nr. 14 Rn 24.

§ 2 Abbau durch Anrechnung von Tariflohnerhöhungen

kann sich wegen (drohender) Verletzung vielmehr auf einen **allgemeinen Unterlassungsanspruch** stützen.[72] Diesen Unterlassungsanspruch kann er grundsätzlich auch im Wege der **einstweiligen Verfügung** geltend machen.[73] Allerdings darf sich der Betriebsrat nicht zu lange Zeit lassen. Anderenfalls zeigt er durch sein Verhalten, dass ihm die Angelegenheit nicht eilig ist und er keines Eilrechtsschutzes bedarf (sog. Selbstwiderlegung der Dringlichkeit).

72 Bei der gerichtlichen Antragstellung hat der Betriebsrat zu berücksichtigen, dass sich sein Unterlassungsantrag nicht auf spätere Anrechnungen bezieht, die möglicherweise mitbestimmungsfrei sind. Dies wäre ein zwar zulässiger, aber (teilweise) unbegründeter Globalantrag.[74] Allerdings hat das Gericht auf Bedenken hinsichtlich der Antragstellung aufmerksam zu machen und auf eine sachgerechte Antragstellung hinzuwirken (§ 139 Abs. 1 ZPO). Ein anfänglicher Fehler bei der Antragstellung kann also noch repariert werden.

73 *Formulierungsbeispiele*
Unterlassungsantrag bezogen auf alle mitbestimmungspflichtigen künftigen Anrechnungen:
»Dem Beteiligten zu 2 wird aufgegeben, es zu unterlassen, Tariflohnerhöhungen auf die übertarifliche Zulage ihrer Arbeitnehmer ohne Zustimmung des Beteiligten zu 1 oder Spruch der Einigungsstelle anzurechnen, sofern es sich um einen kollektiven Tatbestand handelt und die Mitbestimmung nicht aus rechtlichen oder tatsächlichen Gründen unmöglich ist.«

Unterlassungsantrag bezogen auf die Weiterführung einer konkreten Anrechnung:
»Dem Beteiligten zu 2 wird aufgegeben, es zu unterlassen, die auf dem Neuabschluss des bei der Beteiligten zu 2 bestehenden Haustarifvertrags am ▅▅▅ beruhende Erhöhung der tariflichen Gehälter auf die übertarifliche Zulage ihrer Arbeitnehmer weiter anzurechnen, solange der Beteiligte zu 1 nicht zugestimmt hat oder ein Spruch der Einigungsstelle erfolgt ist.«

3. Vorläufige Regelungsmöglichkeiten

74 Die Verhandlungen mit dem Betriebsrat können sich hinziehen. In dieser Zeit kann der Arbeitgeber eine vorläufige Regelung derart treffen, dass er die **Tariflohnerhöhung zunächst vollständig – also mitbestimmungsfrei – anrechnet**. In den Verhandlungen kann er dann versuchen, **eine Einigung über eine (auch rückwirkende) andere Art**

---

72 BAG DB 1994, 2450; *Fitting u.a.*, § 87 Rn 610.
73 *Hoß*, NZA 1997, 1129, 1137.
74 BAG DB 1994, 2450, 2452 f.; *Fitting u.a.*, nach § 1 Rn 31.

der Anrechnung zu erzielen.[75] Voraussetzung ist allerdings, dass er die Arbeitnehmer in geeigneter Form über die Vorläufigkeit der Anrechnung in Kenntnis setzt.[76]

Kommt eine solche Einigung zustande, wird die zunächst erfolgte vollständige Anrechnung rückabgewickelt. Einigen sich die Betriebsparteien nicht, kann der Arbeitgeber mitbestimmungsfrei beschließen, dass es bei der vorläufigen Regelung, also der vollständigen Anrechnung, verbleibt. 75

Möglich ist aber auch, dass der Arbeitgeber während der Verhandlungen mit dem Betriebsrat die Tariflohnerhöhung vorläufig und mitbestimmungsfrei an die Mitarbeiter auszahlt, sich dabei aber eine **Rückzahlung** nach Einigung mit dem Betriebsrat **ausdrücklich vorbehält**. Nach Einigung mit dem Betriebsrat kann der Arbeitgeber dann rückwirkend von seiner Anrechnungsbefugnis Gebrauch machen und die zu viel gezahlten Beträge zurückfordern.[77] Aber auch hier gilt: Selten wird sich ein Betriebsrat auf eine Regelung einlassen, die zu einer Rückzahlung führt (siehe Rn 70). 76

Bei einer solchen Vorgehensweise darf der Arbeitgeber en Betriebsrat nicht unzulässig unter Druck setzen. Insbesondere darf er ihm nicht eine bestimmte (mitbestimmungspflichtige) Verteilung diktieren mit der Drohung, er werde anderenfalls die Zulage vollständig (und mitbestimmungsfrei) anrechnen. Etwas anderes gilt aber möglicherweise dann, wenn der Betriebsrat seinerseits auf den Arbeitgeber Druck mit dem Ziel ausgeübt hat, Einfluss auf das Dotierungsvolumen zu nehmen.[78] 77

Praxishinweis[79] 78
Möchte der Arbeitgeber während der Verhandlungen mit dem Betriebsrat eine vorläufige Regelung treffen, sollte er sich für die Variante »vollständige Anrechnung der Tariflohnerhöhung« entscheiden. Dies bietet mehr Rechtssicherheit und erleichtert die Verhandlungen mit dem Betriebsrat. Zugleich sollte er dem Betriebsrat gegenüber nicht den Eindruck erwecken, er habe sich schon auf eine Anrechnungsart festgelegt. Die Arbeitnehmer könnte er mit folgendem Schreiben/ Aushang über die Vorläufigkeit der Maßnahme informieren:

Formulierungsbeispiel 79
»An alle Mitarbeiter: Wir verhandeln derzeit mit dem Betriebsrat über die Anrechnung der letzten Tariflohnerhöhung auf die übertarifliche Vergütung (genaue Bezeichnung). Wir erwägen, die Tariflohnerhöhung nicht vollständig auf die übertarifliche Vergütung anzurechnen – die Einzelheiten haben wir noch nicht entschieden –, benötigen dazu aber die Zustimmung des Betriebsrats. Bis wir uns

---

75 BAG (GS) NZA 1992, 749; BAG DB 1996, 1576; BAG NZA 1998, 1292; *Hoß*, NZA 1997, 1129, 1136 f.; *Stege/Weinspach/Schiefer*, § 87 Rn 174 j.
76 BAG DB 1996, 1576.
77 *Hoß*, NZA 1997, 1129, 1137; *Sowka*, WiB 1995, 783, 786; diese Konstellation wurde bislang aber, soweit ersichtlich, gerichtlich noch nicht bestätigt.
78 BAG BB 1998, 2422, 2424; vgl. auch *Küttner/Kreitner*, Nr. 14 Rn 13.
79 Vgl. auch *Hoß*, NZA 1997, 1129, 1137.

§ 2 Abbau durch Anrechnung von Tariflohnerhöhungen

mit dem Betriebsrat geeinigt haben, werden wir aus Gründen der Rechtssicherheit die Tariflohnerhöhung ab dem ▓▓▓▓ zunächst in vollem Umfang auf die übertarifliche Vergütung anrechnen. Das bedeutet: Ihr Effektivverdienst erhöht sich trotz Erhöhung der Tariflöhne nicht oder nur teilweise. Erzielen wir später eine entsprechende Übereinkunft mit dem Betriebsrat über eine andere Art der Anrechnung, so werden wir ggf. die jetzt einbehaltenen Beträge nachzahlen. Sollten Sie hierzu noch Fragen haben, wenden Sie sich bitte an die Personalabteilung.«

§ 3 Abbau von Sozialleistungen auf betriebsverfassungs- und tarifrechtlicher Grundlage

A. Rechtsgrundlagen kollektivrechtlicher Vergütungssysteme auf freiwilliger Basis

I. Grundsätze

1. Freiwillige Sozialleistungen

Neben der bekanntesten Erscheinungsform der freiwilligen Sozialleistung in Form der betrieblichen Altersversorgung gibt es eine Vielzahl von Leistungen, die ursprünglich auf freiwilliger Basis eingeführt, durch die Rechtsprechung aber eine Eigengesetzlichkeit insbesondere im Hinblick auf die Einschränkung bzw. Ausführung entwickelt haben, die es im Folgenden darzustellen gilt. Dazu gehören z.b. Weihnachtsgratifikationen, 13. Monatsgehalt, verlängerte Entgeltzahlung im Krankheitsfalle, Jubiläumsgelder, Essenszuschüsse u.a. 1

Während der Einführungsakt sich nicht als besonders problematisch erweist und den allgemeinen Rechtsregeln des Individual- bzw. Kollektivenarbeitsrechts folgt, ist die Einschränkung bzw. gänzliche Ausführung um so problematischer. Dies steht vor dem Hintergrund, dass die Rechtsprechung in besonderen Fällen aus dem »Freiwilligkeitsvorbehalt« ein Widerrufs-, Anpassungs- oder Kündigungsrecht entwickelt hat, das zudem an sachliche Gründe geknüpft sein muss. Das schützenswerte Vertrauen der Arbeitnehmer – ganz besonders deutlich zu Tage tretend im Bereich der betrieblichen Altersversorgung – gilt es abzuwägen gegen die Bindung an gegebene Zusagen und die wirtschaftliche Handlungsfähigkeit von Unternehmen. Es werden je nach Fallgestaltung analoge Überlegungen zu dem Bereich der reinen Lohnänderungskündigung und dem der betrieblichen Altersversorgung angebracht sein. 2

Soweit es sich nicht um Ansprüche auf Sozialleistungen handelt, die auf einer arbeitsvertraglichen Einheitsregelung, einer Gesamtzusage oder einer betrieblichen Übung beruhen, kommt einer Betriebsvereinbarung gegenüber arbeitsvertraglichen Vereinbarungen keine ablösende Wirkung in dem Sinne zu, dass die Normen der Betriebsvereinbarung an die Stelle der vertraglichen Vereinbarungen treten. Durch eine Betriebsvereinbarung kann der Inhalt des Arbeitsvertrages nicht geändert werden. Soweit Normen einer Betriebsvereinbarung für den Arbeitnehmer günstiger sind als die arbeitsvertragliche Vereinbarung, verdrängen sie diese lediglich für die Dauer ihrer Wirkung, machen diese aber nicht nichtig. 3

§ 3 Abbau auf betriebsverfassungs-/tarifrechtlicher Grundlage

2. Arbeitsentgelt

4   Auf andere arbeitsvertragliche Ansprüche als die Ansprüche auf Sozialleistungen treffen die nachfolgenden Erläuterungen nicht zu. Das gilt vor allem für Ansprüche auf das eigentliche **Arbeitsentgelt** als Gegenleistung für die geschuldete Arbeitsleistung, Ansprüche auf Bezahlung von **Mehrarbeit**, **Nachtarbeit** und Feiertagsarbeit, Ansprüche auf **Urlaub** und Urlaubsvergütung, Ansprüche auf Fortzahlung des Lohns bei Arbeitsverhinderung, aber auch für andere Regelungen, die den Inhalt des Arbeitsverhältnisses bestimmen, wie die Dauer der wöchentlichen Arbeitszeit oder die Kündigungsfristen. Hierauf gerichtete Vereinbarungen haben andere Inhalte und andere Ansprüche zum Gegenstand als eine arbeitsvertragliche Einheitsregelung, die Ansprüche auf (Sozial-)Leistungen begründet, die in einem Bezugssystem zu gleichartigen Ansprüchen anderer Arbeitnehmer stehen. Letztere werden – im Gegensatz zu den vorgenannten Ansprüchen – aus einer vorgegebenen Finanzierungsmasse befriedigt, die nach bestimmten Verteilungsgrundsätzen zu verteilen ist.

5   Für Ansprüche, die in einem unmittelbaren gegenseitigen Austauschverhältnis (**Synallagma**) zwischen der Arbeitsleistung des Arbeitnehmers und der dafür geschuldeten Vergütung stehen, kommt ein kollektiver Günstigkeitsvergleich nicht in Betracht.[1] Solche Ansprüche werden nicht durch eine nachfolgende Betriebsvereinbarung abgelöst. Alle Leistungen, die in einem zur Arbeitsleistung unmittelbaren Synallagma stehen, knüpfen – wie das eigentliche Arbeitsentgelt – an die Erbringung einer bestimmten Arbeitsleistung an. Freiwillige Sozialleistungen knüpfen hingegen an das Bestehen des Arbeitsverhältnisses überhaupt an.[2]

3. Abgrenzung: Betriebliche Altersversorgung

6   Zwar ist es grundsätzlich nicht ausgeschlossen, für Versorgungsansprüche entwickelte Regeln auch auf Ansprüche auf andere Sozialleistungen anzuwenden.[3] Dennoch können die vom 3. Senat des BAG für die Änderung betrieblicher Versorgungsordnungen entwickelten Grundsätze **nicht ungeprüft auf Jahresleistungen übertragen** werden.[4] Zwischen betrieblichen Versorgungsleistungen und Jahresleistungen bestehen entscheidende Unterschiede. Zum einen wächst bei einer Jahresleistung nicht wie bei der betrieblichen Altersversorgung eine Anwartschaft während des Arbeitsverhältnisses über Jahre hinweg beständig an. Vielmehr entsteht der Anspruch auf die Jahresleistung **jährlich abschließend und jährlich neu**. Die »Vorleistung« an Betriebstreue, die ein Arbeitnehmer in Erwartung der betrieblichen Altersversorgung

---

[1] Siehe im einzelnen BAG BAGE 62, 360 = AP Nr. 43 zu § 77 BetrVG 1972 m. Anm. *Löwisch*; *Richardi*, NZA 1990, 331; BAG v. 24.3.1992–1 AZR 267/91, n.v.
[2] Siehe zum Begriff der Sozialleistung schon BAG BAGE 34, 297; BAG Urt. v. 24.3.1992–1 AZR 267/91, n.v.
[3] Vgl. BAG (GS) BAGE 53, 42, 69 f.
[4] BAG AP Nr. 18 zu § 77 BetrVG 1972 Tarifvorbehalt = DB 2003, 455, Anm. *Braun* ArbRB 2003, 104.

erbringt und deren Gegenleistung nicht nachträglich entwertet werden darf, erstreckt sich regelmäßig über Jahre. Bei einer Jahresleistung ist sie dagegen auf einen kurzen, überschaubaren Zeitraum beschränkt. Zum anderen ist die Versorgungsanwartschaft eines Arbeitnehmers für dessen Lebensunterhalt bzw. Existenzsicherung regelmäßig von sehr viel größerer Bedeutung als die Erwartung einer Jahresleistung. Auf Grund der Erwartung einer betrieblichen Altersversorgung trifft er häufig langfristige Dispositionen. Dies kommt bei Jahresleistungen regelmäßig nicht in Betracht. Dementsprechend sind Versorgungsanwartschaften nach Maßgabe des § 1 BetrAVG im Falle des vorzeitigen Ausscheidens des Arbeitnehmers gegen den Verfall geschützt. Eine entsprechende Unverfallbarkeitsregelung gibt es für Jahresleistungen nicht.

4. Nachweisgesetz

Die freiwilligen Sozialleistungen müssen schriftlich dokumentiert sein, denn das NachwG ist auf alle Arbeitnehmer anwendbar, die nicht nur zur vorübergehenden Aushilfe für ein Zeitraum von höchstens einem Monat eingestellt werden (§ 1 NachwG). Bei Sonderleistungen, die durch Tarifvertrag oder Betriebsvereinbarung bzw. durch eine »ähnliche Regelung« festgelegt werden, genügt ein schriftlicher Hinweis auf diese Regelungen, um dem NachwG zu genügen. Zu diesen ähnlichen Regelungen zählen auch Richtlinien und Vereinbarungen nach dem SprAuG. 7

II. Kollektivrechtliche Grundlagen

Tarifverträge, Regelungen nach dem SprAuG und **Betriebsvereinbarungen** gehören zu den kollektivrechtlichen Rechtsbegründungsakten für eine Zusage über freiwillige Sozialleistungen. 8

1. Betriebsvereinbarung

a) Begriff

Die häufigste Grundlage für freiwillige betriebliche Sozialleistungen ist die Betriebsvereinbarung. Sie betrifft Arbeitnehmer, die unter den persönlichen Geltungsbereich des BetrVG fallen. **Vertragspartner** der Betriebsvereinbarung sind der **Arbeitgeber** und der **Betriebsrat**; in größeren Unternehmen kann es der Gesamt- oder der Konzernbetriebsrat sein. 9

Die Betriebsvereinbarung wirkt unmittelbar und zwingend normativ auf die einzelnen Arbeitsverträge, ohne deren individualrechtlicher Bestand zu werden. Seit der Entscheidung des Großen Senats des BAG vom 16.9.1986[5] zur Änderungsmöglichkeit betrieblicher Sozialleistungen ist eine Betriebsvereinbarung ein praktikables Instrument, 10

---

5 BAG (GS) BAGE 53, 42 = AP Nr. 17 zu § 77 BetrVG 1972 = ZIP 1987, 251.

§ 3 Abbau auf betriebsverfassungs-/tarifrechtlicher Grundlage

weil sie bei **Abänderungen** mehr Freiräume und Handlungsmöglichkeiten eröffnet. Ist durch eine Einheitsregelung oder eine Gesamtzusage die Zusage einer freiwilligen Sozialleistung Bestandteil des Individualarbeitsrechtsverhältnisses geworden, dann sind die Möglichkeiten, eine Änderung herbeizuführen, begrenzt. Individualarbeitsrechtlich bietet sich hier nur die Änderungskündigung an, kollektivrechtlich zwar auch eine Betriebsvereinbarung – dies aber nur dann, wenn die Ausgangsregelung betriebsvereinbarungsoffen gestaltet wurde, also eine entsprechende Öffnungsklausel enthält.

11   Die Zusage bzw. die Einführung einer freiwilligen Sonderleistung ist nicht zwingend mitbestimmungspflichtig, so dass eine **freiwillige Betriebsvereinbarung** nach § 88 BetrVG in Betracht kommt. Allerdings greift ein betriebsverfassungsrechtliches Mitbestimmungsrecht im Hinblick auf die Verteilungsmaßstäbe des Dotierungsrahmens ein; man bezeichnet diese Mischform als teilmitbestimmt. Bei der **teilmitbestimmten Betriebsvereinbarung** ist eine Angelegenheit teils mitbestimmt, teils mitbestimmungsfrei. Es geht hier vor allem um die freiwilligen Sozialleistungen, bei denen das »Ob« und das Volumen mitbestimmungsfrei, das »Wie« aber mitbestimmungspflichtig ist.

12   Es sind daneben auch **gemischte Betriebsvereinbarungen** möglich. Bei einer gemischten Betriebsvereinbarung regelt eine Betriebsvereinbarung mehrere Angelegenheiten, von denen ein Teil der erzwingbaren, ein anderer Teil der freiwilligen Mitbestimmung unterliegt.

13   Liegt eine Betriebsvereinbarung vor, gelten nach Auffassung des BAG und nach ganz h.M. für den normativen Teil nicht die Grundsätze der Auslegung von Verträgen, sondern die Grundsätze der Auslegung von Normen, Gesetzen und Tarifverträgen.[6] Wie bei einer Gesetzesauslegung ist der »wirkliche Wille« und damit der beabsichtigte Sinn und Zweck für die Auslegung maßgeblich. Der Wille kann aber grundsätzlich nur dann berücksichtigt werden, wenn er im Kollektivvertrag seinen Niederschlag gefunden hat. Bei der Auslegung einer Betriebsvereinbarung kommt es allein auf den objektiven Erklärungswert der Norm an. Für die Maßgeblichkeit eines vom Wortlaut abweichenden Parteiwillens gibt es keinen Raum.

14   Betriebsvereinbarungen bedürfen der **Schriftform**. Die Einhaltung der Schriftform ist Wirksamkeitsvoraussetzung. Die Unterschrift unter die Einzelurkunden oder die Gesamturkunde hat durch die Vertreter der Parteien der Vereinbarung in vertretungsberechtigter Anzahl zu erfolgen.

15   Die Betriebsvereinbarung wird vielfach definiert als Vertragsregelung zur betrieblichen und betriebsverfassungsrechtlichen Ordnung. Sie ist ihren Möglichkeiten nach weitgehend funktionell äquivalent zum Tarifvertrag. Eine Betriebsvereinbarung kann nach Ansicht des BAG nicht durch eine **Regelungsabrede** beendet werden.

---

6 BAG AP Nr. 10 zu § 77 BetrVG 1972 Auslegung; BAG EzA § 1 BetrAVG Nr. 78.

b) Vorrang von Tarifverträgen

Das BetrVG schließt in § 77 Abs. 3 S. 1 jegliche Betriebsvereinbarung – sowohl freiwillige als auch erzwingbare – über Arbeitsentgelte aus, wenn diese durch Tarifvertrag geregelt sind oder üblicherweise geregelt werden. Der Tarifvertrag hat auf diese Art und Weise **Vorrang** vor einer Betriebsvereinbarung. Allerdings kann ein Tarifvertrag zu **ergänzenden Regelungen** durch eine Betriebsvereinbarung ermächtigen, indem er sie – durch eine Öffnungsklausel – ausdrücklich zulässt (§ 77 Abs. 3 S. 2 BetrVG).

16

Die tarifvertraglich begründeten Rechte gelten nur für die in den vertragschließenden Parteien organisierten Arbeitgeber und Arbeitnehmer. Ein Tarifvertrag kann jedoch gem. § 5 TVG für **allgemeinverbindlich** erklärt werden. Dies bewirkt, dass alle in dem betreffenden Tarifbereich beschäftigten Arbeitnehmer von der betrieblichen Regelung erfasst werden, also auch diejenigen Arbeitnehmer, die nicht in der vertragschließenden Gewerkschaft oder die bei einer anderen Gewerkschaft organisiert sind.

17

Es ist möglich, eine tarifvertraglich begründete Sozialleistung auch auf **nicht tarifgebundene Arbeitnehmer** auszudehnen. Oft geschieht dies ohnehin aufgrund der Vereinbarung einer sog. **Jeweiligkeitsklausel** in den Arbeitsverträgen.

18

Eine Betriebsvereinbarung ist **unwirksam**, wenn sie zwar nicht gegen einen Tarifvertrag verstößt, weil keine konkrete Tarifbindung besteht oder weil die Betriebsvereinbarung günstiger ist, wenn es sich aber um die Regelung einer Angelegenheit handelt, die den Tarifvertragsparteien vorbehalten ist (§§ 77, 87 Abs. 1 S. 1 BetrVG).

19

Das BAG wendet den Tarifvorbehalt der §§ 77 Abs. 3, 87 Abs. 1 S. 1 BetrVG **nicht** auf Regelungsabreden (dazu im Folgenden) an. Die Regelungsabrede steht daher außerhalb des Tarifvorbehalts der vorzitierten Normen und schafft somit einen Freiraum, wobei aber zu beachten ist, dass der **Tarifvorrang** nach § 4 Abs. 1, Abs. 3 TVG sowohl für die Regelungsabrede als auch für die individualrechtlichen Umsetzungsakte gilt. Dann muss aber ein Tarifvertrag diese Frage regeln. Die Regelungssperre des § 77 Abs. 3 BetrVG gilt somit nicht für betriebsverfassungsrechtliche **Regelungsabreden**.[7]

20

c) Regelungsabreden

Arbeitgeber und Betriebsrat müssen nicht notwendigerweise eine Betriebsvereinbarung als Rechtsgrundlage wählen. Das Mitbestimmungsrecht des Betriebsrates kann auch durch eine formlose **Regelungsabrede** oder eine **Betriebsabrede** gewahrt werden. Diese formlose Verständigung zwischen Betriebsrat und Arbeitgeber ist häufig anzutreffen. Diese »Konsens-Abreden« führen zu der einheitlichen Behandlung einer betrieblichen Problematik. Ihnen steht nicht die Sperrwirkung des § 77 Abs. 3 BetrVG entgegen; oft werden sie damit als wirksames Substrat einer nichtigen Betriebsvereinbarung im Wege der Umdeutung angesehen werden können.

21

---

7 BAG AP Nr. 1 zu § 21a BetrVG 2002 = NZA 2003, 1097.

§ 3 Abbau auf betriebsverfassungs-/tarifrechtlicher Grundlage

22 Eine Regelungsabrede ist ein spezifischer schuldrechtlicher Vertrag der Betriebsparteien (Arbeitgeber und Betriebsrat).[8] Sie schafft schuldrechtliche Rechtsbeziehungen zwischen Betriebsrat und Arbeitgeber mit der Folge einer Drittbegünstigung, nämlich einer Begünstigung der Arbeitnehmerschaft. Die Regelungsabrede kann dazu führen, dass der Arbeitgeber eine Sozialleistungsregelung entweder als vertragliche Einheitsregelung oder auch als Gesamtzusage in Kraft setzen muss.

23 Zur Klarstellung ist darauf hinzuweisen, dass eine Regelungsabrede zwischen den Betriebspartnern **individualrechtliche Zusagen nicht verdrängen** können. Dies folgt daraus, dass eine Regelungsabrede nur schuldrechtliche Beziehungen zwischen dem Betriebsverfassungsparteien aufbauen kann, aber keine unmittelbare und zwingende Wirkung hinsichtlich der Einzelarbeitsverhältnisse entfaltet. Insofern gilt der allgemeine zivilrechtliche Grundsatz, dass zwar Verträge zu Gunsten Dritter geschlossen werden können, aber keine schuldrechtlichen Abmachungen zu Lasten Dritter.

2. Tarifverträge

24 Art. 9 Abs. 3 GG (**Tarifautonomie**) gewährleistet, dass den Tarifvertragsparteien ein Freiraum zur autonomen Rechtsgestaltung kollektiver Problemfelder zur Verfügung steht. Das wesentliche Instrumentarium, um rechtsgestaltend die Rechte der Mitglieder zu bestimmen und festzulegen, ist der Tarifvertrag. Der Tarifvertrag hat eine mitgliedschaftliche Legitimation. Die tarifvertraglichen Gesamtvereinbarungen müssen sich auf die Mitgliedschaft der betroffenen Arbeitnehmer bzw. Arbeitgeber stützen.

25 Den Tarifverträgen kommt **unmittelbare und zwingende Wirkung** zu, und zwar **auch gegenüber betrieblichen Regelungen**. Das geltende Arbeitsrecht regelt dies in den §§ 1 Abs. 1, 4 Abs. 1 TVG, in dem es Tarifverträge mit normativer Wirkung ausstattet und ihnen generell Vorrang vor Betriebsvereinbarungen einräumt (§ 77 Abs. 3 BetrVG).

26 Die Tarifvertragsparteien können allerdings **Öffnungsklauseln** für anderweitige Regelungen vorsehen; außerdem gilt unabhängig von ihren Vorstellungen und Regelungen das allgemeine Günstigkeitsprinzip. Aktuell ist in diesem Zusammenhang die Diskussion um den **Günstigkeitsvergleich**. Das BAG hat aus der Funktion der Tarifautonomie abgeleitet, dass ein Sachgruppenvergleich vorzunehmen ist, bei dem subjektive Vorstellungen und individuelle Lebensumstände nur begrenzt zu berücksichtigen sind. In der Diskussion ist allerdings im Rahmen der sog.»Bündnisse für Arbeit« die Frage, wie weit beschäftigungssichernde Zusagen zur Kompensation untertariflicher Leistungen zugelassen werden können. Die Tarifvertragsparteien selbst haben mit den Instrumentarien der **Rationalisierungsschutzabkommen** einerseits und der **Sanierungstarifverträge** andererseits auf diese Problematiken teilweise reagiert.

---

8 BAG AP Nr. 4 zu § 77 BetrVG 1972 Regelungsabrede = NZA 2002, 342, Anm. *Haußmann* EWiR 2002, 553.

A. Rechtsgrundlagen kollektivrechtlicher Vergütungssysteme auf freiwilliger Basis § 3

Aus dieser aktuellen Diskussion heraus werden die Leistungen, die sich auf verschiedenste Art aus den Tarifverträgen für die Arbeitnehmer anspruchsbegründend ergeben, nicht immer den aktuellen Wirtschaftsbedingungen entsprechend fortentwickelt, sondern es kommt zu **Umstrukturierungen** bzw. zur **Ausführung von ursprünglich tarifvertraglich begründeten Leistungen**. Es vollzieht sich hier in anderem Rahmen dieselbe Anpassungsproblematik, die wir im Individualarbeitsrecht vorfinden und im Rahmen der Diskussionen um Regelungen der Betriebsverfassungsparteien über ablösende Betriebsvereinbarungen. 27

3. Vereinbarungen nach dem Sprecherausschussgesetz

Leitende Angestellte können seit 1988 nach dem Sprecherausschussgesetz (SprAuG) einen Sprecherausschuss wählen. Das SprAuG regelt die kollektive Interessenvertretung derjenigen **leitenden Angestellten**, die gem. § 5 Abs. 3 BetrVG nicht vom Betriebsrat vertreten werden. Der Sprecherausschuss hat ein Initiativrecht bzgl. der Belange der leitenden Angestellten und kann mit dem Arbeitgeber »**Richtlinien** über den Inhalt, den Abschluss oder die Beendigung von Arbeitsverhältnissen schriftlich vereinbaren« (§ 28 Abs. 1 SprAuG). Der Inhalt der Richtlinien gilt für die Arbeitsverhältnisse von leitenden Angestellten »**unmittelbar und zwingend**«, also normativ, soweit dies zwischen Arbeitgeber und Sprecherausschuss vereinbart ist (§ 28 Abs. 2 S. 1 SprAuG). 28

Der Sprechausschuss und der Arbeitgeber können jedoch den Abschluss von Richtlinien und Vereinbarungen **nicht erzwingen.** Hierin liegt ein wesentlicher Unterschied zu den erzwingbaren Mitbestimmungsrechten des Betriebsrats nach dem BetrVG, die ggf. über die Einigungsstelle durchgesetzt werden können. Aber auch hier sind **Regelungsabreden** möglich. 29

III. Abgrenzungen

Von den kraft Rechtsform geltenden kollektiven Regelungen (Tarifverträge, Betriebsvereinbarungen) außerhalb der gesetzlichen Regelungen sind die Gesamtzusage und die Einheitsregelung, aber auch die betriebliche Übung und die Ansprüche aus dem arbeitsrechtlichen Gleichbehandlungsgebot abzugrenzen. 30

1. Gesamtzusage und Einheitsregelung

Will der Arbeitgeber der gesamten Belegschaft oder bestimmten Belegschaftsgruppen nach einheitlichen Grundsätzen freiwillige Sozialleistungen gewähren, muss er sich nicht an jeden einzelnen Arbeitnehmer wenden. Er kann stattdessen eine **einheitliche Ordnung oder Richtlinie** schaffen, die den Sondertatbestand regelt. Es handelt sich um ein Bündel gleich lautender Einzelzusagen, die nach den Grundsätzen des indivi- 31 duellen Arbeitsrechts behandelt werden. Dabei kann es sein, dass der Arbeitnehmer bei Abschluss des Vertrags noch nicht absehen kann, ob er später die Leistungsvoraussetzungen erfüllen wird. Der Bezug der Leistung kann von Wartefristen, von Merkmalen des Arbeitsplatzes und von besonderen Sozialdaten abhängen.

32 Die Kennzeichnung als vertragliche Einheitsregelung und Gesamtzusage besagt nichts über die Rechtsnatur der begründeten Ansprüche; die Bezeichnung weist zunächst nur auf die Besonderheiten bei der **Begründung** der Ansprüche hin:
- Bei einer **vertraglichen Einheitsregelung** unterbreitet der Arbeitgeber in den Fällen, in denen eine freiwillige soziale Leistung versprochen werden soll, den Arbeitnehmern ein Angebot, das von diesen ausdrücklich angenommen wird. Eine vertragliche **Einheitsregelung** enthält also in allen Einzelfällen übereinstimmende – wenn auch ggf. konkludente – Willenserklärungen von Arbeitgeber und Arbeitnehmern (§ 145 BGB).
- Eine **Gesamtzusage** richtet sich an alle Arbeitnehmer des Betriebs oder an abgrenzbare Gruppen; das Angebot wird in allgemeiner Form, etwa am »Schwarzen Brett«, bekannt gemacht. Eine ausdrückliche Annahmeerklärung wird nicht erwartet. Der Vertrag kommt auch dann zustande, wenn die Annahme dem Arbeitgeber gegenüber nicht ausdrücklich erklärt wurde; eine solche Erklärung ist nach der Verkehrssitte nämlich nicht zu erwarten (§ 151 BGB).

33 Der Inhalt der vertraglichen **Einheitsregelung** ist nur in seiner Gesamtheit verständlich und entsprechend den verfolgten Zielen sinnvoll zu ermitteln. Die dem einzelnen Arbeitnehmer zukommenden Leistungen bilden untereinander ein Bezugssystem. Dieses Bezugssystem beruht auf zwei **Grundentscheidungen**, die der Einzelregelung vorangehen müssen:
- der Entscheidung über die Höhe der einzusetzenden **finanziellen Mittel** und
- der Bestimmung der **Verteilungsgrundsätze**.

34 Während die erste Grundentscheidung vor allem von **wirtschaftlichen Erwägungen** bestimmt ist, geht es bei der zweiten um die **Verteilungsgerechtigkeit**. Beide Grundentscheidungen sind nur in einem geschlossenen Regelungssystem erreichbar und müssen notwendigerweise verfehlt werden, wenn einzelne Ansprüche der begünstigten Arbeitnehmer isoliert betrachtet werden.

35 Der Rechtscharakter der **Gesamtzusagen** war lange umstritten. Dieser Meinungsstreit ist durch den Großen Senat des BAG am 16.9.1986[9] entschieden worden. Die Gesamtzusagen sind danach – wie auch die Einheitsregelungen – **individualrechtlicher Natur**, beinhalten jedoch wegen ihres erkennbaren kollektiven Bezugs hinsichtlich ihrer vertraglichen Abänderbarkeit und insbesondere hinsichtlich ihrer Ablösbarkeit durch eine nachfolgende kollektivrechtliche Betriebsvereinbarung bestimmte **Besonderheiten**. Sie sind in der Regel betriebsvereinbarungsoffen.

---

9 BAG (GS) BAGE 53, 42 = AP Nr. 17 zu § 77 BetrVG 1972 = ZIP 1987, 251.

B. Grundlegende Urteile: BVerfG, BAG 5. Senat und BAG Großer Senat §3

Wegen des für den Arbeitnehmer erkennbaren kollektiven Charakters solcher Zusagen (Regelung für Gesamtbelegschaft oder wesentliche Teile der Belegschaft) ergeben sich mit später zustande gekommenen kollektivrechtlichen Regelungen, insbesondere mit Betriebsvereinbarungen, **Geltungskonflikte**. Denn Gesamtzusagen können, wenn sie betriebsvereinbarungsoffen sind, später durch **ablösende Betriebsvereinbarungen** geändert werden.

36

2. Betriebliche Übung

Auch Zusagen, die auf einer betrieblichen Übung beruhen, werden dem **Individualarbeitsrecht** zugeordnet. Die Beurteilung des Entstehens einer betrieblichen Übung entzieht sich schematischen Verallgemeinerungen. Es bedarf nicht des ausdrücklichen Willens oder Bewusstseins des Arbeitgebers, eine betriebliche Übung durch gleichgerichtetes Handeln auszulösen, um die Rechtsbindung entstehen zu lassen. Allein entscheidend ist, dass der Arbeitgeber die die Verpflichtung begründenden Umstände kannte oder kennen musste. Entscheidend ist auch, dass der Arbeitnehmer auf die Gleichmäßigkeit des Handelns vertrauen durfte.

37

> *Praxishinweis*
> Auf eine Kollektivübung kann sich der Arbeitnehmer nur berufen, wenn diese schon eine Vielzahl vergleichbarer Arbeitnehmer erfasst und dadurch zu einer Gesamtzusage durch konkludentes Handeln erstarkt ist.

38

3. Gleichbehandlung

Von der betrieblichen Übung gibt es einen fließenden Übergang zur Gleichbehandlung. Der arbeitsrechtliche Grundsatz der Gleichbehandlung wird vom Gleichberechtigungsgrundsatz des Art. 3 Abs. 2 GG und vom Benachteiligungsverbot des Art. 3 Abs. 3 GG geprägt. Der Gleichbehandlungsgrundsatz begründet einen Anspruch auf die gleiche Leistung nur, wenn und soweit jede andere Behandlung **sachwidrig** und **sachfremd** wäre (siehe dazu im Einzelnen § 1 Rn 33 ff.).

39

B. Grundlegende Urteile: BVerfG, BAG 5. Senat und BAG Großer Senat

In seiner Grundsatzentscheidung vom 16.9.1986 hatte der Große Senat des BAG die Wege aufgezeigt, wie und unter welchen Voraussetzungen freiwillige Sozialleistungen durch Betriebsvereinbarungen abgelöst werden können. Vorausgegangen waren die Entscheidung des 5. Senats des BAG als Anfrage an den Großen Senat und ein grundlegendes Urteil des BVerfG.

40

§ 3 Abbau auf betriebsverfassungs-/tarifrechtlicher Grundlage

I. BVerfG: Unterstützungskasse

41 Anlässlich der Rechtsprechung des BAG zum Versorgungsanspruch eines Arbeitnehmers gegen eine betriebliche Unterstützungskasse hat das BVerfG zu den Grenzen der Auslegungsmöglichkeit des sog. »Freiwilligkeitsvorbehalts« durch das BAG grundlegende Ausführungen gemacht. Das Urteil des BAG wurde aufgehoben und der Rechtsstreit zurückverwiesen.[10]

1. Bestandschutz

42 Vor dem Hintergrund der Entgeltlichkeit der betrieblichen Altersversorgung ist nach Ansicht des BVerfG aus Rechtsstaatsgründen nichts dagegen einzuwenden, dass auch das ohne Anerkennung eines Rechtsanspruchs zugesagte Altersruhegeld nicht grundlos widerrufen werden kann. Wenn aus einer nach der Satzung unverbindlichen Versorgungszusage durch richterliche Rechtsfindung ein nicht mehr frei widerrufbarer Versorgungsanspruch hergeleitet wird, dann verbietet es aber der Grundsatz der Verhältnismäßigkeit, den Widerruf von zu strengen Voraussetzungen abhängig zu machen. Damit ist das grundlegende **Spannungsverhältnis** zwischen Bestands-/Vertrauensschutz des Arbeitnehmers einerseits und unternehmerischer Handlungsfreiheit andererseits angesprochen.

2. Unternehmerische Handlungsfreiheit

43 Art. 2 Abs. 1 GG gewährleistet die allgemeine Handlungsfreiheit. Hierzu zählt neben der Freiheit im wirtschaftlichen Verkehr auch die Vertragsfreiheit. Ein angemessener Spielraum zur Entfaltung von Unternehmerinitiative ist unantastbar. Im Übrigen ist auch die Freiheit des rechtsgeschäftlichen Handelns nur in den Schranken des Art. 2 Abs. 1 Hs. 2 GG gewährleistet; sie ist vor allem durch die »verfassungsmäßige Ordnung« begrenzt. Einschränkungen dieses Freiheitsbereichs unterliegen daher keinen verfassungsrechtlichen Bedenken, soweit sie den Grundentscheidungen des GG entsprechen, vornehmlich dem Grundsatz der Rechtsstaatlichkeit. Auch der Richter hat bei seinen Entscheidungen, wie bei allen staatlichen Eingriffen in die Freiheitssphäre, den rechtsstaatlichen Grundsatz des Art. 20 Abs. 3 GG zu beachten. Die **Umdeutung** der Klausel »**Ausschluss des Rechtsanspruchs**« bei Unterstützungskassen bedeutet danach lediglich ein an sachliche Gründe gebundenes Widerrufsrecht.

44 Allerdings führt die »Umdeutung« einer Satzungsbestimmung, die den Anspruch auf eine betriebliche Altersversorgung ausdrücklich ausschließt, in ein von Sachgründen abhängiges Widerrufsrecht im Ergebnis dazu, dass entgegen dem klaren Wortlaut der Satzung ein **Rechtsanspruch auf Versorgung begründet** wird. Der Entgeltgedanke und das Gebot des Vertrauensschutzes sind nach Auffassung des BVerfG jedenfalls

---

10 BVerfG BVerfGE 65, 196 = AP Nr. 2 zu § 1 BetrAVG Unterstützungskassen.

vertretbare Gründe, die die Auslegung der Ausschlussklausel bei Unterstützungskassen im Sinne eines Widerrufsrechts auch nicht als willkürlich (Art. 3 Abs. 1 GG) erscheinen lassen. Insoweit hält sich die Rechtsprechung des BAG im Rahmen zulässiger richterlicher Auslegung, die im Rechtsstaat Aufgabe der Gerichte ist; es handelt sich dabei nicht um eine dem Rechtsstaatsprinzip widersprechende Fortbildung des Rechts durch das BAG.

Wenn der Arbeitgeber nach der Rechtsprechung des BAG seine Versorgungszusage entgegen dem Wortlaut der Satzung nicht beliebig widerrufen kann, so muss er nach dem **Grundsatz der Verhältnismäßigkeit**, der Eingriffe in die unternehmerische Handlungsfreiheit nur im unerlässlichen Maße erlaubt, jedenfalls in die Lage versetzt werden, sich aus **triftigen Gründen** von der Zusage zu lösen. Ein triftiger Grund, der zum Widerruf berechtigt, ist nicht erst dann anzunehmen, wenn sich das Trägerunternehmen in der Insolvenz oder in einer sonstigen ähnlich schweren wirtschaftlichen Notlage befindet.   **45**

II. BAG-Grundsatzentscheidungen: Ablösende Betriebsvereinbarungen

1. Ausgangsverfahren: BAG 5. Senat 1982

Auf der Grundlage des Beschlusses des 5. Senats vom 8.12.1982[11] sollte gem. § 45 Abs. 2 S. 2 ArbGG eine Entscheidung des Großen Senats u.a. zu folgenden Fragen herbeigeführt werden: **46**

a) Fragestellung

- Können vertraglich begründete Ansprüche der Arbeitnehmer, die auf eine vom Arbeitgeber gesetzte Einheitsregelung oder eine Gesamtzusage zurückgehen, durch eine nachfolgende Betriebsvereinbarung in den Grenzen von Recht und Billigkeit aufgehoben oder beschränkt werden (hier: Zahlung einer Jubiläumszuwendung nach zehnjähriger Betriebszugehörigkeit)?   **47**
- Muss dabei unterschieden werden zwischen Betriebsvereinbarungen, die im Bereich der erzwingbaren Mitbestimmung des Betriebsrats (BetrVG § 87 Abs. 1) abgeschlossen werden, und Betriebsvereinbarungen, die im Bereich der freiwilligen Mitwirkung des Betriebsrats (BetrVG § 88) zustandekommen?

---

11 BAG BAGE 41, 118 = AP Nr. 6 zu § 77 BetrVG 1972.

b) Begründung

48 Dem 5. Senat lagen mehrere Revisionsverfahren vor, in denen die Parteien darüber stritten, ob dem jeweiligen Kläger aus Anlass seines zehnjährigen Dienstjubiläums in einem Betrieb eines Konzerns eine Jubiläumssonderzuwendung und ein freier Tag zustanden.

49 Alle zum Konzern gehörenden Betriebe und Gesellschaften hatten seit langer Zeit auf der Grundlage von **konzerninternen,** sog. **A-Mitteilungen** bei 10-, 20-, 40- und 50-jährigen Dienstjubiläen Sonderzuwendungen an ihre Mitarbeiter gezahlt. Diese Richtlinien wurden im Verlaufe der Jahre mehrfach umgestaltet. Am Ende der Mitteilung hieß es, die Regelung sei mit dem Konzernbetriebsrat abgestimmt. Wegen der kontinuierlich zurückgegangenen Umsätze und Gewinne einerseits und der ständig steigenden Kosten andererseits suchte die Geschäftsleitung nach Möglichkeiten, die Kosten zu senken. Dabei sollte auch im Bereich der freiwilligen sozialen Leistungen gespart werden. Das Unternehmen eröffnete daher seinem Gesamtbetriebsrat, dass die Dotierung dieser freiwilligen Leistungen, die neben den Jubiläumszuwendungen Weihnachtsgratifikationen, vermögenswirksame Leistungen sowie Zuschüsse zum Erwerb von Personalobligationen umfassten, um jährlich mehrere Millionen gekürzt werden müssten; man beabsichtige deshalb, die Leistungsgrundsätze für die jeweils unter Vorbehalt gewährten Weihnachtsgratifikationen entsprechend zu verändern.

50 Alle daraufhin abgeschlossenen Betriebsvereinbarungen hatten folgende Präambel:

»Um die Kontinuität des Vermögensplans zu gewährleisten, die Zuwendungen aus Anlass von Arbeitsjubiläen abzusichern und auch in diesem Jahr eine verdienst- und dienstzeitabhängige – und damit erhöhte – Weihnachtsgratifikation zahlen zu können, sind Geschäftsführung und Gesamtbetriebsrat nach sorgfältiger Abwägung der sozialen Belange der Mitarbeiter und der wirtschaftlichen Leistungsfähigkeit des Unternehmens übereingekommen, diese wesentlichen Bestandteile der freiwilligen Sozialleistungen des Unternehmens im Zusammenhang zu regeln.«

2. BAG Großer Senat 1986

51 Auf der Grundlage dieses Ausgangsfalls hat der Große Senat des BAG in seiner grundlegenden Entscheidung vom 16.9.1986[12] den Begriff und die Tragweite ablösender Betriebsvereinbarungen mit geprägt. Die Leitsätze lauten:

52 ■ Vertraglich begründete Ansprüche der Arbeitnehmer auf Sozialleistungen, die auf eine vom Arbeitgeber gesetzte Einheitsregelung oder eine Gesamtzusage zurückgehen, können durch eine nachfolgende Betriebsvereinbarung in den Grenzen von Recht und Billigkeit beschränkt werden, wenn die Neuregelung insgesamt bei kollektiver Betrachtung nicht ungünstiger ist.

---

[12] BAG (GS) BAGE 53, 42 = AP Nr. 17 zu § 77 BetrVG 1972 = ZIP 1987, 251.

- Ist demgegenüber die nachfolgende Betriebsvereinbarung insgesamt ungünstiger, ist sie nur zulässig, soweit der Arbeitgeber wegen eines vorbehaltenen Widerrufs oder Wegfalls der Geschäftsgrundlage die Kürzung oder Streichung der Sozialleistungen verlangen kann.
- Es kommt nicht darauf an, ob die in einer solchen Betriebsvereinbarung geregelten Angelegenheiten der erzwingbaren Mitbestimmung unterliegen (§ 87 Abs. 1 BetrVG) oder nur als freiwillige Betriebsvereinbarungen (§ 88 BetrVG) zustande kommen.

a) Betriebsvereinbarungen

Der Große Senat sieht in § 77 Abs. 4 S. 1 BetrVG die maßgebende Kollisionsnorm. Nach dieser Bestimmung gelten Betriebsvereinbarungen **unmittelbar und zwingend**. Die Inhaltsnormen einer Betriebsvereinbarung verdrängen danach vertragliche Regelungen, doch schließt diese Bestimmung das **Günstigkeitsprinzip** nicht aus. Dieses Prinzip gilt auch für das Verhältnis von vertraglichen Ansprüchen zu den Inhaltsnormen einer Betriebsvereinbarung. Die Regelung des § 77 Abs. 4 S. 1 BetrVG ist nach Auffassung des Großen Senats des BAG also insoweit unvollständig und wird durch das Günstigkeitsprinzip ergänzt. Die Unabdingbarkeitswirkung (§ 77 Abs. 4 S. 1 BetrVG) kommt allein für den **normativen Teil** der Betriebsvereinbarung in Betracht. Dazu gehören jedenfalls diejenigen Bestimmungen, die objektives Recht für den Inhalt und für die Beendigung von Arbeitsverhältnissen schaffen (Inhaltsnormen). Auf Abschluss- und Betriebsnormen kommt es in diesem Zusammenhang nicht an.

»Unmittelbare Wirkung« bedeutet, dass die Bestimmungen des normativen Teils der Betriebsvereinbarung – wie anderes objektives Recht auch – den Inhalt der Arbeitsverhältnisse unmittelbar (**automatisch**) gestalten, ohne dass es auf Billigung oder Kenntnis der Vertragsparteien ankommt. Es bedarf keiner Anerkennung, Unterwerfung oder Übernahme dieser Normen durch die Parteien des Einzelarbeitsvertrags.

»Zwingende Wirkung« bedeutet, dass abweichende einzelvertragliche Abmachungen nicht getroffen werden können. Für den **Tarifvertrag** heißt das: Die Parteien des Arbeitsvertrags können nichts vereinbaren, was gegen den Tarifvertrag verstößt. Entsprechendes gilt für die **Betriebsvereinbarung**: Die Parteien des Arbeitsvertrags können keine entgegenstehenden einzelvertraglichen Abmachungen treffen. Damit müssten sich die Inhaltsnormen der Betriebsvereinbarung gegenüber allen vertraglichen Abreden durchsetzen.

Ob und in welchem Umfang günstigere Abreden unberührt bleiben, muss durch Auslegung des Gesetzes erschlossen werden. Als allgemeiner Grundsatz gilt das Günstigkeitsprinzip auch für das Verhältnis von Inhaltsnormen einer Betriebsvereinbarung zu günstigeren vertraglichen Abreden. Der Wortlaut des § 77 Abs. 4 S. 1 BetrVG steht nicht entgegen.

§ 3   Abbau auf betriebsverfassungs-/tarifrechtlicher Grundlage

b) Mitbestimmung

57 Die gesetzliche Mitbestimmung des Betriebsrats in Angelegenheiten des § 87 Abs. 1 BetrVG muss auch nicht zwangsläufig zu einer Betriebsvereinbarung führen. Zweck des Mitbestimmungsrechts ist nur, dem Betriebsrat den **Einfluss** auf die Entscheidungen und Maßnahmen des Arbeitgebers zu sichern. Wird für freiwillige soziale Leistungen zwischen Arbeitgeber und Betriebsrat ein Verteilungskonzept abgesprochen, kann diese Absprache **entweder** mit individualrechtlichen **oder** mit kollektivrechtlichen Gestaltungsmitteln umgesetzt werden.

58 Das Mitbestimmungsrecht des Betriebsrats läuft auch dann nicht leer, wenn es der Arbeitgeber übernimmt, das vereinbarte neue Verteilungskonzept mit vertragsrechtlichen Mitteln durchzusetzen. Daraus ergibt sich, dass § 87 Abs. 1 BetrVG nur den Entscheidungsprozess regelt, nicht aber das kollektivrechtliche Gestaltungsmittel, und dass ihm deshalb auch nichts zur Wirkung von Betriebsvereinbarungen entnommen werden kann. Auf das Verhältnis von vertraglich begründeten Ansprüchen zu Regelungen einer Betriebsvereinbarung ist daher das Günstigkeitsprinzip anzuwenden. Günstigere arbeitsvertragliche Bestimmungen, die vor Abschluss der Betriebsvereinbarung vereinbart worden waren, bleiben – jedenfalls im Grundsatz – wirksam.

c) Einheitsregelung/Gesamtzusage

59 Ansprüche auf freiwillige soziale Leistungen können inhaltliche Besonderheiten aufweisen, wenn sie auf einer vertraglichen Einheitsregelung oder auf einer Gesamtzusage beruhen. Bei einer solchen Form der vertragsrechtlichen Gestaltung werden Ansprüche für alle Arbeitnehmer oder für eine nach bestimmten Kriterien abgrenzbare Gruppe von Arbeitnehmern des Betriebs begründet (dazu vorstehend Rn 31). Die individuelle Lage eines einzelnen Arbeitnehmers spielt bei der Zusage keine Rolle – weder persönliche Umstände noch besondere individuelle Verdienste.

60 Vertragliche Einheitsregelungen sind – wie bereits dargestellt (Rn 31 ff.) – dadurch gekennzeichnet, dass sie einer generellen Regelung durch eine Vielzahl abgestimmter Vertragsabsprachen Geltung verschaffen. Durch solche vertraglichen Einheitsregelungen werden **alle Arbeitnehmer** eines Betriebs oder **bestimmte Gruppen** von ihnen durch allgemeine Vertragsbedingungen zusammengefasst. Ansprüche, die diese inhaltlichen Besonderheiten aufweisen, kann man als **vertragliche Ansprüche mit kollektivem Bezug** bezeichnen. Diese Überlegungen führen zu einer dem Schutzzweck des Günstigkeitsprinzips entsprechenden Anwendung auf Fälle der vorliegenden Art. Es kann nur auf die Vor- oder Nachteile ankommen, die die Neuregelung für die Belegschaft insgesamt zur Folge hat. Wenn die Leistungen des Arbeitgebers sich insgesamt nicht verringern oder sogar erweitert werden, steht das Günstigkeitsprinzip einer Ablösung nicht entgegen, auch wenn **einzelne Arbeitnehmer** dadurch **schlechter gestellt** werden sollten. Andererseits muss der Arbeitgeber zu seinem Wort stehen. Er kann sich von der wirtschaftlichen Gesamtlast seiner Zusagen im Allgemeinen weder einseitig noch mit Hilfe des Betriebsrats ganz oder teilweise befreien. Insoweit darf der Arbeitnehmer auf die Vertragstreue seines Arbeitgebers vertrauen. Ein weiterer Vertrauensschutz ergibt sich aus den Grundsätzen der Billigkeit.

Inhaltsnormen einer nachfolgenden Betriebsvereinbarung können somit vertraglich begründete Ansprüche der Arbeitnehmer mit kollektivem Bezug, die auf eine vom Arbeitgeber gesetzte Einheitsregelung oder eine Gesamtzusage zurückgehen, einschränken, wenn die Neuregelung insgesamt bei kollektiver Betrachtung keine Nachteile für die Belegschaft zur Folge hat. Wenn die geplanten Aufwendungen des Arbeitgebers für die Sozialleistung konstant bleiben oder erweitert werden sollen, steht das Günstigkeitsprinzip einer Neuregelung nicht entgegen, selbst wenn einzelne Arbeitnehmer dadurch schlechter gestellt werden. Andererseits gehen vertraglich begründete Ansprüche einer nachfolgenden Betriebsvereinbarung dann vor, wenn durch die Betriebsvereinbarung der Gesamtaufwand des Arbeitgebers verringert werden soll. 61

d) Verhältnismäßigkeit

Innerhalb der Grenzen, die den Parteien einer Betriebsvereinbarung durch das kollektive Günstigkeitsprinzip gezogen sind, kann der Arbeitgeber nicht schrankenlos in Besitzstände der Arbeitnehmer eingreifen. Alle Eingriffe müssen den Grundsatz der Verhältnismäßigkeit wahren; sie müssen am Zweck der Maßnahme gemessen **geeignet, erforderlich und proportional** sein. Insoweit gelten für die umstrukturierende Betriebsvereinbarung dieselben Grundsätze wie für die Ablösung einer Betriebsvereinbarung durch eine zeitlich nachfolgende Betriebsvereinbarung. Auch wenn eine Betriebsvereinbarung durch eine andere Betriebsvereinbarung mit dem gleichen Regelungsgegenstand abgelöst wird, wenn also nicht das Günstigkeitsprinzip eingreift, sondern die spätere Regelung grundsätzlich die frühere Regelung verdrängt, bleiben die Besitzstände der betroffenen Arbeitnehmer nicht schutzlos. 62

e) Besitzstandsschutz

Der 3. Senat des BAG hatte sich bereits mit dem Schutz von Besitzständen bei der Ablösung von **Versorgungsordnungen** befasst und dabei allgemeine Regeln entwickelt.[13] Er unterscheidet zwischen dem **bereits erdienten** und dem **noch nicht erdienten** Teil eines Versorgungsrechts. Bereits fällige Versorgungsansprüche sind in vollem Umfange erdient; der Betriebsrentner hat sein aktives Arbeitsleben beendet und die erwartete Betriebstreue erbracht. Dagegen müssen die aktiven Arbeitnehmer 63

---

13 Vgl. BAG BAGE 36, 327 = AP Nr. 1 zu § 1 BetrAVG Ablösung; BAG BAGE 37, 217 = AP Nr. 1 zu § 1 BetrAVG Unterstützungskassen; zuletzt Vorlagebeschl. AP Nr. 4 zu § 1 BetrAVG Ablösung.

nach der Versorgungszusage noch bis zum Versorgungsfall weiterarbeiten, um einen Rentenanspruch in voller Höhe erwerben zu können. Zunächst steht ihnen nur eine Anwartschaft zu. Diese wird laufend zu einem anwachsenden Teil erdient, nämlich im Verhältnis der insgesamt erwarteten Betriebszugehörigkeit zur bereits geleisteten Dienstzeit.

64 Die bereits erdiente Teilanwartschaft kann nach dieser Rechtsprechung nur in seltenen Ausnahmefällen gekürzt werden. Der noch nicht erdiente Teil des Versorgungsanspruchs ist weniger geschützt. Insoweit hat der berechtigte Arbeitnehmer noch nicht vorgeleistet. Immerhin durfte er sich bis zu einem gewissen Grad auch für diesen Teil schon darauf verlassen, dass er ihn noch erdienen könne.

65 Eine **Abwägung** der **Änderungsgründe** einerseits gegenüber den **Bestandsschutzinteressen** anderseits ist geboten. Rentennahe Jahrgänge werden regelmäßig von Verschlechterungen ausgenommen werden müssen, weil bei ihnen das Schutzbedürfnis besonders schwer wiegt und nur durch ungewöhnlich dringende Änderungsgründe auf Arbeitgeberseite aufgewogen werden kann. Was für Versorgungsansprüche gilt, kann auch für Ansprüche auf andere Sozialleistungen in Betracht kommen. Dies bedarf aber einer Überprüfung und Bewertung im Einzelfall.

C. Besitzstände und einseitige Gestaltungsmöglichkeiten

66 Um sein Ziel zu erreichen, kann sich der Arbeitgeber **vertragsrechtlicher** Gestaltungsmöglichkeiten bedienen. So kann er versuchen, mit den Arbeitnehmern übereinstimmende **Änderungsvereinbarungen** abzuschließen; er kann zu diesem Zweck auch gleich lautende **Änderungskündigungen** aussprechen, was allerdings wegen des individuellen Prüfungsmaßstabs im Kündigungsschutzprozess kaum zu einem geschlossenen neuen Regelungssystem führen wird. Vertragliche Ansprüche der Arbeitnehmer auf **Sozialleistungen** sind darüber hinaus **kraft Gesetzes** anzupassen, wenn die **Geschäftsgrundlage** für die Zusage nachträglich weggefallen oder wesentlich erschüttert worden ist mit der Folge, dass dem Arbeitgeber als Schuldner das Festhalten am bisherigen Vertrag nicht mehr zugemutet werden kann.[14]

67 *Praxishinweis*
Einer Anpassung steht in diesen Fällen das Günstigkeitsprinzip nicht entgegen. Soweit sich der Arbeitgeber auf den Wegfall der Geschäftsgrundlage berufen kann, braucht er als Schuldner die Ansprüche der Arbeitnehmer nicht in vollem Umfang zu erfüllen. Der Anspruch wird kraft Gesetzes eingeschränkt oder fällt ganz weg.

---

14 BAG AP Nr. 1 zu § 242 BGB Geschäftsgrundlage; BAG BAGE 12, 51 = AP Nr. 82 zu § 242 BGB Ruhegehalt; BGH LM § 242 BGB, Bb Nr. 39 und Nr. 51; vgl. BAG AP Nr. 6 zu § 1 BetrAVG Ablösung = ZIP 1986, 595.

C. Besitzstände und einseitige Gestaltungsmöglichkeiten § 3

Soll oder muss wegen der zwingenden Mitbestimmung des Betriebsrats eine kollektive Regelung erreicht werden, kommt nur eine Betriebsvereinbarung in Betracht, in seltenen Fällen ein Tarifvertrag, sei es als **Haustarifvertrag** oder als **Sanierungstarifvertrag**. 68

I. Feststellung des Besitzstands

Ablösende Betriebsvereinbarungen, die zulässigerweise im Rahmen eines kollektiven Günstigkeitsvergleichs die Besitzstände der betroffenen Arbeitnehmergruppen neu regeln, haben von folgender Situation auszugehen, um einer Rechtskontrolle im Rahmen einer abstrakten und konkreten **Billigkeitskontrolle** standzuhalten: 69

> *Praxishinweis* 70
> Zu prüfen ist zunächst einmal, ob die getätigten Zusagen betriebsvereinbarungsoffen sind. Widerruf oder Kündigung sind ggf. möglich, jedoch werden beide in ihren Wirkungen beschränkt durch die Grundsätze des Vertrauensschutzes. Je stärker in Forderungen und Besitzstände der Arbeitnehmer eingegriffen wird – am deutlichsten bei der betrieblichen Altersversorgung – und je mehr Betriebstreue der Arbeitnehmer im Hinblick auf die Leistungen erbracht hat, desto schwerer müssen die Gründe für den Eingriff wiegen (**sog.»Je-Desto-Regel«**).

Von den freiwilligen Sozialleistungen kommen dabei nur solche als Besitzstand in Betracht, bei denen eine **ratierliche Betrachtung** angezeigt ist. Im Grundsatz geht es um erbrachte Betriebstreue und die Zusage auf freiwillige Sozialleistungen des Arbeitgebers. Da der Begriff »freiwillig« in der Terminologie des BAG nicht als ungebundener Widerruf von Zusagen zu verstehen ist, sondern einer Billigkeitskontrolle mit den Elementen des Vertrauensschutzes unterliegt, sind sowohl bei einem Widerruf als auch entsprechend bei einer Kündigung die verbrachten Betriebszugehörigkeitszeiten bezogen auf die jeweilige Sozialleistung zu überprüfen. Dies gilt in verstärktem Maße bei der betrieblichen Altersversorgung, aber auch bei Jubiläumsgeldern, Weihnachtsgratifikation, Jahressonderzahlungen u.ä. Überall dort, wo eine Verdichtung bzw. Erhöhung des Anspruchs durch eine Erhöhung der Betriebszugehörigkeit (Zeitmoment) denkbar ist, ist diese Betrachtung gerechtfertigt. Es handelt sich dabei im Ansatz um ein zeitratierliches Moment und somit um eine **aufschiebend bedingte Forderung**. Man kann hier den Rechtsgedanken des § 162 BGB heranziehen, wonach derjenige sich auf den Eintritt einer Bedingung nicht berufen kann, der den Eintritt selbst treuwidrig herbeigeführt hat. Kündigt somit ein Arbeitgeber dem Arbeitnehmer aus betriebsbedingten Gründen oder macht er ansonsten den Eintritt der Bedingung unmöglich, ist der Arbeitnehmer so zu stellen, als wäre die Bedingung eingetreten. Kommt es zu einer Umstrukturierung im Laufe des betreffenden Zeitraums, dann sind diejenige Besitzstände, die aufschiebend bedingt gegeben sind, zu berücksichtigen. 71

Die kollektivrechtliche Umstrukturierung von Besitzständen im Rahmen einer ablösenden Betriebsvereinbarung hat dem kollektiven Günstigkeitsvergleich standzuhalten. 72

§ 3 Abbau auf betriebsverfassungs-/tarifrechtlicher Grundlage

Dies bedeutet, dass zwar die Besitzstände umstrukturiert werden können, aber die Gesamtlast der Verbindlichkeiten sich nicht verringert.

73 Gesamtzusagen bzw. Einheitsregelungen wird man nicht immer betriebsvereinbarungsoffen gestaltet haben. Hier kommen nur die individualarbeitsrechtlichen Instrumentarien, wie z.B. eine Lohnänderungskündigung, in Betracht. Auch die **Lohnänderungskündigung** ist an den Nachweis eines konkreten **Sanierungsbeitrags** gebunden und vor allen Dingen an die Darlegung eines **Sanierungsplans** (siehe § 1 Rn 165 ff.). Diese Maßnahme wird eingeschränkt durch den Grundsatz der Verhältnismäßigkeit bzgl. der Zeitdauer des Eingriffs in die vertraglichen Grundlagen. Die Grenze findet der Eingriff ohnehin in den tarifvertraglichen Rechten. Rechtsbegründungsakte durch Betriebsvereinbarungen unterliegen der Zeitkollisionsregel, ansonsten dem Günstigkeitsprinzip.

74 Bei einer betriebsbedingten **Änderungskündigung** ist zunächst das Änderungsangebot des Arbeitgebers daran zu messen, ob dringende betriebliche Erfordernisse gem. § 1 Abs. 2 KSchG das Änderungsangebot bedingen und ob sich der Arbeitgeber bei einem an sich anerkennenswerten Grund zur Änderungskündigung darauf beschränkt hat, nur solche Änderungen vorzuschlagen, die der Arbeitnehmer billigerweise hinnehmen muss.

75 Einmal geschlossene Verträge sind grundsätzlich einzuhalten; Geldmangel entlastet den Schuldner nicht. Die Dringlichkeit eines schwerwiegenden Eingriffs in das Leistungs-/Lohngefüge, wie es die Änderungskündigung zur Durchsetzung einer erheblichen Lohnsenkung darstellt, ist deshalb nur dann begründet, wenn bei einer Aufrechterhaltung der bisherigen Personalkostenstruktur weitere, **betrieblich nicht mehr auffangbare Verluste** entstehen, die absehbar zu einer Reduzierung der Belegschaft oder sogar zu einer Schließung des Betriebs führen können. Regelmäßig setzt eine solche Situation einen umfassenden Sanierungsplan voraus, der alle gegenüber der beabsichtigten Änderungskündigung milderen Mittel ausschöpft.[15]

76 Diese Überlegungen machen deutlich, unter welchen engen Voraussetzungen sich der Arbeitgeber von einer Zusage von freiwilligen Sozialleistungen, gebunden an den Vertrauensgrundsatz, lösen kann. Durch den Zwang der gerichtlichen Kontrolle (abstrakte und konkrete Billigkeitsprüfung sowie kollektives Günstigkeitsprinzip) entfernt man sich materiellrechtlich möglichst wenig und nur im Bereich des Notwendigen von dem Grundsatz der Vertragstreue im Sinne des zivilrechtlichen Grundsatzes »pacta sunt servanda«.

---

15 BAG EzA § 2 KSchG Nr. 46 = NZA 2003, 147, Anm. *Fleddermann* EWiR 2003, 177; vgl. auch BAG BAGE 90, 182; BAG AP Nr. 40 zu § 4 TVG Nachwirkung.

II. Anspruchsbegrenzung

1. Freiwilligkeitsvorbehalt

a) Vertraglicher Vorbehalt

Nach der Rechtsprechung des BAG schließt ein sog. vertraglicher Freiwilligkeitsvorbehalt nicht nur eine Bindung des Arbeitgebers für die **Zukunft**, sondern auch für den **laufenden Bezugszeitraum** aus.[16] Er hindert das Entstehen eines vertraglichen Anspruchs und belässt so dem Arbeitgeber die Freiheit, jedes Jahr über das Ob und Wie der Leistung zu entscheiden[17] (siehe dazu ausführlich § 1 Rn 72 ff.).

77

b) Kollektivrechtlicher Vorbehalt

Wird jährlich durch eine Betriebsvereinbarung eine Sonderzahlung vereinbart und wird dies mit einem ausdrücklichen Freiwilligkeitsvorbehalt verbunden, so ist damit konkludent eine **Nachwirkung** der jeweiligen Betriebsvereinbarung **ausgeschlossen**.[18] Gleiches gilt für zeitlich begrenzte (Regelungs-)Angelegenheiten. In der Befristung einer Betriebsvereinbarung liegt in der Regel der konkludente Ausschuss einer Nachwirkung.

78

> *Beispiel*
> Eine Gratifikationsregelung in Form einer Betriebsvereinbarung enthält folgende Bestimmung:
> »Die vorstehend vereinbarten Unternehmenszuwendungen sind freiwillige Leistungen, soweit sie tarifliche Ansprüche übersteigen. Aus ihrer Zahlung kann insofern kein weiterer Anspruch in Bezug auf Zahlung und Höhe für die Zukunft hergeleitet werden.«

79

Betriebsvereinbarungen können einen Zahlungsanspruch jeweils nur für ein bestimmtes Kalenderjahr begründen. Eine solche Gestaltungsmöglichkeit steht den Betriebsparteien rechtlich offen.[19] Die Nachwirkung einer Betriebsvereinbarung gem. § 77 Abs. 6 BetrVG ist **dispositiv**. Sie kann von den Betriebspartnern abbedungen werden. Ein solcher Ausschluss kann sich aus der Natur der Sache ergeben und damit als konkludent vereinbart gelten. Dies ist vor allem dann anzunehmen, wenn die Betriebsvereinbarung einen einmaligen, zeitlich begrenzten Gegenstand regelt. Ist klar zu erkennen, dass der Arbeitgeber sich jeweils nur für ein Jahr festlegen will und nicht bereit ist, sich –

80

---

16 BAG AP Nr. 187 zu § 611 BGB Gratifikation = EzA § 611 BGB Gratifikation, Prämie Nr. 134.
17 BAG EzA-SD 2000 Nr. 13, 8; BAG AP Nr. 193 zu § 611 BGB Gratifikation = EzA § 611 BGB Gratifikation, Prämie Nr. 141 m. Klarstellung ggb. BAG AP Nr. 86 zu § 611 BGB Gratifikation = EzA § 611 BGB Gratifikation, Prämie Nr. 47.
18 BAG AP Nr. 7 zu § 77 BetrVG 1972 Nachwirkung = BB 1995, 1643.
19 BAG AP Nr. 7 zu § 77 BetrVG 1972 Nachwirkung = BB 1995, 1643.

falls es nicht zu einer Neuregelung kommen sollte – im Wege der Nachwirkung an die Regelung des Vorjahres binden zu lassen, dann handelt es sich um eine einmalige Regelung. Der Freiwilligkeitsvorbehalt, den die Betriebspartner ausdrücklich vereinbaren können, stellte das klar. Für die Anwendung einer Unklarheitenregel zu Lasten des Arbeitgebers besteht insoweit kein Raum.

2. Widerrufsvorbehalt

81 Der Widerrufsvorbehalt unterscheidet sich vom Freiwilligkeitsvorbehalt. Durch einen Widerrufsvorbehalt kann der Arbeitgeber sich einer Abänderung oder Beendigung der zugesagten Leistung durch einen späteren Widerruf vorbehalten. Hat der Arbeitgeber sich den Widerruf von Sozialleistungen vorbehalten, besteht die individualrechtliche Möglichkeit, durch Widerruf die Leistungspflicht zu beenden oder zu verringern. Soweit dabei ein Mitbestimmungsrecht besteht, ist dieses zu beachten, nicht aber das Günstigkeitsprinzip (siehe im Einzelnen zum Widerrufsvorbehalt § 1 Rn 86 ff.).

3. Widerruf und Mitbestimmung

82 Widerruft der Arbeitgeber wirksam Sozialleistungen und strebt eine Neuordnung an, so muss der Betriebsrat nach § 87 Abs. 1 Nr. 10 beteiligt werden.

Der Widerruf einer freiwilligen Sozialleistung durch den Arbeitgeber ist – unabhängig von ihrem Rechtsbegründungsakt – eine einseitige, empfangs-, aber **nicht zustimmungsbedürftige Willenserklärung.**

83 *Praxishinweis*
Das Widerrufsrecht unterliegt nicht der **Mitbestimmung** durch den Betriebsrat. Es wird einseitig vom Arbeitgeber ausgeübt.

84 Handelt es sich aber um eine Sozialeinrichtung nach § 87 Abs. 1 Nr. 8 BetrVG, dann hat der Betriebsrat bei der Ausgestaltung mitzubestimmen. Zur Ausgestaltung gehört die Aufstellung von Grundsätzen, nach denen die zur Verfügung gestellten Mittel den begünstigten Arbeitnehmern zugewendet werden sollen.

85 Der Arbeitgeber kann die Mittel für die Sozialeinrichtung mitbestimmungsfrei einschränken; er kann eine Unterstützungseinrichtung teilweise schließen. Nach der Kürzung der Mittel und der teilweisen Schließung einer Unterstützungskasse müssen die gekürzten Mittel auf die begünstigten Arbeitnehmer nach einem neuen **Leistungsplan** verteilt werden. Bei der Aufstellung dieses neuen Leistungsplans hat der Betriebsrat mitzubestimmen.

86 Das **Mitbestimmungsrecht** des Betriebsrats entfällt nicht deshalb, weil es sich um freiwillige, **jederzeit widerrufliche** Leistungen handelt.

Der vollständige oder teilweise Widerruf von Leistungen oder Anwartschaften z.b. **87**
der betrieblichen Altersversorgung ist eine individualrechtliche Erklärung des Arbeitgebers. Diese Erklärung zur Durchsetzung eines neuen Leistungsplans ist unwirksam, wenn der Arbeitgeber bei der Aufstellung des Leistungsplans das Mitbestimmungsrecht des Betriebsrats verletzt hat.[20] Allerdings kann der Betriebsrat die Berechtigung des Widerrufs im Beschlussverfahren (§§ 80 ff. ArbGG) überprüfen lassen, und zwar auch dann, wenn die Versorgungszusage nicht auf einer Betriebsvereinbarung beruht, sondern individualrechtlicher Natur ist und einen kollektiven Bezug aufweist.

Unabhängig von diesem Recht des Betriebsrats kann jeder betroffene Arbeitnehmer **88**
die Berechtigung des Widerrufs gerichtlich klären lassen.

Der Betriebsrat ist nicht verpflichtet, eine Betriebsvereinbarung über die Neuverteilung **89**
der gekürzten Mittel zu schließen. Er kann sich auch auf eine **Regelungsabrede** beschränken, deren Inhalt der Arbeitgeber dann individualrechtlich mit dem einzelnen Arbeitnehmer unter Hinweis auf sein Widerrufsrecht umsetzt. Auch in diesem Falle kann jeder einzelne Arbeitnehmer die Berechtigung des Widerrufs und die Billigkeit der Kürzung gerichtlich überprüfen lassen.

4. Widerruf wegen wirtschaftlicher Notlage

Insbesondere im Bereich der betrieblichen Altersversorgung sind Leistungsvorbehalte **90**
im Sinne einer wirtschaftlichen Leistungsfähigkeit üblich, z.b. mit folgender Formulierung:»Die Firma behält sich vor, die zugesagten Leistungen zu kürzen oder einzustellen, wenn die wirtschaftliche Lage des Unternehmens sich nachhaltig so wesentlich verschlechtert hat, dass ihm die Aufrechterhaltung der zugesagten Leistungen nicht mehr zugemutet werden kann.« Vgl. dazu ausführlich § 4 Rn 24, insbesondere zu der geänderten Rechtslage seit 1999 in Bezug auf die Insolvenzsicherung.

Widerrufsvorbehalte, die die Zahlung des Ruhegehalts von der Finanzkraft des Unter- **91**
nehmens abhängig machen, stellen nur Formulierungsversuche für die auch ohne Vorbehalt geltende Rechtslage dar, nach der ein Widerruf wegen wirtschaftlicher Notlage gerechtfertigt ist. Ein Widerruf oder eine Leistungsverweigerung wegen wirtschaftlicher Notlage ist nur in dem Umfang möglich, wie es zur Rettung und **Sanierung** des Unternehmens unerlässlich ist.[21] Schließlich existiert der »Vorbehalt«, dass die individualrechtlich begründete Versorgungszusage »betriebsvereinbarungsoffen« ist, d.h. durch eine spätere kollektivrechtliche Regelung geändert oder aufgehoben werden kann.

---

20 BAG BAGE 58, 156–166 = AP Nr. 18 zu § 1 BetrAVG Unterstützungskassen = ZIP 1988, 1351.
21 BAG BB 1984, 137.

§ 3 Abbau auf betriebsverfassungs-/tarifrechtlicher Grundlage

92 *Praxishinweis*
Dieser »Vorbehalt« eröffnet keine Widerrufsmöglichkeit. Er gibt nur zu erkennen, dass eine Änderung durch Kollektivvertrag vorbehalten ist.

a) Sanierungsplan

93 Aber auch bei **vorbehaltloser Versorgungszusage** kann der Arbeitgeber unter Umständen berechtigt sein, die Versorgungsleistung zu verweigern, wenn und solange bei ungekürzter Weiterzahlung der Bestand des Unternehmens gefährdet ist. Ob die geschilderten Voraussetzungen im Einzelfall vorliegen, muss der Arbeitgeber mit den Mitteln der modernen Betriebswirtschaft prüfen und dem Gericht nachweisen.

94 Zu einem solchen Nachweis gehört, dass eine von einem unparteiischen Sachverständigen erstellte **Betriebsanalyse** die wirtschaftliche Notlage des Betriebs und deren Ursachen im Einzelnen darlegt. Der Arbeitgeber muss ferner einen wirtschaftlichen **Sanierungsplan** ausarbeiten, der nach vernünftiger Beurteilung einer dafür sachkundigen Stelle einen Erfolg erwarten lässt. Schließlich muss der Arbeitgeber, evtl. zusammen mit dem Betriebsrat, einen **Sozialplan** ausarbeiten, der die etwa notwendigen Einschränkungen sozial gerecht verteilt und der erkennen lässt, in welcher Weise auch der Arbeitgeber und die aktiven Belegschaftsmitglieder einschließlich der Spitzenkräfte das ihre beitragen.[22]

95 *Praxishinweis*
Der allgemeine Vorbehalt, die zugesagten Leistungen zu kürzen oder einzustellen, wenn die wirtschaftliche Lage des Unternehmens sich nachhaltig so wesentlich verschlechtert, dass dem Unternehmen eine Aufrechterhaltung der zugesagten Leistungen nicht mehr zugemutet werden kann, enthält nur den Hinweis auf Kürzungs- oder Widerrufsmöglichkeiten wegen Wegfalls der Geschäftsgrundlage.[23]

b) Begründete Sanierungsaussichten

96 Der Widerruf ist grundsätzlich nur zulässig, wenn eine begründete Aussicht zur Rettung oder Sanierung des Unternehmens besteht, und auch nur insoweit, wie es zur Erreichung dieses Ziels unerlässlich ist. Daher muss der Arbeitgeber einen wirtschaftlichen **Sanierungsplan** ausarbeiten, »der nach vernünftiger Beurteilung einer dafür sachkundigen Stelle einen Erfolg erwarten lässt«. Dabei muss aufgezeigt werden, in welcher Weise durch Behebung der Ursachen der eingetretenen Notlage, verbindliche Forderungsverzichte anderer Gläubiger des Unternehmens, zusätzlichen Kapitaleinsatz der Inhaber oder Gesellschafter sowie Opfer der Arbeitnehmer eine dauerhafte

---

22 BAG BAGE 24, 63 = AP Nr. 154 zu § 242 BGB Ruhegehalt.
23 BAG BAGE 58, 167–176 = AP Nr. 3 zu § 1 BetrAVG Geschäftsgrundlage = ZIP 1988, 1348.

Überwindung der Krise erreicht werden kann. Der Sanierungsplan muss eine gerechte Verteilung der Sanierungslasten unter den beteiligten Gläubigergruppen vorsehen.

Eine wirtschaftliche Notlage rechtfertigt nach ständiger Rechtsprechung des BAG die Kürzung von Betriebsrenten nur dann, wenn ein **Sanierungsplan** deutlich macht, wie eine dauerhafte Überwindung der Krise erreicht werden kann. Die bloße Hoffnung, ein anderer Gläubiger könnte ebenfalls auf rückständige Forderungen verzichten und die strukturellen Ursachen der Notlage, die fortbestehen, führten in absehbarer Zeit nicht zu neuen Belastungen, ist keine tragfähige Grundlage eines Sanierungsplans.[24]

97

c) Notlage des Konzerns

Maßgeblich für die Inanspruchnahme des Notlagen-Vorbehalts ist in jedem Fall die wirtschaftliche Lage des Arbeitgebers bzw. in Sonderfällen die des Konzerns. Es kann bei **konzerngebundenen Unternehmen** nicht auf die wirtschaftliche Lage des Unternehmens, sondern auf die des **Konzerns** ankommen. Dies gilt jedenfalls dann, wenn das Unternehmen mit dem Konzern so eng verflochten ist, dass eine wirtschaftliche Notlage des Konzerns auch das Unternehmen gefährdet.

98

Praxishinweis
Je stärker der Besitzstand ist, den die Arbeitnehmer erworben haben, um so gewichtiger muss der Grund sein, der einen Eingriff gestattet. Es gelten die Grundsätze des Vertrauensschutzes und der Verhältnismäßigkeit (**Je-Desto-Regel**).

99

Bei den Eingriffsgründen des Arbeitgebers ist zu unterscheiden zwischen **zwingenden**, **triftigen** und **sachlich- proportionalen** Gründen.[25] Bei der Beurteilung dieser Gründe kommt es im Regelfall auf die wirtschaftliche Lage des Trägerunternehmens einer Unterstützungskasse an. Dagegen ist auf die wirtschaftliche Lage des Konzern abzustellen, wenn das Trägerunternehmen mit seiner wirtschaftlichen Betätigung in einen Konzern eingebunden und speziell auf die Bedürfnisse des Konzern zugeschnitten ist.[26]

100

Ist der Versorgungsschuldner konzerngebunden, wird das **herrschende Unternehmen** als Anteilseigner, wenn es sich zur Fortsetzung der Betriebstätigkeit des Tochterunternehmens und zu dessen Sanierung entschließt, die Hauptlast der Sanierung zu tragen haben. Neben den Betriebsrentnern und den vorzeitig ausgeschiedenen Versorgungsanwärtern sind auch die weiteren Gläubiger des Versorgungsschuldners und dessen aktive Arbeitnehmer an den Sanierungslasten zu beteiligen. Ein Sanierungsplan genügt den Anforderungen an eine gerechte Verteilung der Sanierungslasten nicht, wenn sich

101

---

24 BAG BAGE 50, 210 = AP Nr. 8 zu § 7 BetrAVG Widerruf = ZIP 1986, 1141, Anm. *Blomeyer* EWiR 1986, 857, Anm. *Sieg* SAE 1987, 32.
25 Im Anschluss an BAG BAGE 54, 261 = AP Nr. 9 zu § 1 BetrAVG Ablösung.
26 BAG BAGE 61, 273 = AP Nr. 23 zu § 1 BetrAVG Unterstützungskassen = ZIP 1990, 195, Anm. *Däubler* EWiR 1990, 11.

der Beitrag der Anteilseigner zur Sanierung des notleidenden Unternehmens auf den Verzicht auf einen Teil der **Sanierungsgewinne** beschränkt.[27]

102 Handelt es sich bei dem notleidenden Unternehmen um eine konzernabhängige Gesellschaft, so ist die wirtschaftliche Notlage dieser Gesellschaft dem herrschenden Unternehmen dann nicht zuzurechnen, wenn bei der Entstehung der Verluste das Konzerninteresse keine Rolle gespielt hat, insbesondere bei der Entstehung der wirtschaftlichen Krise noch keine Leitungsmacht der Konzernobergesellschaft bestand. Übernimmt die Konzernobergesellschaft sämtliche Geschäftsanteile eines notleidenden Unternehmens, um dieses weiterzuführen, so muss sich die Obergesellschaft in einem angemessenen Umfang an der Sanierung beteiligen. Sie wird im Regelfall die Hauptlast der Sanierung zu tragen haben. Die Entscheidung für die Sanierung führt aber nicht dazu, dass die Obergesellschaft bis zur eigenen wirtschaftlichen Erschöpfung Finanzierungsbeiträge leisten muss. Eine im Sanierungsplan vorzusehende gerechte Lastenverteilung scheitert nicht daran, dass der Versorgungsschuldner es unterlassen hat, außenstehende Unternehmensgläubiger (z.B. Banken, Lieferanten) zu Forderungsverzichten zu veranlassen.[28]

d) Sanierungsbeiträge der Beteiligten

103 Das Gericht verlangt in der vorzitierten Entscheidung **nicht** mehr einen Sanierungsbeitrag **sämtlicher Gläubiger** des Unternehmens. Vielmehr führt es aus, dass Waren- und Kreditgläubiger des Unternehmens nicht zu dem Kreis derjenigen gehören, die sich an der Lastenverteilung zu beteiligen haben. Diese Unternehmensgläubiger befinden sich nicht in der »Dispositionsbefugnis« des Arbeitgebers. Der Arbeitgeber kann Forderungsverzichte nicht erzwingen. Um so stärker trifft aber die Sanierungslast die Arbeitnehmer und die Anteilseigner. Im Ergebnis wird damit den Arbeitnehmern (Gehaltskürzungen, Entlassungen) und den Anteilseignern (Kapitalschnitte, Zuschüsse etc.) ein Opfer abverlangt.

104 Der Widerruf einer Versorgungszusage wegen wirtschaftlicher Schwierigkeiten ist nur insoweit und so lange wirksam, wie die geplante Sanierung Erfolg verspricht. Wenn Sanierungsmaßnahmen, die ursprünglich aussichtsreich zu sein schienen, später scheitern, leben die widerrufenen Versorgungsrechte wieder auf.[29]

---

27 BAG AP Nr. 23 zu § 7 BetrAVG Widerruf = ZIP 2001, 1886, Anm. *Griebeling* EWiR 2001, 893.
28 BAG BAGE 72, 329; = AP Nr. 18 zu § 7 BetrAVG Widerruf = ZIP 1993, 1330, Anm. *Blomeyer* EWiR 1993, 852.
29 St. Rspr., BAG AP Nr. 1 zu § 7 BetrAVG Widerruf = ZIP 1982, 733.

III. Wegfall der Geschäftsgrundlage

Eine Absenkung des Gesamtvolumens wirtschaftlicher Belastung durch freiwillige Sozialleistungen kommt in Betracht, wenn die **Geschäftsgrundlage** weggefallen ist. Hier sind die Leistungen anzupassen. Konkrete Anpassungspläne sind vorzulegen. Nur in solchen Fällen ist tatsächlich ein Abbau der Belastung möglich und denkbar. Alle am wirtschaftlichen Prozess Beteiligten haben sich an dem Sanierungsprogramm zu beteiligen, so dass es nicht zu einem Sonderbeitrag nur der Arbeitnehmer kommt, sondern zu einem Beitrag aller Betroffenen: Kapitaleigner, Banken, Warenkreditgläubiger, Bankkreditgläubiger etc. Letzteres allerdings mit Einschränkung, weil ein Anspruch auf einen Sanierungsbeitrag nicht besteht. Das ernsthafte Bemühen muss jedoch dokumentiert werden.

105

1. Allgemeiner Vorbehalt wegen Störung der Geschäftsgrundlage

Seit dem 1.1.2002 sind die Rechtsgrundsätze zur **Störung der Geschäftsgrundlage** in § 313 BGB gesetzlich normiert, ohne dass deswegen die bislang schon entwickelten Grundsätze in ihrem materiellen Gehalt geändert wurden.

106

Der wirksame **Widerruf** wegen Störung der Geschäftsgrundlage gewährt dem Arbeitgeber kraft Gesetzes ein **Anpassungsrecht.** Bei vertraglichen Ansprüchen der Arbeitnehmer steht das **Günstigkeitsprinzip** nachfolgenden verschlechternden kollektivrechtlichen Anpassungsregelungen **nicht** entgegen. Soweit der Wegfall der Geschäftsgrundlage reicht, braucht der Arbeitgeber als Schuldner die Ansprüche nicht zu erfüllen.

Der allgemeine Vorbehalt, die zugesagten Leistungen zu kürzen oder einzustellen, wenn die wirtschaftliche Lage des Unternehmens sich nachhaltig so wesentlich verschlechtert, dass dem Unternehmen eine Aufrechterhaltung der zugesagten Leistungen nicht mehr zugemutet werden kann, enthält nur den Hinweis auf Kürzungs- oder Widerrufsmöglichkeiten wegen Wegfalls der Geschäftsgrundlage.

107

> *Praxishinweis*
> Allein sachliche Gründe reichen nicht aus, den Widerruf einer Versorgungszusage zu rechtfertigen, wenn dem Arbeitnehmer ein Rechtsanspruch auf die zugesagten Leistungen eingeräumt ist.[30]

108

2. Treu und Glauben

Das Rechtsinstitut des Wegfalls der Geschäftsgrundlage ist aus dem Grundsatz von Treu und Glauben (§ 242 BGB) entwickelt worden; der Gesetzgeber hat es im Rahmen der Schuldrechtsreform als »Störung der Geschäftsgrundlage« in § 313 Abs. 1 BGB –

109

---

30 BAG BAGE 58, 167 = AP Nr. 3 zu § 1 BetrAVG Geschäftsgrundlage = ZIP 1988, 1348.

§ 3   Abbau auf betriebsverfassungs-/tarifrechtlicher Grundlage

materiell unverändert – nunmehr auch gesetzlich festgeschrieben: Die **Änderungen** in den bei Erteilung der Zusage maßgebenden Verhältnissen müssen **wesentlich** und von nachhaltiger Wirkung sein. Dann führt ein Beharren auf der Rechtsstellung des Gläubigers (des von der Zusage einer Sozialleistung Begünstigten) zu einer unzulässigen Rechtsausübung, die dem Schuldner (verpflichteter Arbeitgeber) nicht mehr zuzumuten ist.

110 Nach der Rechtsprechung des BAG gehört die **Störung der Äquivalenz** zwischen Leistung und Gegenleistung und die Vereitelung des mit der Zusage angestrebten Zwecks in diesen Zusammenhang.[31]

IV. Kündigung von Betriebsvereinbarungen

111 Betriebsvereinbarungen können mit einer Frist von drei Monaten gekündigt werden (§ 77 Abs. 5 BetrVG), wenn nichts anders vereinbart wurde. Als abweichende Vereinbarung kommt ein **Ausschluss** einer Kündigung ebenso in Betracht wie eine **Verlängerung der Kündigungsfrist**. Im Falle eines Insolvenzverfahrens bleibt es trotz vereinbarter längerer Kündigungsfristen bei der Drei-Monats-Frist (§ 120 Abs. 1 S. 2 InsO)

112 Die Ausübung des Kündigungsrechts bedarf keiner Begründung und unterliegt keiner gerichtlichen Kontrolle. Das BAG hat in ständiger Rechtsprechung eine gerichtliche Prüfung mit Hinweis auf das in § 77 Abs. 5 BetrVG eingeräumte uneingeschränkte Kündigungsrecht abgelehnt.[32]

1. Betriebliche Altersversorgung

113 Betriebsvereinbarungen sind nach § 77 Abs. 5 BetrVG grundsätzlich jederzeit kündbar. Die Ausübung des Kündigungsrechts bedarf keiner Rechtfertigung und unterliegt keiner inhaltlichen Kontrolle. Dies gilt unabhängig vom Regelungsgegenstand, also auch dann, wenn es um eine betriebliche Altersversorgung geht. Die Wirkung der Kündigung einer Betriebsvereinbarung über betriebliche Altersversorgung ist mit Hilfe der Grundsätze des **Vertrauensschutzes** und der **Verhältnismäßigkeit** zu begrenzen.

114 *Praxishinweis*
Je weiter der Arbeitgeber mit seiner Kündigung in Besitzstände und Erwerbschancen eingreifen will, um so gewichtigere Eingriffsgründe braucht er. Dabei ist auf das Prüfungsschema zurückzugreifen, das das BAG für ablösende Betriebsvereinbarungen entwickelt hat (vgl. dazu ausführlich § 4 Rn 24 ff.).

---

31 BAG AP Nr 65 zu § 77 BetrVG 1972 = EzA-SD 1997, Nr. 21, 11 = ZIP 1998, 119.
32 BAG BAGE 70, 41 = AP Nr. 5 zu § 1 BetrAVG Betriebsvereinbarung = ZIP 1992, 1165; BAG BAGE 91, 310 = AP Nr. 6 zu § 1 BetrAVG Betriebsvereinbarung.

Soweit die Wirkungen der Kündigung einer Betriebsvereinbarung über betriebliche Altersversorgung beschränkt sind, bleibt die Betriebsvereinbarung als Rechtsgrundlage erhalten. Die nach Kündigung der Betriebsvereinbarung verbleibenden Rechtspositionen genießen unverändert den Schutz des § 77 Abs. 4 BetrVG.[33]

115

2. Beihilfen im Krankheitsfall/Pensionäre

Gewährt eine Betriebsvereinbarung Ansprüche auf Beihilfen im Krankheitsfall gleichermaßen für aktive Arbeitnehmer und Pensionäre, so kann eine ablösende Betriebsvereinbarung, die nur noch die aktive Belegschaft begünstigt, nicht mehr in die Besitzstände derjenigen Pensionäre eingreifen, die sich bei In-Kraft-Treten der ablösenden Regelung bereits im Ruhestand befanden. Diese erwerben bei Eintritt in den Ruhestand einen entsprechenden Individualanspruch, der betrieblicher Gestaltung nur noch insoweit zugänglich ist, als auch die aktive Belegschaft Kürzungen hinnehmen muss.

116

D. Kollektivrechtliche Regelungsinstrumente

I. Tarifvorbehalt/Regelungssperre

Nach § 77 Abs. 3 S. 1 BetrVG können Arbeitsentgelte und sonstige Arbeitsbedingungen, die durch Tarifvertrag geregelt sind oder üblicherweise geregelt werden, nicht Gegenstand einer Betriebsvereinbarung sein. Die Vorschrift gewährleistet die Funktionsfähigkeit der Tarifautonomie. Dazu räumt sie den Tarifvertragsparteien den Vorrang zur Regelung von Arbeitsbedingungen ein. Diese Befugnis soll nicht durch ergänzende oder abweichende Regelungen der Betriebspartner ausgehöhlt werden können.[34] Eine gegen die Regelungssperre des § 77 Abs. 3 S. 1 BetrVG verstoßende Betriebsvereinbarung ist – schwebend oder endgültig – unwirksam, wenn auch nicht nichtig.[35]

117

Eine die Sperrwirkung auslösende tarifliche Regelung setzt voraus, dass der Tarifvertrag hinsichtlich der in Frage stehenden Arbeitsbedingungen eine positive Sachregelung enthält. Der Umfang einer tariflichen Regelung ist durch Auslegung des Tarifvertrags zu ermitteln. Dabei ist insbesondere der Gesetzeszweck des § 77 Abs. 3 BetrVG zu berücksichtigen, der verhindern will, dass Gegenstände, derer sich die Tarifvertragsparteien angenommen haben, konkurrierend durch Betriebsvereinbarung geregelt werden. Die Regelungssperre des § 77 Abs. 3 S. 1 BetrVG ist nicht auf Grund

118

---

33 BAG BAGE 91, 310 = AP Nr. 6 zu § 1 BetrAVG Betriebsvereinbarung = ZIP 2000, 421, Anm. *Reichold* EWiR 2000, 265.
34 BAG AP Nr. 18 zu § 77 BetrVG 1972 Tarifvorbehalt = DB 2003, 455; st. Rspr., vgl. etwa BAGE 97, 44, 49 m.w.N.
35 BAG BAGE 91, 244, 257 f.

der Schutzfunktion der in § 87 Abs. 1 BetrVG geregelten Mitbestimmungsrechte des Betriebsrats beseitigt.

1. Erzwingbare Mitbestimmung

119 Nach ständiger Rechtsprechung des BAG greift die Sperre des **§ 77 Abs. 3 S. 1 BetrVG** dann nicht ein, wenn es sich um Angelegenheiten handelt, die nach § 87 Abs. 1 BetrVG der erzwingbaren Mitbestimmung des Betriebsrats unterliegen.[36] Die Regelungssperre wird aber nur soweit beseitigt, wie das Mitbestimmungsrecht des Betriebsrats nach § 87 Abs. 1 BetrVG reicht. Sie kommt daher zur Anwendung, soweit eine Betriebsvereinbarung einen nicht der Mitbestimmung unterfallenden Tatbestand regelt.[37]

2. Ergänzende Betriebsvereinbarungen

120 Nach § 77 Abs. 3 S. 2 BetrVG gilt die Regelungssperre des § 77 Abs. 3 S. 1 BetrVG nicht, wenn ein Tarifvertrag den Abschluss ergänzender Betriebsvereinbarungen ausdrücklich zulässt. Dies muss nicht wörtlich geschehen. Die Zulassung muss im Tarifvertrag nur deutlich zum Ausdruck kommen.[38]

121 *Beispiel*
Die Manteltarifverträge für den Hamburger Einzelhandel enthalten folgende Bestimmung:

»C. Anrechnung

Im Kalenderjahr erbrachte Sonderleistungen des Arbeitgebers, wie Jahresabschlussvergütungen, Weihnachtsgeld, Gratifikationen, Jahresergebnisbeteiligungen, Jahresprämien u.ä. gelten als Sonderzuwendungen im Sinne dieser Vereinbarung und erfüllen den tariflichen Anspruch, soweit sie die Höhe der tariflich zu erbringenden Leistung erreichen. Dies gilt auch, wenn die betrieblichen Sonderleistungen auf Grund von Betriebsvereinbarungen, betrieblicher Übung oder Einzelarbeitsvertrag für einen vor In-Kraft-Treten dieser Vereinbarung liegenden Zeitraum entstanden sind, aber erst nach In-Kraft-Treten dieses Tarifvertrags zur Auszahlung gelangten.«

122 Nach der Rechtsprechung des BAG können die Tarifvertragsparteien durch eine **rückwirkende Öffnungsklausel** auch nachträglich Betriebsvereinbarungen genehmigen, die zunächst wegen Verstoßes gegen die Regelungssperre des § 77 Abs. 3 S. 1 BetrVG schwebend unwirksam waren.[39]

---

36 BAG (GS) BAGE 69, 134, 150 ff.; BAG BAGE 82, 89, 94; BAG BAGE 85, 208, 218.
37 BAG BAGE 82, 89, 95; BAG BAGE 85, 208, 218.
38 BAG AP Nr. 18 zu § 77 BetrVG 1972 Tarifvorbehalt = DB 2003, 455; BAG BAGE 91, 244, 254; vgl. auch BAG BAGE 97, 44, 49 ff.
39 BAG BAGE 91, 244, 258 f.; BAG EzA § 77 BetrVG 1972 Nr. 71.

D. Kollektivrechtliche Regelungsinstrumente § 3

Nach ständiger Rechtsprechung des BAG können die Betriebspartner auch eine Angelegenheit, die sie durch Betriebsvereinbarung geregelt haben, unter deren – auch stillschweigender – Aufhebung für die Zukunft in einer neuen Betriebsvereinbarung regeln. Es gilt das **Ablösungsprinzip**; die neue Betriebsvereinbarung tritt an die Stelle der bisherigen. Dies ist grundsätzlich auch dann der Fall, wenn die neue Regelung für die Arbeitnehmer ungünstiger ist. Soweit in bereits bestehende Besitzstände der Arbeitnehmer eingegriffen wird, sind allerdings die Grundsätze der Verhältnismäßigkeit und des Vertrauensschutzes zu beachten.[40] Deshalb unterliegen insbesondere Betriebsvereinbarungen, die Versorgungsansprüche aus einer früheren Betriebsvereinbarung einschränken, einer entsprechenden Rechtskontrolle.[41]

123

Aus den Grundsätzen der Verhältnismäßigkeit und des Vertrauensschutzes ergeben sich auch die Grenzen der Zulässigkeit der sog. **unechten Rückwirkung**. Diese liegt vor, wenn eine Rechtsnorm auf gegenwärtige, noch nicht abgeschlossene Sachverhalte und Rechtsbeziehungen einwirkt und dadurch eine Rechtsposition nachträglich entwertet.[42]

124

3. Neuregelung einer Betriebsvereinbarung

a) Zeitkollisionsregel

Für die Ablösung einer bestehenden Betriebsvereinbarung durch eine neue gilt die Zeitkollisionsregel. Die jüngere Betriebsvereinbarung verdrängt die ältere, und zwar **auch dann**, wenn die Änderung **zu Lasten der Arbeitnehmer** geht. Ein Günstigkeitsvergleich findet nicht statt. Allerdings unterliegt die ablösende Betriebsvereinbarung einer abstrakten und konkreten Rechtskontrolle (Billigkeitskontrolle) durch die Arbeitsgerichte.

125

b) Regelungsabrede

Eine Betriebsvereinbarung kann **nicht** durch eine Regelungsabrede zwischen Arbeitgeber und Betriebsrat **abgelöst** werden. Die Rechtswirkungen dieser beiden Regelungsinstrumente sind zu unterschiedlich. Nur die Betriebsvereinbarung besitzt normative Wirkung und gilt daher zwingend auch für das einzelne Arbeitsverhältnis. Die Regelungsabrede hingegen bindet nur die beteiligten Betriebspartner nur schuldrechtlich, gilt nicht jedoch für den einzelnen Arbeitnehmer, der erst durch Zustimmung die Regelungsabrede für sich mit individualrechtlicher Wirkung verbindlich macht.[43]

126

---

40 vgl. BAG BAGE 96, 15, 23 m.w.N.; BAG BAGE 96, 249, 252 f.; BAG AP Nr. 107 zu § 87 BetrVG 1972 Lohngestaltung = EzA § 77 BetrVG 1972 Nr. 66.
41 Vgl. etwa BAG BAGE 83, 293, 297; BAG BAGE 86, 221 f.; BAG AP Nr. 34 zu § 1 BetrAVG Ablösung = EzA § 1 BetrAVG Ablösung Nr. 31.
42 Vgl. etwa BVerfG BVerfGE 95, 64, 86; BAG BAGE 96,249, 256.
43 BAG AP Nr. 23 zu § 1 BetrAVG Ablösung = BB 1998, 326.

§ 3 Abbau auf betriebsverfassungs-/tarifrechtlicher Grundlage

c) Ausgeschiedene Arbeitnehmer

127 Fraglich ist jedoch, ob eine ablösende Betriebsvereinbarung für ausgeschiedene Arbeitnehmer auch dann noch gilt, wenn individualvertraglich **Jeweiligkeitsklauseln** fehlen. Das BAG hat entschieden, dass bei fehlender individualvertraglicher Jeweiligkeitsklausel die ablösende Betriebsvereinbarung ausgeschiedene Arbeitnehmer nicht erreicht.[44] Die Regelungskompetenz der Betriebspartner endet in der Tat mit der Beendigung des Arbeitsverhältnisses. Allerdings hat das BAG in bestimmten Fällen den Vorbehalt einer sog. **»stillschweigenden Jeweiligkeitsklausel«** angenommen.[45]

d) Pensionäre

128 Nach Ansicht des BAG kann dieser Vorbehalt der stillschweigenden Jeweiligkeitsklausel allerdings **nicht** auf Ruhegeldansprüche ausgedehnt werden. Der für den Unterstützungsanspruch erkennbare Gleichstellungszweck der Betriebsvereinbarung für Aktive und Ruheständler fehlt bei dem Ruhegeldanspruch, der überhaupt erst nach dem Ende des aktiven Arbeitsverhältnisses fällig wird. Gewährt eine Betriebsvereinbarung Ansprüche auf Beihilfen im Krankheitsfall **gleichermaßen** für aktive Arbeitnehmer und Pensionäre, so kann eine ablösende Betriebsvereinbarung, die nur noch die aktive Belegschaft begünstigt, nicht mehr in die Besitzstände derjenigen Pensionäre eingreifen, die sich bei In-Kraft-Treten der ablösenden Regelung bereits im Ruhestand befanden. Diese erwerben bei Eintritt in den Ruhestand einen entsprechenden Individualanspruch, der betrieblicher Gestaltung nur noch insoweit zugänglich ist, als auch die aktive Belegschaft Kürzungen hinnehmen muss.[46]

129 *Beispiel*
Ein Arbeitgeber unterhält seit 1945 einen Sozialfonds, aus dem er nach bestimmten Richtlinien finanzielle Unterstützungen zur Ergänzung der Krankenversicherungsleistungen gewährt. § 1 der Betriebsvereinbarung lautete:

»Persönlicher Geltungsbereich

Diese Betriebsvereinbarung gilt
a) für Angestellte, Arbeiter und Auszubildende (Mitarbeiter) der ▬▬▬ und
b) für Bezieher von Versorgungsbezügen (Versorgungsberechtigte) der ▬▬▬, soweit sie nicht in einem Arbeitsverhältnis stehen oder selbständig tätig sind.«

130 Nach ständiger Rechtsprechung des BAG können die Betriebspartner nicht durch Betriebsvereinbarung Rechte und Pflichten derjenigen Mitarbeiter begründen oder

---

44 BAG BAGE 60, 78 = AP Nr. 1 zu § 1 BetrAVG Betriebsvereinbarung.
45 BAG AP Nr. 65 zu § 77 BetrVG 1972 = ZIP 1998, 119.
46 BAG AP Nr. 65 zu § 77 BetrVG 1972 = ZIP 1998, 119, Anm. *Kothe-Heggemann* EWiR 1997, 1017; grundlegend: BAG (GS) BAGE 3, 1 = AP Nr. 1 zu § 57 BetrVG 1952; bestätigt durch BAG BAGE 60, 78 = AP Nr. 1 zu § 1 BetrAVG Betriebsvereinbarung.

modifizieren, die bereits aus dem aktiven Arbeitsverhältnis ausgeschieden und in den Ruhestand eingetreten sind. Zwar kann für einen noch im Arbeitsverhältnis befindlichen Arbeitnehmer ein Anspruch für die Zeit des Ruhestandes begründet werden; eine spätere Betriebsvereinbarung, die eine Änderung der entsprechenden Leistungen vorsieht, wirkt jedoch nicht mehr hinsichtlich derjenigen Arbeitnehmer, die bei In-Kraft-Treten der Neuregelung bereits im Ruhestand leben und Leistungen nach einer früheren Betriebsvereinbarung erhalten haben. Begründet wird dies im Wesentlichen mit der **fehlenden Legitimation des Betriebsrats**, zu dem die ausgeschiedenen Ruheständler weder aktiv noch passiv wahlberechtigt sind.

Mit dem Ausscheiden ändert sich die Rechtsgrundlage der zugesagten Leistung. Der Ruheständler erwirbt einen schuldrechtlichen Anspruch, der der kollektivvertraglichen Zusage entspricht. Dieser besteht – so jedenfalls entschieden für Ruhegeldansprüche – grundsätzlich unabhängig von der Betriebsvereinbarung und über deren Ende hinaus. **131**

4. Umstrukturierende Betriebsvereinbarung

Die Sozialleistungen können von einer umstrukturierenden Betriebsvereinbarung abgelöst werden, wenn der Arbeitgeber seinen Dotierungsrahmen für Sozialleistungen insgesamt wahrt. Ob die bei den einzelnen Arbeitnehmern eintretenden Verschlechterungen durch Verbesserungen bei anderen Begünstigten mindestens per Saldo ausgeglichen werden, zeigt der **kollektive Günstigkeitsvergleich**. Die grundsätzliche Zulässigkeit einer Umstrukturierung der Betriebsvereinbarung kann durch eine abstrakte Rechtskontrolle überprüft werden. Die davon unabhängige Frage, ob die Verschlechterung beim einzelnen Arbeitnehmer nicht zu weit ging, unterliegt der konkreten (individuellen) Rechtskontrolle. Die Fortgeltung der abstrakten und konkreten Rechtskontrolle hat der Große Senat des BAG bestätigt. **132**

Der **kollektive Günstigkeitsvergleich** unterscheidet sich vom individuellen dadurch, dass er nicht auf die Situation des Einzelarbeitnehmers abstellt, sondern auf den wirtschaftlichen Wert der Zusage insgesamt. Es kommt nur auf die Vor- und Nachteile an, die die neue Regelung für die versorgungsberechtigte Belegschaft insgesamt zur Folge hat. Das Ausgangsverfahren des Großen Senats des BAG hatte die Neuordnung des Gesamtaufwands für Sozialleistungen zum Gegenstand und dort eine auf einer Gesamtzusage beruhende Jubiläumsgeldverpflichtung. Das Gericht hat in seiner Entscheidung ausdrücklich seine Rechtsgrundsätze nicht auf den Fall einer Jubiläumszusage beschränkt. Vielmehr hat es die Jubiläumszuwendung nur als ein Beispiel für die Art der Ansprüche, für die das Verhältnis zur Betriebsvereinbarung geklärt werden soll, angesehen und dabei insbesondere auch die Leistungen der betrieblichen Altersversorgung mit einbezogen. **133**

Der kollektive Günstigkeitsvergleich kann verschiedene Leistungen des Arbeitgebers umfassen, die dem **Oberbegriff »freiwillige Sozialleistungen«** zuzuordnen sind und die zum Bereich des erzwingbaren Mitbestimmung nach § 87 Abs. 1 BetrVG gehören **134**

§ 3 Abbau auf betriebsverfassungs-/tarifrechtlicher Grundlage

135 Bei einem Wertvergleich ist nicht nur auf den **Dotierungsrahmen** abzustellen, sondern im Rahmen einer erzwingbaren Mitbestimmung nach § 87 Abs. 1 Nr. 10 auch auf veränderte Vorstellungen über **Verteilungsgerechtigkeit** (Lohngerechtigkeit).

136 Betriebsvereinbarungsoffen sind nur solche Regelungen, in denen der Vorbehalt aufgenommen ist, dass eine spätere Betriebsvereinbarung den Vorrang haben soll. Soweit ein solcher Vorbehalt nicht aufgenommen wurde, bleibt es bei der herkömmlichen Rangfolge von Ansprüchen aus Vertrag, Betriebsvereinbarung, Tarifvertrag und Gesetz. Der Vorbehalt der Betriebsvereinbarungsoffenheit muss nicht ausdrücklich ausgesprochen sein. Dieser Vorbehalt kann sich auch aus den **Gesamtumständen** und stillschweigend ergeben. Dies kann sich auch zum Beispiel ergeben aus einer Inkraftsetzung von Zusagen außerhalb von kollektivrechtlichen Regelungen im Einvernehmen mit Betriebsratsgremien; das kann auch stillschweigend geschehen.[47]

137 Auch wenn in einem Unternehmen zum Zeitpunkt der Einführung einer Individualzusage mit kollektivem Bezug kein Betriebsrat besteht, kann der Arbeitgeber diese betriebsvereinbarungsoffenen halten, indem er sich ausdrücklich vorbehält, sie mit einem späteren Betriebsrat einvernehmlich ändern (verschlechtern) zu können. Das Postulat der Betriebsvereinbarungsoffenheit gilt jedoch **nicht rückwirkend**.

5. Verschlechternde Betriebsvereinbarung

a) Betriebsvereinbarungsoffenheit

138 Im Gegensatz zur umstrukturierenden Betriebsvereinbarung wahrt die verschlechternde Betriebsvereinbarung nicht mindestens den Dotierungsrahmen. Bei ihr wird der **Gesamtaufwand des Arbeitgebers gekürzt**. Individualrechtliche Versorgungszusagen mit kollektivem Bezug im oben genannten Sinne können nur dann durch eine verschlechternde Betriebsvereinbarung abgelöst werden, wenn sie **betriebsvereinbarungsoffen** sind, d.h. unter dem ausdrücklichen oder stillschweigenden Vorbehalt einer kollektiven Änderung stehen. Es gelten dieselben Überlegungen wie bei einer (nur) ablösenden Betriebsvereinbarung. Auch in diesem Falle kann der Arbeitnehmer auf die gerichtliche Kontrolle im Hinblick auf die kollektive und individualarbeitsrechtliche Billigkeit zurückgreifen (vgl. § 4 Rn 41).

b) Wegfall der Geschäftsgrundlage

139 Soweit wegen Wegfalls der Geschäftsgrundlage Leistungen anzupassen sind oder soweit bei einem völligen Wegfall der Leistungsvoraussetzungen Übergangsregelungen zu schaffen sind, **muss** der Arbeitgeber den **Betriebsrat** bei der Aufstellung der neuen Verteilungsgrundsätze nach § 87 Abs. 1 Nr. 10 BetrVG **beteiligen**. Nach dieser

---

47 BAG BAGE 99, 183 = AP Nr. 33 zu § 1 BetrAVG Ablösung = DB 2002, 1383.

Vorschrift hat der Betriebsrat mitzubestimmen in Fragen der betrieblichen Lohngestaltung. Damit sind alle vermögenswerten Arbeitgeberleistungen gemeint, bei denen die Bemessung nach bestimmten Grundsätzen oder nach einem System erfolgt. Die Mitbestimmung ist nicht beschränkt auf die unmittelbar leistungsbezogenen Entgelte. Erfasst werden **alle** Formen der Vergütung, die **aus Anlass des Arbeitsverhältnisses gewährt** werden. Auch bei zusätzlichen sozialen Leistungen soll das Mitbestimmungsrecht des Betriebsrats die innerbetriebliche Lohngerechtigkeit sicherstellen. Das ist ständige Rechtsprechung des BAG.

Sein Mitbestimmungsrecht kann der Betriebsrat anstatt durch Abschluss einer **Betriebsvereinbarung** in Form einer **Regelungsabrede** ausüben. Wählen Arbeitgeber und Betriebsrat die Form der Regelungsabrede, bleibt es dem Arbeitgeber überlassen, das mit dem Betriebsrat abgesprochene Verteilungskonzept gegenüber allen betroffenen Arbeitnehmern mit individualrechtlichen Mitteln durchzusetzen. Der Arbeitgeber muss sich dann gegenüber allen betroffenen Arbeitnehmern auf sein Anpassungsrecht gem. § 242 BGB berufen und, soweit erforderlich, einen generellen Widerruf erklären, um eine Anpassung auf der mit dem Betriebsrat abgesprochenen Grundlage zu erreichen. Entscheiden sich Arbeitgeber und Betriebsrat für eine Betriebsvereinbarung, treten die Normen dieser Betriebsvereinbarung an die Stelle der **einheitsvertraglichen Abreden**, weil diese mit ihrem bisherigen Inhalt vom Vertragsrecht nicht mehr geschützt werden. Insoweit geht es nicht um einen Günstigkeitsvergleich. Die Kürzung von vertraglich begründeten Ansprüchen zur Anpassung an eine veränderte Geschäftsgrundlage beruht nicht auf einer Kollision verschiedenrangiger Gestaltungsmittel mit unterschiedlichen Regelungszielen. Der Abschluss der Betriebsvereinbarung ist hier vielmehr nur ein Ziel, die schon kraft Gesetzes notwendig gewordene Anpassung der vertraglichen Ansprüche an veränderte Verhältnisse mit den Mitteln eines Kollektivvertrags durchzuführen.

140

Ob und in welchem Umfang vertraglich begründete Ansprüche an eine veränderte Geschäftsgrundlage anzupassen sind, ist eine Rechtsfrage. Sie kann verbindlich nur in einem Rechtsstreit geklärt werden. Dabei kommt nicht nur ein Prozess zwischen den Arbeitsvertragsparteien in Betracht; auch die Betriebspartner können die Voraussetzungen einer Kürzungsbefugnis im **Beschlussverfahren** klären lassen, wenn sie die Rechtslage unterschiedlich beurteilen. Der freiwillige Abschluss einer Betriebsvereinbarung, in der der Betriebsrat die Notwendigkeit einer Anpassung infolge Wegfalls der Geschäftsgrundlage anerkennt, wird vielfach ein maßgebliches Indiz dafür sein, dass die gesetzlichen Voraussetzungen für eine notwendig werdende Anpassung der Leistungen erfüllt sind. Andererseits kann der Betriebsrat die Verantwortung für die Beurteilung der Rechtslage ablehnen. Er kann die rechtliche Klärung und Durchsetzung der vertragsrechtlichen Anpassungsbefugnis dem Arbeitgeber zuweisen.

141

§ 3 Abbau auf betriebsverfassungs-/tarifrechtlicher Grundlage

142 *Praxishinweis*
Das führt aber nicht dazu, dass der Betriebsrat seine Mitwirkung völlig verweigern dürfte. Vielmehr muss er in einem solchen Fall über die Modalitäten der Neuregelung unter dem Vorbehalt ihrer vertragsrechtlichen Zulässigkeit verhandeln und mitbestimmen. Er kann aber verlangen, dass die Verantwortung des Arbeitgebers als Schuldner der vertraglichen Pflichten gegenüber den Arbeitnehmern deutlich erkennbar bleibt.

c) Zeitkollisionsregel

143 Wird eine Betriebsvereinbarung geschlossen, die eine ältere Betriebsvereinbarung ablösen soll, gilt die Zeitkollisionsregel: Die jüngere Norm ersetzt die ältere.[48] Damit können Betriebsvereinbarungen durch spätere nachfolgende Betriebsvereinbarungen geändert werden, denn die jeweils jüngere Betriebsvereinbarung geht der älteren vor. Im Grundsatz können deshalb Ansprüche der Arbeitnehmer aus früheren Betriebsvereinbarungen durch spätere Betriebsvereinbarungen **verbessert oder verschlechtert** werden. Soweit die späteren Betriebsvereinbarungen Ansprüche der Arbeitnehmer einschränken, unterliegen sie einer Rechtskontrolle im Hinblick eine abstrakte und konkrete Billigkeitskontrolle. Führt die ablösende Betriebsvereinbarung also zu einer Kürzung der Versorgungsanwartschaften, unterliegt sie einer Rechtskontrolle. Die Betriebsparteien müssen die Grundsätze des Vertrauensschutzes und der Verhältnismäßigkeit beachten. Abzuwägen sind die Änderungsgründe gegen die Bestandsschutzinteressen der betroffenen Arbeitnehmer.

144 *Praxishinweis*
Je stärker in Besitzstände eingegriffen wird, desto schwerer müssen die Änderungsgründe wiegen. Sind Eingriffe in Versorgungsanwartschaften aus wirtschaftlichen Gründen notwendig, müssen sie in sich ausgewogen und verhältnismäßig sein. Bei den notwendigen Anpassungen haben Arbeitgeber und Betriebsrat einen Gestaltungsspielraum.

d) Günstigkeitsprinzip

145 Eine Betriebsvereinbarung kann nach dem BAG freiwillige Sozialleistungen auf der Grundlage vertraglicher allgemeiner Arbeitsbedingungen nur dann beschränken, wenn die Neuregelungen insgesamt bei kollektiver Betrachtung nicht ungünstiger sind. Welche Leistungen und Abreden in den Günstigkeitsvergleich einbezogen werden müssen, hängt von dem Regelungstyp der Betriebsverfassungsparteien ab. Eine kollektive Günstigkeit kommt aber nur in Betracht, wenn die Gesamtlast des Arbeitgebers sich nicht verringert.

---

48 BAG BAGE 65, 157 = AP Nr. 3 zu § 1 BetrAVG Betriebsvereinbarung = ZIP 1990, 1147; Anm. *Höfer/Küpper* EWiR 1991, 335; vgl. auch BAG BAGE 54, 261 = AP Nr. 9 zu § 1 BetrAVG Ablösung.

D. Kollektivrechtliche Regelungsinstrumente §3

Praxishinweis 146
Ein einzelvertraglicher Widerrufsvorbehalt ist beim kollektiven Günstigkeitsvergleich zu berücksichtigen.[49]

Im Rahmen des kollektiven Günstigkeitsvergleichs sind nur vertragliche Rechtspositionen der Arbeitnehmer zu berücksichtigen. Bestehen Ansprüche der Arbeitnehmer ganz oder teilweise nicht mehr, weil etwa eine Anpassung nach den Regeln des Wegfalls der Geschäftsgrundlage in Betracht kommt, so haben diese ganz oder teilweise außer Betracht zu bleiben. 147

Eine ablösende verschlechternde Betriebsvereinbarung muss folgende **Grundsätze** beachten: 148
- Verhältnismäßigkeit,
- Vertrauensschutz,
- Gleichbehandlung,
- Treu und Glauben.

Eine solche Betriebsvereinbarung ist unwirksam, wenn sie gegen den **Verhältnismäßigkeitsgrundsatz** verstößt.[50] Nach dem Grundsatz der Verhältnismäßigkeit müssen Eingriffe in Besitzstände von Arbeitnehmern am Zweck der Maßnahme gemessen geeignet, erforderlich und verhältnismäßig bzw. nicht unverhältnismäßig bzw. proportional sein. An anderer Stelle wird durch das BAG ausgedrückt, dass der Eingriff sachlich begründet und nicht unverhältnismäßig sein darf. Die Änderungsgründe sind gegenüber dem Bestandsschutzinteresse der betroffenen Arbeitnehmer abzuwägen. 149

Eine abändernde Betriebsvereinbarung ist unwirksam, wenn sie den Grundsätzen des **Vertrauensschutzes** widerspricht. Das BAG zieht insoweit eine Parallele zum verfassungsrechtlichen Vertrauensprinzip (Art. 20 Abs. 3 GG).[51] 150

Wie jede Norm muss auch eine Betriebsvereinbarung den **Gleichbehandlungsgrundsatz** beachten und letztlich darf sie nicht gegen **Treu und Glauben** als ein tragendes materiellrechtliches Prinzip der gesamten Rechtsordnung verstoßen.[52] 151

---

49 BAG BAGE 56, 289 = DB 1988, 966.
50 BAG AP Nr. 18 zu § 77 BetrVG 1972 Tarifvorbehalt = DB 2003, 455.
51 BAG BAGE 101, 186 = AP Nr. 1 zu § 2a RuhegeldG Hamburg.
52 BAG BAGE 84, 38 = AP Nr. 22 zu § 1 BetrAVG Ablösung = DB 1997, 633, Anm. *Reichold* EWiR 1997, 341, Anm. *Schumann* EWIR 1998, 1113; *Gaul*, AuA 1997, 371; *Griebeling*, in: FS Wiese 1998, 139.

II. Einigungsstelle

1. Erzwingbare Mitbestimmung

152 Wenn ein Arbeitgeber wegen des von ihm behaupteten Wegfalls der Geschäftsgrundlage einer durch Gesamtzusage eingeführten Sozialleistung eine verschlechternde Neuregelung schaffen will, ist die Einigungsstelle zuständig, falls sich Arbeitgeber und Betriebsrat nicht einigen. Der Betriebsrat darf seine Mitwirkung an einer Neuregelung nicht verweigern. Er muss mit dem Arbeitgeber notfalls unter dem Vorbehalt der vertragsrechtlich zulässigen Umsetzung der Regelung verhandeln.[53]

153 Wird vom Arbeitgeber oder vom Betriebsrat die Einigungsstelle eingeschaltet, so kann der Widerruf zwar zuvor erklärt werden, zu seiner Wirksamkeit ist aber nicht nur die Einleitung, sondern der **Abschluss** des Einigungsstellenverfahrens durch einen Spruch des Gremiums erforderlich, denn nur der Spruch der Einigungsstelle ersetzt gem. § 87 Abs. 1 Nr. 8 bzw. Nr. 10 i.V.m. Abs. 2 BetrVG die Einigung zwischen den Betriebspartnern über die Angelegenheit der **erzwingbaren Mitbestimmung**.

154 *Praxishinweis*
Die Arbeitnehmer können bei entsprechender Information durch den Arbeitgeber bereits ab Beginn des Einigungsstellenverfahrens nicht mehr in schützenswerter Weise darauf vertrauen, dass ihr erdienter Besitzstand ohne Einschränkungen aufrechterhalten bleibt.

155 Weder der Arbeitgeber noch der Betriebsrat müssen den Spruch der Einigungsstelle hinnehmen. Sie können sowohl die Rechtmäßigkeit des Widerrufs als auch das Ergebnis der Neuverteilung vor dem **Arbeitsgericht** angreifen. Insofern steht der Spruch der Einigungsstelle unter dem Vorbehalt der Rechtskontrolle. Das Arbeitsgericht entscheidet hierüber dann gem. § 2a Abs. 1 Nr. 1 ArbGG im **Beschlussverfahren**. Auch der **einzelne** Arbeitnehmer kann den Spruch der Einigungsstelle im Klagewege überprüfen lassen und somit einer Rechtskontrolle (Billigkeitskontrolle) unterziehen.

2. Verschlechternde Ablösung einer Gesamtzusage durch Einigungsstelle

156 Ihre sich aus diesem **Mitbestimmungsrecht** nach § 87 Abs. 2 BetrVG ergebende Zuständigkeit hat die Einigungsstelle als rechtliche Vorfrage für ihr Tätigwerden selbst festzustellen.

157 Ist die **Geschäftsgrundlage der Gesamtzusage** nachträglich weggefallen mit der Folge, dass dem Arbeitgeber als Schuldner das Festhalten am bisherigen Vertrag nicht mehr zugemutet werden kann, sind die vertraglichen Ansprüche der Arbeitnehmer auf die versprochenen Sozialleistungen kraft Gesetzes anzupassen. Im Rahmen der

---

53 BAG BAGE 86, 312 = AP Nr. 26 zu § 1 BetrAVG Ablösung, Anm. *Däubler* EWiR 1998, 389.

D. Kollektivrechtliche Regelungsinstrumente § 3

Anpassung sind im Zweifel **neue Verteilungsgrundsätze** aufzustellen. Hieran ist der Betriebsrat nach § 87 Abs. 1 Nr. 10 BetrVG zu beteiligen. Dieses **Mitbestimmungsrecht** kann auch durch eine Betriebsvereinbarung ausgeübt werden. Dann treten die Normen der Betriebsvereinbarung an die Stelle der einheitsvertraglichen Abreden, weil diese mit ihrem bisherigen Inhalt wegen des **Wegfalls der Geschäftsgrundlage** vom Vertragsrecht nicht mehr geschützt werden. Die ablösende Betriebsvereinbarung ist das Mittel, die schon kraft Gesetzes anpassungsbedürftigen vertraglichen Ansprüche an die veränderten Verhältnisse mit den Mitteln eines Kollektivvertrages anzupassen. Erfolgt keine Einigung, so ist auch hier die Einigungsstelle zuständig.

Im **Beschlussverfahren** ist dann zu prüfen, ob die getroffene Regelung wirksam ist. 158

Eine Anpassungsbefugnis wegen Wegfalls der Geschäftsgrundlage kann außer in einem Fall wirtschaftlicher Notlage auch dann bestehen, wenn sich die zugrunde gelegte **Rechtslage** nach Erteilung der Zusage ganz **wesentlich und unerwartet geändert** und dies beim Arbeitgeber zu **erheblichen Mehrbelastungen** geführt hat.[54] Das ist etwa dann der Fall, wenn nicht vorhersehbare Neuregelungen wie die Einführung des Insolvenzschutzes oder der flexiblen Altersgrenze zusätzliche Kosten verursachen. Soweit hierdurch und durch steuer- und sozialversicherungsrechtliche Rechtsänderungen die Kosten des Versorgungswerks den vom Arbeitgeber bei der Zusage zugrunde gelegten Dotierungsrahmen erheblich überschreiten, kann sich daraus ein Recht zur Anpassung der Versorgungszusage ergeben, die nur unter Beteiligung des Betriebsrats erfolgen kann. 159

III. Beschlussverfahren

Der Betriebsrat ist befugt, im arbeitsgerichtlichen Beschlussverfahren feststellen zu lassen, welche Wirkungen die Kündigung hat und in welchem Umfang die Betriebsvereinbarung noch fortgilt. Es spricht alles dafür, dass die Entscheidung über einen solchen Antrag auch den **Arbeitgeber** und die betroffenen **Arbeitnehmer** im Verhältnis zueinander bindet. Eine konkrete Billigkeitskontrolle im Individualverfahren ist hierdurch nicht ausgeschlossen.[55] 160

Die Überprüfung der Billigkeit von Eingriffen in die Besitzstände läuft damit bei der Kündigung einer Betriebsvereinbarung ebenso wie bei deren Ablösung durch eine andere Betriebsvereinbarung nach identischen Kriterien und eröffnet die Möglichkeit zu einer einheitlichen Handhabung. 161

---

54 BAG AP Nr. 6 zu § 1 BetrAVG Ablösung; BAG BAGE 51, 397 = AP Nr. 8 zu § 1 BetrAVG Unterstützungskassen.
55 BAG BAGE 92, 203 = AP Nr. 79 zu § 77 BetrVG 1972 = ZIP 2000, 850.

§ 3 Abbau auf betriebsverfassungs-/tarifrechtlicher Grundlage

162 Eine im Beschlussverfahren ergangene Entscheidung kann nach Ansicht des BAG auch Bindungswirkung für den Individualrechtsstreit zwischen Arbeitgeber und Arbeitnehmer entfalten.

1. Rechtskrafterstreckung

163 Eine zwischen den Betriebspartnern ergangene rechtskräftige gerichtliche Entscheidung über den Inhalt einer Betriebsvereinbarung wirkt auch gegenüber den **Arbeitnehmern**, die Ansprüche aus der Betriebsvereinbarung geltend machen.[56] Allerdings kann der Betriebsrat im Rahmen des Beschlussverfahrens nicht ungewollte Härten im Einzelfall feststellen lassen. Der einzelne Arbeitnehmer wird durch eine Entscheidung in einem Beschlussverfahren trotz der Bindungswirkung nicht gehindert, die Rechtsfolgen der Kündigung im Rahmen der konkreten Rechtskontrolle (Billigkeitskontrolle) im **Urteilsverfahren** überprüfen zu lassen.

2. Wahrung von Besitzständen

164 Eine Neuregelung des Leistungsinhalts einer bisherigen Betriebsvereinbarung durch eine neue Betriebsvereinbarung muss erworbene Rechte durch Besitzstandsregelungen respektieren, und zwar unabhängig davon, ob die alte Betriebsvereinbarung **einverständlich** oder durch **Kündigung** abgelöst worden ist. Schließlich gilt das Postulat der Besitzstandswahrung auch für neuregelnde Vereinbarung nach dem SprAuG, die eine bisherige Vereinbarung ablöst oder eine individualrechtliche Versorgungszusage mit kollektivem Bezug abändert. In all den genannten Fällen kann der betroffene Arbeitnehmer die Neuregelung einer Rechts- bzw. Billigkeitskontrolle durch die Gerichte unterwerfen lassen, die feststellen, ob dem Vertrauensschutz und der Verhältnismäßigkeit genügt wurde.

165 *Praxishinweis*
Über eine Rechts- bzw. Billigkeitskontrolle darf nur bei ganz groben Verstößen gegen den Vertrauensschutz und den Verhältnismäßigkeitsgrundsatz korrigierend eingegriffen werden.

---

[56] Im Anschluss an die Entscheidung des 1. Senats des BAG in BAGE 56, 304 = AP Nr. 15 zu § 113 BetrVG 1972: BAG (10. Senat) BAGE 69, 367 = AP Nr. 1 zu § 84 ArbGG 1979 = EzA § 112 BetrVG 1972 Nr. 59, Anm. *Rieble*.

IV. Nachwirkung

166 Inwieweit Betriebsvereinbarungen über Leistungen der Nachwirkung unterliegen, ist **umstritten**. Die Rechtsprechung hält dies unter bestimmten Umständen für möglich. Dabei ist unter der Nachwirkung einer Betriebsvereinbarung die unmittelbare, aber nicht zwingende Weitergeltung ihrer Normen zu verstehen. Sie kommt gem. § 77 Abs. 6 BetrVG nach Ablauf der Kündigungsfrist nur in den Regelungsbereichen in Betracht, die der erzwingbaren Mitbestimmung unterliegen. Dabei ist es aber unerheblich, ob die Betriebsvereinbarung von den Betriebspartnern abgeschlossen wurde oder auf einem Spruch der Einigungsstelle beruht.

167 Wird jährlich durch eine Betriebsvereinbarung eine Sonderzahlung vereinbart und wird dies mit einem ausdrücklichen Freiwilligkeitsvorbehalt verbunden, so ist damit konkludent eine Nachwirkung der jeweiligen Betriebsvereinbarung ausgeschlossen. Gleiches gilt für eine zeitlich begrenzte (Regelungs-)Angelegenheiten. In der Befristung einer Betriebsvereinbarung liegt in der Regel der konkludente Ausschuss einer Nachwirkung.

1. Besonderheiten bei freiwilligen bzw. teilmitbestimmten Betriebsvereinbarungen

168 Eine Nachwirkung einer Betriebsvereinbarung kommt nur dann in Betracht, wenn die in der Betriebsvereinbarung getroffene Regelung eine Angelegenheit der sog. erzwingbaren Mitbestimmung betrifft.[57] Für freiwillige Betriebsvereinbarungen gilt die gesetzliche Nachwirkung nicht. Die **Verteilung** der freiwilligen Leistung durch den Leistungsplan unterliegt allerdings der erzwingbaren Mitbestimmung. Die Betriebsvereinbarungen sind insoweit **teilmitbestimmt** wegen der ggf. eintretenden Neuverteilung des **Dotierungsvolumens**. Der Leistungsplan ist aber nur so lange von Bedeutung, wie der Arbeitgeber die Leistung überhaupt gewähren will. Kündigt der Arbeitgeber die Betriebsvereinbarung über die freiwillige Leistung mit dem Ziel der vollständigen Einstellung, so werden Bestimmungen über den Leistungsplan im Hinblick auf die erzwingbare Mitbestimmung gegenstandslos.

169 Der Ausschluss der Nachwirkung gilt grundsätzlich auch für teilmitbestimmte Betriebsvereinbarungen über freiwillige Leistungen, bei denen der Betriebsrat nur hinsichtlich des Leistungsplans mitzubestimmen hat. Wenn der Arbeitgeber die freiwillige Leistung gänzlich und ersatzlos streichen will, gibt es nichts mehr zu verteilen, so dass insoweit das Mitbestimmungsrecht des Betriebsrates hinsichtlich der Verteilung eines übrig bleibenden Dotierungsrahmens gegenstandslos wird. Lediglich dann, wenn die Betriebsvereinbarung zu dem Zweck gekündigt wird, das Volumen für die Leistung zu

---

57 BAG BAGE 66, 8 = AP Nr. 5 zu § 77 BetrVG 1972 Nachwirkung = EzA § 77 BetrVG 1972 Nr. 36 m. Anm. *Kittner*.

reduzieren oder den Verteilungsplan zu ändern, kommt ausnahmsweise eine Nachwirkung auch des mitbestimmungsfreien Teils nach dem Grundgedanken des § 77 Abs. 6 BetrVG in Betracht.

2. Begrenzung der Wirkung einer Kündigung

170 Betriebsvereinbarungen sind nach § 77 Abs. 5 BetrVG kündbar. Die Ausübung des Kündigungsrechts bedarf keiner Rechtfertigung und unterliegt keiner inhaltlichen Kontrolle. Dies gilt unabhängig vom Regelungsgegenstand, also auch dann, wenn es um eine **betriebliche Altersversorgung** geht. Die Kündigung einer Betriebsvereinbarung über betriebliche Altersversorgung bewirkt nicht lediglich eine Schließung des Versorgungswerks für die Zukunft. Auch Arbeitnehmer, die zum Zeitpunkt des Ausspruchs der Kündigung durch die Betriebsvereinbarung begünstigt wurden, sind von der Kündigung betroffen.

171 Die Wirkung der Kündigung einer Betriebsvereinbarung über betriebliche Altersversorgung ist mit Hilfe der Grundsätze des **Vertrauensschutzes** und der **Verhältnismäßigkeit** zu begrenzen. Je weiter der Arbeitgeber mit seiner Kündigung in Besitzstände und Erwerbschancen eingreifen will, um so gewichtigere Eingriffsgründe braucht er. Soweit die Wirkungen der Kündigung einer Betriebsvereinbarung über betriebliche Altersversorgung beschränkt sind, bleibt die Betriebsvereinbarung als Rechtsgrundlage erhalten. Die nach Kündigung der Betriebsvereinbarung verbleibenden Rechtspositionen genießen unverändert den Schutz des § 77 Abs. 4 BetrVG.[58] Diese Rechtsgedanken wird man auch für vergleichbare Sozialleistungen anwenden können.

3. Ausschluss neu eintretender Arbeitnehmer

172 Die Kündigung hat zumindest zur Folge, dass die mit dem Wirksamwerden der Kündigung in das Unternehmen neu eintretenden Arbeitnehmer **keine Altersversorgung/ Ansprüche auf Sozialleistungen** aus der Betriebsvereinbarung mehr erhalten. Für diese Arbeitnehmergruppe besteht insoweit keine Rechtsgrundlage mehr. Liegen allerdings rechtfertigende – wenigstens sachlich-proportionale Gründe – für den Eingriff in die Besitzstände vor, so wirkt die Kündigung einer Betriebsvereinbarung auch zu Lasten der im Zeitpunkt des Wirksamwerdens der Kündigung aktiven Arbeitnehmer. Da mit Ablauf der Kündigungsfrist grundsätzlich die unmittelbare und zwingende Wirkung der Betriebsvereinbarung entfällt, können während des laufenden Arbeitsverhältnisses in dem Umfange keine Rechte mehr erworben werden, wie rechtfertigende Gründe den Eingriff in die Besitzstände der Arbeitnehmer zulassen. Im verbleibenden

---

58 BAG BAGE 91, 310 = AP Nr. 6 zu § 1 BetrAVG Betriebsvereinbarung = ZIP 2000, 421.

D. Kollektivrechtliche Regelungsinstrumente §3

Umfang bleibt die Betriebsvereinbarung als Rechtsgrundlage erhalten und genießt unverändert den Schutz des § 77 Abs. 4 BetrVG.

4. Vereinbarte Nachwirkung

Freiwillige Betriebsvereinbarungen, die keinen Gegenstand der erzwingbaren Mitbestimmung regeln, wirken nach ihrer Beendigung nicht kraft Gesetzes nach; die Betriebspartner können aber eine entsprechende Nachwirkung vereinbaren. Eine solche Vereinbarung ist im Regelfall dahin gehend auszulegen, dass die Nachwirkung auch **gegen den Willen einer Seite** beendet werden kann. Im Zweifel ist eine Konfliktlösungsmöglichkeit gewollt, die derjenigen bei der erzwingbaren Mitbestimmung entspricht. Scheitern die Bemühungen um eine einvernehmliche Neuregelung, kann danach von jedem Betriebspartner die Einigungsstelle angerufen werden, die verbindlich entscheidet.[59] 173

Die Abrede ist nicht als stillschweigende Vereinbarung für alle Fälle anzunehmen, sie muss vielmehr konkret im **Einzelfall** festgelegt sein. Die vereinbarte Nachwirkung ist (wie auch die Nachwirkung im Rahmen der erzwingbaren Mitbestimmung) nicht auf Dauer angelegt. Bei Scheitern der Bemühungen um eine Neuregelung kann von jedem der Betriebspartner die Einigungsstelle angerufen werden. 174

V. Vertragliche Änderung und Kündigung einer Vereinbarung nach dem Sprecherausschussgesetz

Vereinbarungen i.S.v. § 28 Abs. 2 SprAuG können grundsätzlich jederzeit **einverständlich** durch eine neue Vereinbarung zwischen dem Arbeitgeber und dem Sprecherausschuss geändert werden. Allerdings ist eine Veränderung nicht erzwingbar. Beinhaltet die Neuregelung auch Verschlechterungen für einzelne leitende Angestellte, so unterliegt sie wie die ablösende Betriebsvereinbarung einer **Rechts- bzw. Billigkeitskontrolle**. Der einzelne leitende Angestellte kann daher gerichtlich überprüfen lassen, ob die Neuregelung generell **(abstrakte Billigkeitskontrolle)** und auf den Einzelfall bezogen **(konkrete Billigkeitskontrolle)** rechtens war. Aus Gründen des Vertrauensschutzes sind bei Verschlechterungen die Besitzstände der Betroffenen zu wahren. 175

Vereinbarungen können mit einer Frist von drei Monaten **gekündigt** werden, wenn nichts anderes vereinbart wurde(§ 28 Abs. 2 S. 4 SprAuG). Gekündigte Vereinba- 176

---

[59] BAG BAGE 88, 298 = AP Nr. 11 zu § 77 BetrVG 1972 Nachwirkung, Anm. *Rech* AP Nr. 11 zu § 77 BetrVG 1972 Nachwirkung, Anm. *Sasse* EWiR 1999, 3, Anm. *Krause* EzA § 77 BetrVG 1972 Nachwirkung Nr. 1.

rungen wirken nicht nach. Die Kündigung bedarf ebenso wie die Kündigung einer Betriebsvereinbarung keiner Begründung.

VI. Tarifverträge

1. Verschlechterung tarifvertraglicher Sozialleistungen

177 Die Partner eines Tarifvertrags können die bestehende tarifvertragliche Leistungen jederzeit – auch zum Nachteil der Begünstigten – durch eine einverständliche Änderung des Tarifvertrags ablösen. Es gilt die **Zeitkollisionsregel**. Ein Günstigkeitsvergleich zwischen der alten und der neuen Regelung kommt weder individual- noch kollektivrechtlich in Betracht.

178 Bei Tarifverträgen greift das Gebot der Besitzstandswahrung nicht im gleichen Maße wie bei Betriebsvereinbarungen, jedoch sind auch hier die Grundrechte (Grundsätze des Vertrauensschutzes und der Verhältnismäßigkeit, allgemeiner Gleichheitssatz des Art. 3 Abs. 1 GG) sowie zwingendes Gesetzesrecht zu beachten. Verschlechternde Abänderungen der Betriebsvereinbarungen sind daher unwirksam, wenn sie den Grundsätzen des Vertrauensschutzes widersprechen.[60]

179 Die Arbeitnehmer erwerben bei Jahresleistungen, die keine zusätzliche Belohnung für geleistete Dienste darstellen, keinen rechtlich geschützten Bestand[61] und entsprechend für eine **Jubiläumssonderzuwendung**.

180 Sieht eine Betriebsvereinbarung einen verlängerten Anspruch auf Entgeltfortzahlung vor, so ist dieser Anspruch kein erdienter und i.S.v. Art. 14 GG erfasster rechtlicher Besitzstand. Der Arbeitnehmer muss den Anspruch im Sinne einer Anwartschaft erworben haben. Ist dies nicht der Fall, hat die Anspruchsposition keinen »eigentumsähnlichen« Vermögenswert.

a) Geltung tarifvertraglicher Änderungen für ausgeschiedene Arbeitnehmer

181 Die Änderungen eines Tarifvertrags erstreckt sich regelmäßig auch auf ausgeschiedene Arbeitnehmer, also auf Rentner und mit aufrechterhaltenen Anwartschaften ausgeschiedene Personen. Dies trifft jedenfalls solange zu, wie der ausgeschiedene Arbeitnehmer Mitglied der Gewerkschaft ist. Es können sogar trotz § 2 Abs. 5 TVG Eingriffe in gesetzlich aufrechterhaltene Anwartschaften ausgeschiedener Arbeitnehmer vorgenommen werden.

---

60 BAG AP Nr. 18 zu § 77 BetrVG 1972 Tarifvorbehalt = DB 2003, 455.
61 BAG AP Nr. 18 zu § 77 BetrVG 1972 Tarifvorbehalt = DB 2003, 455, Anm. *Braun* ArbRB 2003, 104, Anm. *Ilbertz* ZBVR 2003, 106, Anm. *Feuerborn* RdA 2003, 293.

b) Vorrang: Tarifvertrag

Eine Änderung einer tarifvertraglich zugesagte Altersversorgung durch eine Betriebsvereinbarung ist grundsätzlich nicht möglich (§ 4 Abs. 3 TVG i.V.m. § 77 Abs. 3 BetrVG). Beim Zusammentreffen eines Tarifvertrags mit einer bestehenden Betriebsvereinbarung geht die tarifvertragliche Regelung als ranghöhere Regelung einer Betriebsvereinbarung grundsätzlich selbst dann vor, wenn die Betriebsvereinbarung günstiger ist. Der Tarifvertrag kann aber durch eine Öffnungsklausel abweichende Regelungen durch die Betriebspartner auch zu Lasten der Arbeitnehmer zulassen (§ 4 Abs. 3 TVG).[62]

182

Tarifverträge und deren Änderungen unterliegen – wegen des vermuteten Kräftegleichgewichts der Tarifpartner – nicht der Billigkeitskontrolle durch die Gerichte in Arbeitssachen.

183

c) Keine Billigkeitskontrolle

Versorgungstarifverträge können z.b. auch zum Nachteil der versorgungsberechtigten Arbeitnehmer geändert werden. Eine Billigkeitskontrolle findet nicht statt. Änderungen sind von den Gerichten nur darauf zu überprüfen, ob sie gegen das Grundgesetz, zwingendes Gesetzesrecht, die guten Sitten oder tragende Grundsätze des Arbeitsrechts verstoßen (vgl. dazu auch § 4 Rn 44 ff.).

184

Eine fehlende Besitzstandsregelung ist durch die Gerichte für Arbeitssachen zu ergänzen. Bieten sich mehrere Möglichkeiten an, die alle im Rahmen des Regelungsspielraums der Tarifvertragsparteien liegen, muss diejenige Ergänzungsmöglichkeit ausgewählt werden, die dem Regelungssystem des Tarifvertrags am nächsten kommt und keine ergänzende oder zweckändernde rechtspolitische Entscheidung erforderlich macht.[63]

185

Damit hat das BAG die dem Grunde nach unverzichtbare Forderung nach einer Besitzstandsregelung für verfassungsrechtlich geschützt erklärt wie eine nach Gesetz unverfallbare Versorgungsanwartschaft. Diese Einordnung bleibt daher nicht auf Tarifverträge beschränkt, sondern ist in gleicher Weise für alle Änderungen betrieblicher Versorgungsregelungen bindend, gleichgültig, auf welchem Rechtsbegründungsakt sie beruhen.

186

---

[62] BAG AP Nr. 10 zu § 1 TVG Tarifverträge Versicherungsgewerbe = NZA 1996, 264.
[63] BAG BAGE 41, 163 = AP Nr. 1 zu § 1 BetrAVG Besitzstand = ZIP 1983, 482, Anm. *Wiedemann* AP Nr. 1 zu § 1 BetrAVG Besitzstand.

2. Öffnungsklausel in einem Rationalisierungsschutzabkommen

187 Nach § 4 Abs. 3 TVG können im Tarifvertrag abweichende Abmachungen zuungunsten der Arbeitnehmer gestattet werden.[64]

188 *Formulierungsbeispiel*

»Rationalisierungsschutzabkommen

§ ... Abfindung

Endet das Arbeitsverhältnis, hat der Arbeitnehmer, wenn er länger als fünf Jahre dem Unternehmen angehört, Anspruch auf eine Abfindung.

Diese beträgt mindestens – unbeschadet einer Regelung gem. §§ 111 ff. BetrVG und der entsprechenden Vorschriften der Personalvertretungsgesetze – nach fünf Jahren Unternehmenszugehörigkeit einen Monatsbezug, nach zehn Jahren Unternehmenszugehörigkeit zwei Monatsbezüge und nach 15 Jahren Unternehmenszugehörigkeit drei Monatsbezüge. Im Übrigen gilt nachstehende Tabelle:

§ ... Öffnungsklausel

Günstigere gesetzliche, tarifliche, betriebliche oder einzelvertragliche Bestimmungen bleiben von diesem Abkommen unberührt. Der Abschluss abweichender Betriebs- oder Dienstvereinbarungen ist zulässig.«

189 Die Betriebspartner haben bei der Aufstellung eines Sozialplans im Allgemeinen einen weiten Ermessensspielraum. Sie sind frei in ihrer Entscheidung, welche Nachteile aus einer Betriebsänderung sie in welchem Umfang ausgleichen oder mildern wollen. Allerdings haben sie nach § 75 Abs. 1 BetrVG darüber zu wachen, dass alle im Betrieb tätigen Arbeitnehmer nach den Grundsätzen von Recht und Billigkeit behandelt werden, wobei die vorgegebenen gesetzlichen Wertungen und vor allem auch der Gleichbehandlungsgrundsatz zu beachten sind.

3. Rückwirkende Senkung tariflicher Weihnachtsgratifikation

190 Das Vertrauen in die Fortgeltung einer Tarifnorm ist z.B. dann nicht mehr schutzwürdig, wenn und sobald der Normunterworfene mit deren Änderung rechnen muss. Auch wenn die Tarifnorm nicht oder nicht wirksam gekündigt worden ist, kann das schutzwürdige Vertrauen in ihren Fortbestand beseitigt werden. Hierzu bedarf es keiner Ankündigung der beabsichtigten Tarifänderung durch eine gemeinsame Erklärung

---

64 BAG AP Nr. 10 zu § 1 TVG Tarifverträge Versicherungsgewerbe = NZA 1996, 264.

oder übereinstimmende Erklärungen der Tarifvertragsparteien; auch andere Umstände können dazu geeignet sein.[65]

Beispiel 191
Eine tarifvertragliche Regelung zur Weihnachtsgratifikation lautet auszugsweise wie folgt:

»Anspruchsvoraussetzungen und Höhe der Weihnachtsgratifikation

1. Der Arbeitnehmer erhält in jedem Kalenderjahr eine Weihnachtsgratifikation, sofern er den ganzen Monat Dezember in einem Arbeitsverhältnis zum Arbeitgeber steht.
2. Die Höhe der Gratifikation beträgt 100 v.H. der Bruttobezüge einschließlich regelmäßig zu zahlenden Überstundenvergütungen, Zulagen und Zuschläge des Monats Oktober.«

Durch einen Änderungstarifvertrag ist der tarifliche Anspruch rückwirkend auf 75 % der Bemessungsgrundlage gesenkt worden.

Auch bereits entstandene und fällig gewordene, noch nicht abgewickelte Ansprüche, 192
die aus einer Tarifnorm folgen (sog. »wohlerworbene Rechte«), können während der Laufzeit des Tarifvertrags rückwirkend verändert, also auch gesenkt werden. Das BAG hat dies in seiner Grundsatzentscheidung vom 23.11.1994[66] deutlich ausgeführt.

Die Gestaltungsfreiheit der Tarifvertragsparteien zur rückwirkenden Änderung tarif- 193
vertraglicher Regelungen ist durch den Grundsatz des Vertrauensschutzes der Normunterworfenen begrenzt. Es gelten insoweit die gleichen Regeln wie nach der Rechtsprechung des BVerfG bei der Rückwirkung von Gesetzen. Dementsprechend ist der Normunterworfene z.B. dann nicht schutzwürdig, wenn und sobald er mit Änderungen der bestehenden Normen eines Tarifvertrags rechnen musste. Dabei macht es keinen Unterschied, ob der Tarifvertrag für das Arbeitsverhältnis kraft beiderseitiger Tarifgebundenheit der Parteien des Arbeitsverhältnisses gilt oder ob dessen Anwendung in seiner jeweils geltenden Fassung von ihnen arbeitsvertraglich vereinbart ist. Denn im einen wie im anderen Fall haben sie selbst die Grundlage für die Geltung bzw. Anwendung des Tarifvertrags in seiner jeweils geltenden Fassung geschaffen.

---

65 BAG BAGE 94, 349 = AP Nr. 19 zu § 1 TVG Rückwirkung, Anm. *Oetker* AuA 2001, 330, Anm. *Büdenbender* SAE 2001, 190, 193.
66 BAG BAGE 78, 309; vgl. BAG AP Nr. 13 zu § 1 TVG Rückwirkung und BAG AP Nr. 233 zu §§ 22, 23 BAT 1975. Der 2. und der 10. Senat haben sich den Grundsätzen dieser Rspr. angeschlossen; BAG AP Nr. 20 zu § 1 TVG Tarifverträge: Lufthansa; BAG v. 25.6.1997 – 10 AZR 79/97, n.v. und BAG RzK I 3 e Nr. 67.

§ 3 Abbau auf betriebsverfassungs-/tarifrechtlicher Grundlage

E. Besitzstandswahrung durch Rechtskontrolle

I. Billigkeitskontrolle

1. Abstrakte und konkrete Kontrolle

194 Ablösende, also umstrukturierende oder verschlechternde Betriebsvereinbarungen und Vereinbarungen nach dem SprAuG, mit denen in bestehende individual- oder kollektivrechtliche Versorgungszusagen eingegriffen wird, unterliegen einer gerichtlichen Rechtskontrolle (Billigkeitskontrolle). Diese gliedert sich in die »abstrakte« und die »konkrete« Rechtskontrolle

195 Gegenstand der **abstrakten** Rechtskontrolle sind die Regelungsziele, d.h. die Gründe, die die Parteien zu einer Änderung der bestehenden Versorgungsregelung veranlassten, und die Mittel, die sie zum Erreichen dieser Ziele angewandt haben. Diese müssen zueinander »in einem vernünftigen Verhältnis stehen«. Dabei verlangt das BAG eine getrennte Aufschlüsselung der auf die einzelnen Regelungsziele und -mittel entfallenden Kostenargumente. Die einzelnen Regelungsgründe sind darüber hinaus auf ihr Gewicht hin- sichtlich ihrer Rechtfertigung für einen Eingriff in die einzelnen Stufen des Besitzstands zu prüfen.

196 Eine spätere Betriebsvereinbarung kann eine frühere Ruhegeldordnung auch zu ungunsten der aktiven Arbeitnehmer ändern. Die Änderung unterliegt der gerichtlichen Billigkeitskontrolle, bei der die Auswirkungen der Änderung für alle betroffenen Arbeitnehmer nach Treu und Glauben unter besonderer Berücksichtigung des Vertrauensschutzgedankens zu prüfen sind.[67]

197 Die Rechtskontrolle (Billigkeitskontrolle) kann sowohl vom einzelnen Arbeitnehmer als auch vom Betriebsrat angestrengt werden.

198 Die Betriebspartner stehen aber in einer mehrfachen Bindung; sie sind ebenso dem Wohl des Unternehmens wie auch dem seiner Arbeitnehmer verpflichtet und haben dabei zusätzlich das Gemeinwohl zu berücksichtigen. Die Einhaltung dieser auch von Interessengegensätzen beeinflussten Verpflichtungen ist im Streitfall vom Gericht zu prüfen.

2. Vertrauensschutzgedanke

199 Bei der Abänderung von Leistungsrichtlinien sind Recht und Billigkeit, insbesondere der Vertrauensschutzgedanke zu beachten. Die Gründe, die für die Änderung sprechen, sind gegen die Belange derjenigen Arbeitnehmer abzuwägen, deren Besitzstände

---

[67] BAG BAGE 22, 252 = AP Nr. 142 zu § 242 BGB Ruhegehalt = BB 1970, 1099, 1100 m. Anm. *v. Arnim* = AP Nr. 142 zu § 242 BGB Ruhegehalt, m. Anm. *Richardi*.

geschmälert werden sollen. Im Streitfall muss der Arbeitgeber, der mit der Neuregelung mehrere Regelungsziele verfolgt, für jedes Regelungsziel **im Einzelnen darlegen**, welche Änderungen der Leistungsrichtlinien dadurch veranlasst sind. Sollen die Kosten von Leistungsverbesserungen durch Leistungsminderungen an anderen Stellen ausgeglichen werden, so ist eine Aufstellung der geschätzten Mehr- und Minderkosten vorzulegen.[68]

II. Drei-Stufen-Modell

Das BAG hat mit zunehmender Konkretisierung ein »Drei-Stufen-Modell« zum Schutz des Besitzstands bei einer Änderung von Versorgungsanwartschaften in der betrieblichen Altersversorgung entwickelt. Als Kontroll- und Gerechtigkeitsmodell hat es durchaus auch in den Fällen der Gewährung von freiwilligen Sozialleistungen seine Berechtigung; ist es doch im Grunde eine Ausprägung des **Verhältnismäßigkeitsgrundsatzes**. 200

Je stärker der Besitzstand ist, in den eingegriffen werden soll, desto gewichtiger müssen die Gründe sein, die den Eingriff rechtfertigen sollen. 201

Das BAG wendet ein **dreistufiges Prüfungsmodell** für Eingriffe in Versorgungsbesitzstände an, das bereits bei der Rechtskontrolle (Billigkeitskontrolle) der Ablösung einer Betriebsvereinbarung durch eine andere zum Einsatz kommt (vgl. dazu ausführlich § 4 Rn 45 ff.). 202

Sein Einsatz führt im Ergebnis zu einer Überprüfung der Kündigungsgründe. Im Hinblick auf die erforderliche Besitzstandswahrung ist ihm jedoch zuzustimmen. Dem BAG gelingt es damit, die Bestandsschutzinteressen der Arbeitnehmer zu wahren, ohne das kollektivrechtliche Regelungssystem zu verlassen, das die Betriebspartner privatautonom gewählt haben. 203

III. Ausschluss des Günstigkeitsprinzips

1. Ablösende Betriebsvereinbarung

Regelt eine Betriebsvereinbarung die bisher auf arbeitsvertraglicher Einheitsregelung beruhenden wesentlichen **Arbeitsbedingungen** insgesamt neu, kommt ihr auch hinsichtlich vertraglich gewährter Sozialleistungen keine ablösende Wirkung in dem Sinne zu, dass ihre Normen an die Stelle der vertraglichen Vereinbarung treten würden. In einem solchen Fall ist kein kollektiver Günstigkeitsvergleich möglich. 204

---

68 BAG BAGE 37, 217 = AP Nr. 1 zu § 1 BetrAVG Unterstützungskassen = ZIP 1982, 204.

§ 3 Abbau auf betriebsverfassungs-/tarifrechtlicher Grundlage

Gegenüber der arbeitsvertraglichen Regelung nicht ungünstigere Normen der Betriebsvereinbarung können allenfalls für die Dauer ihres Bestands die individualrechtlichen Vereinbarungen verdrängen.[69]

2. Beispielsfall: Urlaubsgeld

205 In der Entscheidung des BAG[70] ging es um die Verpflichtung zur Zahlung von Urlaubsgeld nach einer gekündigten Gesamtbetriebsvereinbarung. In einem Rundschreiben an die Mitarbeiter hieß es u.a.:

»Urlaubsgeld/Sonderzahlung

Sehr geehrte Mitarbeiterinnen und Mitarbeiter,

wie Ihnen bekannt ist, wurde die Gesamtbetriebsvereinbarung gekündigt. Damit besteht nun kein Anspruch mehr auf Leistungen, die auf Grund der Gesamtbetriebsvereinbarung gezahlt wurden. Zu diesen Leistungen gehört auch das Urlaubsgeld. Wir werden deshalb das Urlaubsgeld auch nicht mehr zahlen. Zur Kompensation der finanziellen Einbußen bei den Mitarbeiterinnen und Mitarbeitern sind wir aber bereit, zunächst versuchsweise, freiwillig und ohne Begründung einer Rechtspflicht eine Sonderzahlung einzuführen. Da gut vorstellbar ist, diese Sonderzahlung in den Folgejahren zu wiederholen, weisen wir zugleich darauf hin, dass auch bei evtl. mehrfacher Zahlung in Folgejahren kein Rechtsanspruch entsteht.«

Das BAG hat einer solchen Regelung aus oben nachfolgenden Gründen die Geltung versagt.

a) Gesamtregelungen

206 Die Regelung des Urlaubsgelds steht in einem **nicht trennbaren Zusammenhang** mit den in der Gesamtbetriebsvereinbarung geregelten übrigen Arbeitsbedingungen. Die Gesamtbetriebsvereinbarung insgesamt ist aber einem kollektiven Günstigkeitsvergleich nicht zugänglich. Vertraglich begründete Ansprüche der Arbeitnehmer auf sog. freiwillige Sozialleistungen, die auf eine vom Arbeitgeber gesetzte Einheitsregelung oder eine Gesamtzusage zurückgehen, können durch eine nachfolgende Betriebsvereinbarung in den Grenzen von Recht und Billigkeit beschränkt werden, wenn die Neuregelungen insgesamt bei kollektiver Betrachtung nicht ungünstiger sind.[71]

207 Solche den einzelnen Arbeitnehmern zukommenden Sozialleistungen bilden untereinander ein Bezugssystem. Dies beruht auf zwei Grundentscheidungen, die der Einzelre-

---

69 BAG BAGE 94, 179 = AP Nr. 83 zu § 77 BetrVG 1972 = ZIP 2000, 2216, Anm. *Plander* EWiR 2001, 211.
70 BAG BAGE 94, 179.
71 BAG (GS) BAGE 53, 42; bestätigt von BAG (GS) BAGE 63, 211.

gelung vorangehen müssen: der Entscheidung über die **Höhe** der insgesamt einzusetzenden finanziellen Mittel und der Bestimmung der **Verteilungsgrundsätze**. Beide Entscheidungen sind nur in einem geschlossenen Regelungssystem erreichbar und müssen notwendigerweise verfehlt werden, wenn einzelne Ansprüche der begünstigten Arbeitnehmer isoliert betrachtet werden. Durch eine umstrukturierende Betriebsvereinbarung werden daher nach der Entscheidung des Großen Senats nur solche einzelvertraglichen Ansprüche der Arbeitnehmer abgelöst, die in einem entsprechenden Bezugssystem zueinander stehen und damit einen kollektiven Bezug zueinander aufweisen. Nur für solche Ansprüche kann von einem Dotierungsrahmen gesprochen werden, nur für diese stellt sich die Frage, wie die durch den Dotierungsrahmen vorgegebenen finanziellen Mittel verteilt werden.

b) Kein kollektiver Günstigkeitsvergleich

Auf andere arbeitsvertragliche Ansprüche treffen diese Überlegungen nicht zu. Das gilt vor allem – wie bereits ausgeführt (siehe Rn 4 f.) – für Ansprüche auf das eigentliche Arbeitsentgelt als Gegenleistung für die geschuldete Arbeitsleistung, für Ansprüche auf Bezahlung von Mehrarbeit, Nachtarbeit und Feiertagsarbeit, Ansprüche auf Urlaub und Urlaubsvergütung, Ansprüche auf Fortzahlung des Lohns bei Arbeitsverhinderung, aber auch für andere Regelungen, die den Inhalt des Arbeitsverhältnisses bestimmen, wie die Dauer der wöchentlichen Arbeitszeit oder die Kündigungsfristen. Für sie kommt ein kollektiver Günstigkeitsvergleich daher – wie bereits dargestellt – nicht in Betracht.[72] **208**

c) Kein unmittelbares Synallagma

Allerdings handelt es sich bei dem streitbefangenen **Urlaubsgeld** nach Ansicht des BAG nicht um eine unmittelbar zur Arbeitsleistung im **Synallagma** stehende Sozialleistung. Sie knüpft nicht wie das eigentliche Arbeitsentgelt an die Erbringung einer bestimmten Arbeitsleistung an, sondern – entsprechend einer Gratifikation – an das Bestehen des Arbeitsverhältnisses überhaupt.[73] **209**

Ziel einer Gesamtbetriebsvereinbarung, die gesamten Arbeitsbedingungen neu zu regeln, kann hinsichtlich eines kollektiven Günstigkeitsvergleichs und einer damit unter Umständen verbundenen Ablösung der vorangegangenen vertraglichen Regelung nicht unberücksichtigt bleiben. Die Gesamtbetriebsvereinbarung enthält in weiten Teilen und vorrangig Regelungen über Ansprüche, die sich auf das im unmittelbaren Synallagma stehende Arbeitsentgelt beziehen. Für diese Ansprüche scheidet ein kollektiver **210**

---

72 BAG BAGE 62, 360 = AP Nr. 43 zu § 77 BetrVG 1972 m. Anm. *Löwisch*; vgl. auch *Richardi*, NZA 1990, 331; weiter BAG v. 24.3.1992–1 AZR 267/91, n.v.
73 Siehe zum Begriff der Sozialleistung schon BAG BAGE 34, 297; BAG Urt. v. 24.3.1992–1 AZR 267/91, n.v.

Günstigkeitsvergleich und eine Ablösung schon dem Grunde nach aus; sie werden allenfalls für die Dauer des Bestehens der Betriebsvereinbarung verdrängt.[74]

211 Diese Ansprüche stehen aber in einem inneren und nicht trennbaren Gestaltungszusammenhang mit den gleichfalls in der Gesamtbetriebsvereinbarung geregelten Sozialleistungen – etwa dem Urlaubsgeld. Wollte man die Leistungen nach Ansicht des BAG hinsichtlich ihrer Ablösbarkeit unterscheiden, würde dies im Ergebnis dazu führen, dass nach Kündigung der Gesamtbetriebsvereinbarung die ursprünglich einheitlichen »Arbeitsbedingungen«, die insgesamt auf eine neue Grundlage gestellt werden sollten, teils vertraglich weiter gälten (soweit es sich nicht um Sozialleistungen handelt), teils endgültig weggefallen wären, soweit ein kollektiver Günstigkeitsvergleich zu ihrer Ablösung durch die Betriebsvereinbarung geführt hätte. Das widerspräche dem Ziel einer solchen Betriebsvereinbarung, mit der nicht einzelne Leistungen umstrukturiert werden, sondern eine umfassende vertragliche Gestaltung der Arbeitsbedingungen durch eine ebenso umfassende Regelung durch Betriebsvereinbarung ersetzt werden sollte.

IV. Bindungswirkung gerichtlicher Entscheidungen

212 Das BAG hat entschieden, dass eine zwischen Betriebspartnern ergangene rechtskräftige Gerichtsentscheidung über den Inhalt einer Betriebsvereinbarung auch gegenüber den Arbeitnehmern gilt, die Ansprüche aus dieser Betriebsvereinbarung geltend machen. Auf diese Weise kann durch ein Beschlussverfahren zwischen Arbeitgeber und Betriebsrat der Inhalt und Reichweite der allgemeinen betriebsverfassungsrechtlichen Regelungen festgestellt werden. Damit steht dann der Norminhalt für alle Normenunterworfen fest.[75] Hierdurch ist gewährleistet, dass Auslegungsfragen einheitlich beantwortet und damit die Rechtssicherheit und Kalkulierbarkeit sichergestellt werden kann.

V. Leitende Angestellte

213 Auch leitende Angestellte i.S.v. § 5 Abs. 3 f BetrVG können individualrechtliche Versorgungszusagen mit kollektivem Bezug besitzen. Zwar werden sie in der Regel eine Altersversorgung oder sonstige Zusagen in Form einer Einzelzusage haben. Bei sonstigen freiwillige Leistung des Arbeitgebers werden sie sich im kollektiven üblichen Rahmen wiederfinden.

214 Individualrechtliche Versorgungszusagen mit kollektivem Bezug können durch eine Vereinbarung im Sinne des **SprAuG** unter Wahrung des Dotierungsrahmen

---

74 Grundlegend BAG BAGE 62, 360 = AP Nr. 43 zu § 77 BetrVG 1972 m. Anm. *Löwisch*.
75 BAG BAGE 92, 203 = AP Nr. 79 zu § 77 BetrVG 1972 = ZIP 2000, 850–855, Anm. *Griebeling* EWiR 2000, 657.

E. Besitzstandswahrung durch Rechtskontrolle § 3

sowohl umstrukturiert werden, (umstrukturierende Vereinbarung) als auch insgesamt verschlechtert werden (verschlechternde Vereinbarung). Bei einer verschlechternden Vereinbarung ist die Vereinbarungsoffenheit Voraussetzung für die Rechtsmäßigkeit der Ablösung.

Auch hier gilt der Grundsatz einer abstrakten und konkreten Billigkeitskontrolle durch die Gerichte. Damit kann und darf der einzelne leitende Angestellte gerichtlich überprüfen lassen, ob und inwieweit seine Rechte durch Vereinbarung ausreichend gewahrt wurden.

215

§ 4 Einschränkungen bei der betrieblichen Altersversorgung

A. Schließung eines betrieblichen Versorgungssystems für neu eintretende Mitarbeiter

I. Problemstellung

Der Arbeitgeber ist nicht verpflichtet, für seine Arbeitnehmer eine betriebliche Altersversorgung einzurichten. Diese stellt eine **freiwillige Leistung** dar. Aus unterschiedlichen Gründen – Mitarbeiterbindung, Reputation, soziale Verantwortung – wurden aber in der Vergangenheit nicht nur bei großen Unternehmen umfangreiche betriebliche Versorgungssysteme eingerichtet. Solche betrieblichen Versorgungssysteme stellen eine erhebliche wirtschaftliche Belastung dar, die in wirtschaftlich guten Zeiten weniger spürbar sind. Ändern sich die Zeiten, so kann gerade eine bestehende betriebliche Altersversorgung auf den Prüfstand kommen, sei es, weil die Kosten gesenkt werden müssen, sei es, weil das Unternehmen einen Käufer sucht.

1

Eine Möglichkeit besteht darin, die betriebliche Altersversorgung für die bisherigen Mitarbeiter unangetastet zu lassen, die neu eintretenden Mitarbeiter dagegen auszuschließen. Auch in Fällen des Betriebsübergangs mag erwogen werden, die neuen Mitarbeiter des übergehenden Betriebs von der bestehenden Altersversorgung auszunehmen.[1] Eine solche Zweiteilung mag zwar Unruhe in die Belegschaft bringen. Aber in wirtschaftlich schwierigen Zeiten wird dieser Gesichtspunkt nicht immer von ausschlaggebender Bedeutung sein. So hat etwa der Autokonzern Opel im Jahr 1997 die betriebliche Altersversorgung für neu eintretende Mitarbeiter abgeschafft.[2] Auch die Commerzbank hat Ende 2003 die Betriebsvereinbarung, auf der die betriebliche Altersversorgung beruht, auf eine in der Öffentlichkeit als nicht sehr stilvoll empfundene Art gekündigt und dadurch u.a. neu eintretende Mitarbeiter von der Altersversorgung ausgeschlossen.[3] Diese Beispiele zeigen zweierlei: Zum einen ist der Ausschluss neuer Mitarbeiter von der betrieblichen Altersversorgung von nicht unerheblicher praktischer Bedeutung. Zum anderen wird jede Änderung bei der betrieblichen Altersversorgung, sofern große Unternehmen betroffen sind, in der Öffentlichkeit sehr kritisch kommentiert. Es handelt sich um ein sensibles Thema. Dies hat jeder Arbeitgeber, der über Änderungen bei der betrieblichen Altersversorgung nachdenkt, in Rechnung zu stellen.

2

---

1 Willemsen u.a./*Doetsch/Rühmann*, Rn 164.
2 Dazu Handelsblatt v. 9.1.2004, S. 1. Dem Artikel ist im Übrigen zu entnehmen, dass Opel für die ausgeschlossenen Mitarbeiter wieder eine Betriebsrente einführen will.
3 Siehe FAZ v. 7.1.2004, S. 9.

§ 4 Einschränkungen bei der betrieblichen Altersversorgung

II. Differenzierung nach der Rechtsgrundlage der betrieblichen Altersversorgung

3 Die betriebliche Altersversorgung kann auf verschiedenen Rechtsgrundlagen beruhen: auf Vertrag, auf Vertrag mit kollektivem Bezug, auf einer Betriebsvereinbarung oder einem Tarifvertrag.

4 Wird die Altersversorgung aufgrund **individueller Verträge** gewährt, dies wird eher bei kleinen Unternehmen vorkommen, so erfolgt der Ausschluss der neu eintretenden Mitarbeiter durch entsprechende Vertragsgestaltung. Ihnen wird schlicht keine Versorgungszusage gegeben.[4]

5 Basiert die betriebliche Altersversorgung auf **Verträgen mit kollektivem Bezug**, also auf einer **Gesamtzusage** (Arbeitgeber sagt allgemein betriebliche Altersversorgung zu), einer **vertraglichen Einheitsregelung** (Altersversorgung ist in allgemeinen Vertragsbedingungen geregelt) oder einer **betrieblichen Übung** (Arbeitgeber gewährt faktisch allen Arbeitnehmer die Altersversorgung), so hat der Arbeitgeber den Ausschluss von der Altersversorgung für die neu Eintretenden unmissverständlich zu erklären.[5]

6 Liegt der betrieblichen Altersversorgung eine **Betriebsvereinbarung** zugrunde, so kann diese vom Arbeitgeber gem. § 77 Abs. 5 BetrVG mit einer Frist von drei Monaten gekündigt und beendet werden. Gründe für eine Kündigung braucht der Arbeitgeber nicht zu haben.[6] Da es sich um eine freiwillige Betriebsvereinbarung handelt, wirkt diese nicht nach.[7] Die Beendigung der Betriebsvereinbarung führt dazu, dass die neu eintretenden Mitarbeiter keine Ansprüche auf eine betriebliche Altersversorgung haben.[8] Wegen etwaiger Auswirkungen auf Ansprüche in bereits bestehenden Arbeitsverhältnissen wird auf die Ausführungen unter Rn 45 ff. verwiesen. Die Betriebsvereinbarung kann aber auch ergänzt werden und den Ausschluss neu eintretender Mitarbeiter ausdrücklich vorsehen, sofern der Betriebsrat dem zustimmt.[9]

7 Die betriebliche Altersversorgung kann schließlich ihre Grundlage in einem **Tarifvertrag** haben. Auch dieser kann durch Kündigung beendet werden, so dass später eintretende Mitarbeiter keine Ansprüche auf betriebliche Altersversorgung haben. Denn ein gekündigter Tarifvertrag wirkt nach überwiegender, allerdings nicht unstreitiger Auffassung bei neuen Arbeitsverhältnissen nicht nach.[10] Folgt man dem, bedarf es keines entsprechenden Ausschlusses für neue Mitarbeiter im Arbeitsvertrag.

---

4 *Andresen/Förster/Rößler*, Teil 12 Rn 95.
5 *Andresen/Förster/Rößler*, Teil 12 Rn 95.
6 BAG DB 2000, 516.
7 BAG DB 1989, 2232; *Griebeling/Griebeling*, Rn 866.
8 BAG DB 2000, 516, 517; *Andresen/Förster/Rößler*, Teil 12 Rn 105; Willemsen u.a./*Doetsch/Rühman*, Rn 164; *Roßmanith*, DB 1999, 634, 637.
9 Willemsen u.a./*Doetsch/Rühman*, Rn 164.
10 *Andresen/Förster/Rößler*, Teil 12 Rn 106; ErfK/*Schaub*, § 4 TVG Rn 75; jeweils m.w.N.

Praxishinweis
Der Ausschluss der neu eintretenden Mitarbeiter von der betrieblichen Altersversorgung sollte stets, zumindest aus Gründen der Klarstellung, im Arbeitsvertrag deklaratorisch aufgenommen werden.

III. Kein Verstoß gegen den Gleichbehandlungsgrundsatz

Der Ausschluss neu eintretender Mitarbeiter zu einem bestimmten Stichtag ist nicht als Verstoß gegen den Gleichbehandlungsgrundsatz zu werten. Anderenfalls könnte sich der Arbeitgeber von einer einmal gegebenen Versorgungszusage in Zukunft nie lösen.[11] Problematisch wäre es allerdings, wenn der Arbeitgeber nur bestimmte Gruppen neuer Mitarbeiter von der betrieblichen Altersversorgung ausschlösse, etwa nur Arbeiter, aber nicht Angestellte oder nur Frauen und Männer nicht. Eine solche Differenzierung müsste sachlich gerechtfertigt sein, um dem Gleichbehandlungsgrundsatz nicht zuwider zu laufen.

IV. Mitbestimmung des Betriebsrats

Ob der Betriebsrat bei dem Ausschluss neu eintretender Mitarbeiter zu beteiligen ist, ist noch nicht vollständig geklärt. In Betracht kommt ein Mitbestimmungsrecht aus § 87 Abs. 1 Nr. 10 BetrVG, ggf. auch aus § 87 Abs. 1 Nr. 8 BetrVG.[12]

Die überwiegende Auffassung verneint zu Recht ein Mitbestimmungsrecht bei dem Ausschluss neu eintretender Mitarbeiter. Diese Entscheidung betrifft in erster Linie den Dotierungsrahmen, nicht aber die Verteilung innerhalb dieses Rahmens.[13] Auf welcher Rechtsgrundlage die betriebliche Altersversorgung beruht, ist ohne Belang.

V. Checkliste

Rechtsgrundlage	Schließungsmaßnahme	Mitbestimmung
Vertrag, ggf. mit kollektivem Bezug	Nichtabschluss von Neuverträgen; Beendigung der Gesamtzusage, vertraglichen Einheitsregelung oder betrieblichen Übung	Nein, da keine Entscheidung über die Verteilung

---

11 *Langohr-Plato*, Rn 840.
12 *Griebeling/Griebeling*, Rn 880 ff.
13 Willemsen u.a./*Doetsch/Rühmann*, Rn 165; *Griebeling/Griebeling*, S. 215 f. Rn 890; *Langohr-Plato*, Rn 846; zweifelnd *Andresen/Förster/Rößler*, Teil 12 Rn 97 f.

§ 4 Einschränkungen bei der betrieblichen Altersversorgung

Rechtsgrundlage	Schließungsmaßnahme	Mitbestimmung
Betriebsvereinbarung	Kündigung	Nein
	Abänderung	Ja
Tarifvertrag	Kündigung	Nein

B. Verschlechterung des betrieblichen Versorgungssystems im Rahmen bestehender Arbeitsverhältnisse

I. Problemstellung

13 Die wirtschaftlichen Schwierigkeiten eines Unternehmens können so groß sein, dass ein Ausschluss der neu eintretenden Mitarbeiter von der betrieblichen Altersversorgung nicht ausreicht. Dann stellt sich die Frage, ob nicht auch die Ansprüche der Mitarbeiter, die bereits im Arbeitsverhältnis stehen, gekürzt oder womöglich ganz abgeschafft werden können. Für eine solche Kürzungsmöglichkeit spricht zunächst einmal, dass die betriebliche Altersversorgung **freiwillig** ist. Außerdem können sich die **Umstände erheblich ändern**, etwa die wirtschaftliche Lage des Unternehmens oder die rechtlichen Rahmenbedingungen wie durch die Einführung des Betriebsrentengesetzes am 22.12.1974.[14] Den Einfluss solcher äußeren Bedingungen auf die betriebliche Altersversorgung wurde vom BAG in einer bekannten Formulierung einmal so ausgedrückt:

»Betriebliche Ruhegeldordnungen sind auf eine lange Zeit angelegt. Die begünstigten Arbeitnehmer müssen ihre Versorgungsansprüche viele Jahre hindurch erwerben; die dafür erforderlichen Mittel müssen in derselben Zeit allmählich angesammelt werden. Außerdem sind betriebliche Ruhegeldordnungen von zahlreichen Faktoren abhängig, insbesondere von der Ertragslage des Unternehmens, von der steuerlichen und sozialversicherungsrechtlichen Situation und von der jeweiligen Zusammensetzung der Belegschaft. All diese Faktoren können sich ändern und zu einer Anpassung der betrieblichen Ruheordnung drängen; gemachte Erfahrungen können das Bedürfnis nach Reformen wecken. Deshalb müssen Korrekturen der betrieblichen Ruhegeldordnung und eine Anpassung an geänderte Umstände möglich sein; einmal festgelegte Regelungen dürfen nicht versteinern.«[15]

14 Diese Formulierung erweckt den Eindruck, als seien eingerichtete Versorgungswerke einigermaßen flexibel zu handhaben, insbesondere in schwierigen wirtschaftlichen

---

14 *Langohr-Plato*, Rn 833 ff.
15 BAG BB 1970, 1097.

B. Verschlechterung im Rahmen bestehender Arbeitsverhältnisse § 4

Zeiten. Dieser Eindruck trügt. Tatsächlich ist eine Verschlechterung nur in seltenen Ausnahmefällen möglich. Grund dafür ist das **Vertrauen der Arbeitnehmer** in den Bestand der betrieblichen Altersversorgung. Sie erbringen ihren Teil – Arbeitsleistung und Betriebstreue – und dürfen erwarten, dass sie dafür die in Aussicht gestellte Betriebsrente als Teil des Entgelts erhalten.[16] Nur vor diesem Hintergrund sind die nachfolgenden Ausführungen zu verstehen.

Bei der Frage der Rechtmäßigkeit eines Eingriffs in die betriebliche Altersversorgung kommt es wiederum auf die Rechtsgrundlage an, auf der die Versorgungszusage beruht. Es sind also getrennt zu untersuchen: individualvertragliche Versorgungszusagen, vertragliche Versorgungszusagen mit kollektivem Bezug sowie auf Betriebsvereinbarung und auf Tarifvertrag beruhende Versorgungszusagen. 15

II. Einschränkung individualrechtlicher Versorgungszusagen

1. Einvernehmliche Einschränkung

Wie bei jedem Vertrag ist es möglich, dass sich Unternehmen und Arbeitnehmer auf eine Einschränkung der Versorgungszusage einigen. Es gilt die **Vertragsfreiheit**. Dem steht auch nicht § 3 BetrAVG entgegen. Denn dort sind nur Abfindungsvereinbarungen anlässlich des Ausscheidens des Arbeitnehmers erfasst. Solche Abfindungsvereinbarungen sind nur in engen Grenzen zulässig. Diese Grenzen können aber nicht auf einvernehmliche Einschränkungen der Altersversorgung während des laufenden Arbeitsverhältnisses übertragen werden.[17] 16

Die Zustimmung des Arbeitnehmers zu der Verschlechterung muss jedoch **ausdrücklich und unmissverständlich** sein.[18] Bloßes Schweigen auf ein entsprechendes Angebot des Unternehmens genügt nicht. Auch einer Zustimmung durch konkludentes Handeln wird man nur schwer annehmen können. Hat der Arbeitnehmer der Verschlechterung zugestimmt, kommt es auf das oben dargestellte Drei-Stufen-Modell nicht an. Es findet auch sonst keine Angemessenheitskontrolle statt, dies liefe der Vertragsfreiheit zuwider. 17

Nicht zulässig sind verschlechternde Vereinbarungen über unverfallbare Anwartschaften anlässlich der Beendigung des Arbeitsverhältnisses, etwa in einem **Aufhebungsvertrag**. Insofern schlägt die Wertung des § 3 BetrAVG durch.[19] Auch eine verschlech- 18

---

16 *Griebeling/Griebeling*, Rn 818.
17 BAG DB 2002, 2335; ErfK/*Steinmeyer*, § 3 BetrAVG Rn 8; kritisch *Andresen/Förster/Rößler*, Teil 12 Rn 284 ff. m.w.N.
18 *Langohr-Plato*, Rn 854.
19 BAG DB 1988, 656; *Andresen/Förster/Rößler*, Teil 12 Rn 282.

§ 4 Einschränkungen bei der betrieblichen Altersversorgung

ternde Vereinbarung im Zuge eines **Betriebsübergangs** ist nicht möglich, dies wäre eine Umgehung des § 613a Abs. 1 S. 1 BGB.[20]

2. Einseitiger Widerruf der Versorgungszusage

19 In Betracht kommt weiter ein einseitiger Widerruf der Versorgungszusage durch das Unternehmen. Dabei sind folgende Widerrufsgründe zu unterscheiden:

a) Widerruf wegen Treuepflichtverletzung

20 Schwere Verfehlungen des Arbeitnehmers können das Unternehmen zu einem Widerruf der Versorgungszusage berechtigen. Dieses Recht besteht angesichts des Entgeltcharakters des Ruhegelds aber nur unter ganz engen Voraussetzungen. Bei einer **nachträglichen Entdeckung der Verfehlung im laufenden Arbeitsverhältnis** muss eine **schwere Verfehlung des Arbeitnehmers** vorliegen, welche dessen **Betriebstreue wertlos** erscheinen lässt. Dies ist vor allem dann anzunehmen, wenn das Unternehmen bei frühzeitiger Entdeckung zur außerordentlichen Kündigung berechtigt gewesen und aufgrund dessen keine Unverfallbarkeit eingetreten wäre.[21] Maßgeblich sind stets die Umstände des Einzelfalls.

21 Auch bei Verfehlungen des Arbeitnehmers **nach Beendigung des Arbeitsverhältnisses** kann ausnahmsweise ein Widerruf der Versorgungszusage berechtigt sein: wenn der Arbeitnehmer durch **ruinösen Wettbewerb das Unternehmen in eine existenzielle Krise** gestürzt hat.[22] Bloße Konkurrenztätigkeit als solche reicht als Widerrufsgrund allerdings nicht aus.[23]

22 Ein solcher Widerruf wird nur in ganz seltenen Ausnahmefällen als letztes Mittel in Betracht kommen. So ist das Unternehmen etwa aufgerufen, zunächst zu überprüfen, ob der schweren Verfehlung nicht durch Geltendmachung von **Schadensersatzansprüchen** zu begegnen ist. Ist ausnahmsweise eine zum Widerruf berechtigende Verfehlung anzunehmen, so sollte der **Widerruf** auch **zügig** erklärt werden. Zwar sind insofern keine Fristen zu beachten. Eine verspätete Reaktion könnte aber zu dem Schluss verleiten, das Unternehmen habe die Verfehlung selbst als nicht so gravierend angesehen und habe dadurch das Widerrufsrecht verloren.[24]

23 Hat das Unternehmen die Versorgungszusage wegen einer schweren Treuepflichtverletzung widerrufen, so findet keine **gesonderte Kontrolle anhand des Drei-Stufen**

---

20 BAG DB 1992, 2038; Willemsen u.a./ *Doetsch/Rühmann*, Rn 170.
21 BAG DB 1990, 2173; vgl. auch BVerfG NZA 2000, 999; *Langohr-Plato*, Rn 896 ff.; kritisch ErfK/ *Steinmeyer*, vor BetrAVG Rn 32.
22 *Griebeling/Griebeling*, Rn 654 ff.
23 *Schaub*, § 81 Rn 333.
24 Dazu auch *Blomeyer/Otto*, Anh zu § 1 Rn 480; *Langohr-Plato*, Rn 905.

B. Verschlechterung im Rahmen bestehender Arbeitsverhältnisse § 4

Modells statt. Die Rechtfertigung des Widerrufs liegt in der Verfehlung des Arbeitnehmers. Allerdings muss eine allgemeine Verhältnismäßigkeitsprüfung erfolgen, in der das Fehlverhalten zu der beabsichtigten Reaktion und zu dem Umfang des Eingriffs in Relation gesetzt wird.

b) Widerruf wegen wirtschaftlicher Notlage

Das BAG hielt bis in jüngste Zeit einen Widerruf der Versorgungszusage wegen wirtschaftlicher Notlage unter engen Voraussetzungen für **zulässig**. Dabei wendete es das Drei-Stufen-Modell an. Zur Begründung für diese Widerrufsmöglichkeit bezog sich das BAG im Wesentlichen auf **§ 7 Abs. 1 S. 3 Nr. 5 BetrAVG a.f.**[25] Dort war die Eintrittspflicht des Pensionssicherungsvereins im Falle eines Widerrufs wegen wirtschaftlicher Notlage geregelt. Somit ging das Gesetz von der entsprechenden Widerrufsmöglichkeit des Unternehmens aus. Als weitere Begründung diente das Institut des Wegfalls der Geschäftsgrundlage. 24

Dieser Argumentation ist durch die Änderung des § 7 BetrAVG durch das Rentenreformgesetz 1999 der Boden entzogen. Den Sicherungsfall »Widerruf wegen wirtschaftlicher Notlage« gibt es seitdem nicht mehr. Ausweislich der Regierungsbegründung bestand dafür kein praktisches Bedürfnis. Diese Änderung und entsprechende Äußerungen im Gesetzgebungsverfahren haben das BAG veranlasst, einen Widerruf wegen wirtschaftlicher Notlage **nicht mehr anzuerkennen**.[26] In den Worten des BAG:[27] 25

»Nach alledem entspricht es der bereits mit dem In-Kraft-Treten des Betriebsrentengesetzes zum Ausdruck gekommenen, vom Gesetzgeber gewollten Verknüpfung von Widerrufsrecht und Insolvenzschutz, dass mit dem Wegfall des Insolvenzschutzes für den Fall eines Widerrufs wegen wirtschaftlicher Notlage auch ein solches Widerrufsrecht entfallen ist. Ein Rückgriff auf die Grundsätze über die nunmehr in § 313 BGB geregelte Störung der Geschäftsgrundlage zur Rechfertigung eines solchen Widerrufsrechts ist nach der gesetzgeberischen Wertung ausgeschlossen. Es gilt insoweit auch im Betriebsrentenrecht wieder der Rechtsgrundsatz, wonach fehlende wirtschaftliche Leistungsfähigkeit in aller Regel kein Grund dafür ist, sich von einer übernommenen Zahlungspflicht zu lösen. Der Schuldner kann dieses Risiko nicht auf den Gläubiger abwälzen.«

Das bedeutet für ein Unternehmen, welches wegen wirtschaftlicher Notlage die Versorgungsleistungen nicht mehr erbringen kann, dass es Insolvenzantrag stellen oder 26

---

25 Vgl. Langohr-Plato, Rn 887 ff. m. umfangr. Nachw.
26 BAG v. 17.6.2003–3 AZR 396/02; ebenso schon *Schwertner*, FS Uhlenbruck, S. 799 ff.; ErfK/*Steinmeyer*, vor BetrAVG Rn 35; a.M. *Diller*, ZIP 1997, 765, 772.
27 BAG v. 17.6.2003–3 AZR 396/02 (S. 13).

den Pensionssicherungsverein zu einem außergerichtlichen Vergleich veranlassen muss (§ 7 Abs. 1 S. 3 Nr. 2 BetrAVG).[28]

27 Dieser Wegfall des Widerrufsgrunds »wirtschaftliche Notlage« bezieht sich indes nur auf die insolvenzgeschützten unverfallbaren Leistungen der betrieblichen Altersversorgung. Nur insoweit besteht nämlich der dargestellte Zusammenhang zu der Änderung des § 7 durch das Rentenreformgesetz 1999. **Nicht insolvenzgeschützte Rechte** müssen bei Vorliegen einer solchen Notlage und unter Beachtung der Drei-Stufen-Theorie des BAG weiterhin widerrufbar sein.[29] Insofern ist abzuwarten, wie sich die künftige Rechtsprechung entwickelt.

c) Widerruf wegen Wegfalls der Geschäftsgrundlage (Überversorgung, wesentliche Änderung der Sach- und Rechtslage)

28 Nach wie vor möglich ist allerdings ein Widerruf wegen **Wegfalls der Geschäftsgrundlage** (§ 313 BGB). Es versteht sich von selbst, dass eine solche Widerrufsmöglichkeit nur in **eng begrenzten Ausnahmefällen** möglich sein kann. Zu denken ist insbesondere an Fälle einer **planwidrigen Überversorgung** oder einer **wesentlichen Änderung der Sach- oder Rechtslage**, an welche bei der Versorgungszusage noch nicht zu denken war.[30]

29 Nicht hierhin gehört die Fallgruppe »wirtschaftliche Notlage«, und zwar auch dann nicht, wenn der Bestand des Unternehmens gefährdet ist. Hier führt die Änderung des § 7 BetrAVG durch das Rentenreformgesetz dazu, dass eine wirtschaftliche Notlage vor einer Insolvenz nicht mehr als Widerrufsgrund berücksichtigt werden kann. Jedenfalls gilt dies für insolvenzgeschützte Rechte der betrieblichen Altersversorgung (siehe Rn 24 ff.).

d) Widerruf aufgrund Widerrufsvorbehalts

30 Viele Versorgungszusagen enthalten einen ausdrücklichen Widerrufsvorbehalt. Aufgrund der steuerlichen Rechtslage kommen allerdings Vorbehalte, welche den Widerruf in das freie Ermessen des Arbeitgebers stellen oder aber einen weiten Ermessensspielraum gewähren, kaum vor. Sie verhindern die Bildung von Pensionsrückstellungen gem. § 6a Abs. 1 EStG.[31] Ist trotz dieser steuerlichen Nachteile ein Widerrufsvorbehalt so formuliert, dass die Ausübung des Widerrufs im **freien Belieben oder Ermessen** des Arbeitgebers liegt, so ist gleichwohl ein **sachlich rechtfertigender Grund** zu

---

28 So auch *Schwerdner*, FS Uhlenbruck, S. 799, 807 f., 809.
29 So auch *Andresen/Förster/Rößler*, Teil 12 Rn 225.
30 Zu den verschiedenen Fallgruppen vgl. *Blomeyer/Otto*, Anh zu § 1 Rn 448 ff.
31 *Andresen/Rößler/Förster*, Teil 12 Rn 195, 214.

fordern. Alles andere wäre mit der Funktion einer Altersversorgung, die ja nicht nur ein 13. Monatsgehalt oder ein übertariflicher Gehaltsbestandteil ist, nicht zu vereinbaren.[32]

In der Praxis werden in der Regel nur noch die sog. **steuerunschädlichen** Widerrufsvorbehalte, wie in § 41 EStR formuliert, in die Versorgungszusage aufgenommen.[33] Zusammengefasst besagen diese, dass ein Widerruf nur bei nachhaltigen Veränderungen der wirtschaftlichen oder rechtlichen Verhältnisse möglich ist.[34] Nur solche Widerrufsvorbehalte lassen die Bildung von Pensionsrückstellungen gem. § 6a Abs. 1 EStG zu. Die Rechtsprechung misst solchen steuerunschädlichen Widerrufsvorbehalten keine eigenständige Bedeutung zu.[35] Sie sind rein deklaratorisch und umschreiben nur die Grundsätze des Wegfalls der Geschäftsgrundlage. Insofern kann auf die obigen Ausführungen (Rn 28 ff.) verwiesen werden.

31

Praxishinweis[36]

32

Trotz der nur deklaratorischen Wirkung eines Widerrufsvorbehalts sollte der Arbeitgeber einen solchen bei jeder Versorgungszusage erklären. Dabei ist darauf zu achten, dass dies so konkret wie möglich und dabei gleichzeitig steuerunschädlich geschieht. Ein ausdrücklich erklärter Widerrufsvorbehalt führt zumindest dazu, dass das Vertrauen der Arbeitnehmer weniger schutzwürdig sein dürfte.

e) Widerruf bei Unterstützungskassen

Auf Leistungen von Unterstützungskassen besteht nach dem Gesetz kein Rechtsanspruch (§ 1 Abs. 3 S. 1 BetrAVG). Dies muss sich erleichternd auf die Möglichkeit des Widerrufs auswirken. Das BAG billigt, trotz des entgegen stehenden Gesetzeswortlauts, dem Arbeitnehmer einen Rechtsanspruch auf die Leistungen der Unterstützungskasse zu. Immerhin kann aber der Arbeitgeber grundsätzlich die **Zusage einschränken oder widerrufen**, wenn es dafür **sachliche Gründe** gibt.[37]

33

Das bedeutet: Bei einer Unterstützungskasse hat der Arbeitgeber leichtere Widerrufsmöglichkeiten, erforderlich ist lediglich ein sachlicher Grund. Dagegen ist der Widerruf bei den anderen Durchführungswegen – unmittelbare Versorgungszusage, Direktversicherung, Pensionskasse und Pensionsfond – nur unter den erschwerten Möglichkeiten des Wegfalls der Geschäftsgrundlage zulässig.[38]

34

---

32 *Schaub*, § 81 Rn 343 ff.
33 *Andresen/Förster/Rößler*, Teil 12 Rn 206.
34 Vgl. auch die Formulierungen bei *Andresen/Förster/Rößler*, Teil 12 Rn 220 ff.
35 BAG DB 1988, 2311; *Kemper* u.a., § 1 Rn 305.
36 Ähnlich *Doetsch*, DB 1993, 981, 985.
37 BAG EzA § 1 BetrAVG Ablösung Nr. 17; *Griebeling/Griebeling*, Rn 836; vgl. auch *Neef*, in: 50 Jahre Bundesarbeitsgericht, S. 81, 82 ff.
38 Diesen Unterschied betonen auch *Griebeling*, ZIP 1993, 1055, 1058; *Kemper* u.a., § 1 Rn 314 f.; *Langohr-Plato*, MDR 1994, 853, 857.

§ 4 Einschränkungen bei der betrieblichen Altersversorgung

35 Ist danach bei Unterstützungskassen ein Eingriff unter weniger strengen Voraussetzungen möglich, ist damit noch nichts über die Intensität, den Umfang des Eingriffs gesagt. Dies richtet sich nach den Vorgaben des Drei-Stufen-Modells des BAG (siehe Rn 57 ff.).

3. Betriebsbedingte Änderungskündigung im Hinblick auf die Versorgungszusage

36 Einigen sich die Parteien nicht einvernehmlich und kommt auch ein Widerruf nicht in Betracht, ist noch an die Möglichkeit einer betriebsbedingten Änderungskündigung zu denken. Eine solche Änderungskündigung ist zwar grundsätzlich möglich.[39] Diese unterliegt indes den strengen Voraussetzungen des § 2 KSchG und betrifft nur die in Zukunft zu erwerbenden Versorgungsanwartschaften.[40] In der Praxis scheidet die Änderungskündigung als Instrument zur Verschlechterung der betrieblichen Altersversorgung aus.[41]

37 Im Übrigen dürfte sich auch bei einer Änderungskündigung die Änderung des § 7 BetrAVG auswirken. Wenn eine Versorgungszusage nicht mehr wegen einer schweren wirtschaftlichen Notlage widerrufen werden kann, so scheint es konsequent, zumindest hinsichtlich der insolvenzgeschützten Rechte auch eine betriebsbedingte Änderungskündigung auszuschließen. Allerdings ist dies bislang – wohl wegen der fehlenden praktischen Bedeutung einer Änderungskündigung im Bereich der betrieblichen Altersversorgung – weder in der Rechtsprechung noch im Schrifttum problematisiert worden.

III. Einschränkung individualrechtlicher Versorgungszusagen mit kollektivem Bezug

38 Beruht die betriebliche Altersversorgung auf Gesamtzusage, vertraglicher Einheitsregelung oder betrieblichen Übung, so kann sie zunächst mit dem individualarbeitsrechtlichen Instrumentarium – also einvernehmliche Aufhebung, Widerruf und Änderungskündigung – verschlechtert werden. Dies dürfte aber wegen der Vielzahl der Fälle und der damit verbundenen Gefahr uneinheitlicher Regelungen oft unpraktikabel sein. Es stellt sich daher die Frage, ob und unter welchen Voraussetzungen eine **Ablösung durch eine verschlechternde Betriebsvereinbarung** oder einen **verschlechternden Tarifvertrag** zulässig ist.

---

39 BAG DB 1987, 383; *Langohr-Plato*, Rn 857.
40 *Andresen/Förster/Rößler*, Teil 12 Rn 129; ErfK/*Steinmeyer*, vor BetrAVG Rn 24.
41 Ähnlich *Kemper u.a.*, § 1 Rn 290.

B. Verschlechterung im Rahmen bestehender Arbeitsverhältnisse § 4

1. Einschränkung durch Betriebsvereinbarung

Das BAG hat die Möglichkeit, kollektiv-vertraglichen Regelungen durch eine nachfolgende Betriebsvereinbarung abzulösen, ausdrücklich anerkannt. Dabei unterscheidet es zwischen **umstrukturierender** und **verschlechternder Betriebsvereinbarung**.[42]

39

Die **umstrukturierende Betriebsvereinbarung** greift **nicht** in den **Dotierungsrahmen** der betrieblichen Altersversorgung ein, sie verändert lediglich die **Verteilungsmaßstäbe**. Bei kollektiver Betrachtungsweise ist sie für die Arbeitnehmer **nicht ungünstiger**, auch wenn sie gegenüber einzelnen Arbeitnehmer durchaus Nachteile bedeuten kann (**kollektiver Günstigkeitsvergleich**).[43] Eine solche umstrukturierende Betriebsvereinbarung ist grundsätzlich zulässig, wenn die Änderung der Verteilungsmaßstäbe nicht Recht und Billigkeit widerspricht.

40

Zurückhaltender ist das BAG bei **verschlechternden Betriebsvereinbarungen**. Eine solche Betriebsvereinbarung verringert den Dotierungsrahmen, ist für die Arbeitnehmer also **ungünstiger** als die abgelöste kollektive Versorgungszusage. Sie ist nur erlaubt, wenn die Zusage entweder **betriebsvereinbarungsoffen** ist oder wenn die **Geschäftsgrundlage entfallen ist** (§ 313 BGB).[44] Betriebsvereinbarungsoffen bedeutet, dass die Zusage einen **ausdrücklichen** oder **konkludenten Vorbehalt** enthält, wonach sie durch Betriebsvereinbarung abgeändert werden kann.[45] Der Wegfall der Geschäftsgrundlage kann auf Änderung der Rechtslage oder auf einer planwidrigen Überversorgung beruhen. Aber auch eine wirtschaftliche Notlage kann den Wegfall der Geschäftsgrundlage begründen. Anders als in den Fällen, in denen der Arbeitgeber einseitig die Versorgungszusage verschlechtert – Widerruf, ggf. auch Änderungskündigung – dürfte bei der Überprüfung einer verschlechternden Versorgungsbetriebsvereinbarung die Änderung des § 7 BetrAVG keine Rolle spielen.

41

Praxishinweis[46]
Es ist darauf zu achten, dass jede Versorgungszusage ausdrücklich betriebsvereinbarungsoffen gestaltet wird. Dann ist man später nicht auf das (angreifbare) Argument angewiesen, die Zusage sei konkludent betriebsvereinbarungsoffen gestaltet.

42

Ist danach eine verschlechternde Betriebsvereinbarung grundsätzlich zulässig, so wird die konkrete Verschlechterung wiederum am **Drei-Stufen-Modell** des BAG gemessen (siehe Rn 57 ff.).[47]

43

---

42 BAG DB 1987, 383; BAG DB 2002, 1383.
43 BAG DB 2002, 1383; *Griebeling/Griebeling*, Rn 875; *Langohr-Plato*, Rn 860; kritisch etwa *Blomeyer*, DB 1987, 634.
44 BAG DB 1987, 383; BAG DB 1999, 389; *Andresen/Förster/Rößler*, Teil 12 Rn 335.
45 *Blomeyer/Otto*, Anh zu § 1 Rn 497; *Doetsch*, DB 1993, 981, 985.
46 Ähnlich *Doetsch*, DB 1993, 981, 985.
47 *Blomeyer/Otto*, Anh zu § 1 Rn 500, 508 ff.; *Griebeling/Griebeling*, Rn 872.

2. Einschränkung durch Tarifvertrag

44 Ein Tarifvertrag kann zwar eine Gesamtzusage, betriebliche Einheitsregelung oder betriebliche Übung ablösen.[48] Allerdings darf sie **nicht** zu einer **Verschlechterung** führen. Denn dies wäre eine Verletzung des § 4 Abs. 3 TVG. Insofern ist kein kollektiver, sondern ein **individueller Günstigkeitsvergleich** durchzuführen.[49]

IV. Verschlechterung einer Versorgungsbetriebsvereinbarung

1. Kündigung einer Versorgungsbetriebsvereinbarung

45 Der Arbeitgeber kann eine Versorgungsbetriebsvereinbarung kündigen wie jede andere Betriebsvereinbarung auch. Die Kündigung bedarf **keines sachlichen Grundes**, die Kündigungsfrist beträgt drei Monate (§ 77 Abs. 5 BetrVG). Da es sich um eine freiwillige Betriebsvereinbarung handelt, entfaltet eine beendete Versorgungsbetriebsvereinbarung keine Nachwirkung.[50] Allerdings können die Betriebsparteien all dies anders regeln.

46 Eine beendete Versorgungsbetriebsvereinbarung entfaltet für die danach eintretenden Mitarbeiter keine Wirkung mehr, sie partizipieren nicht mehr an der betrieblichen Altersversorgung (siehe Rn 6). Aber wie wirkt sich die Beendigung einer Versorgungsbetriebsvereinbarung auf einen Mitarbeiter im laufenden Arbeitsverhältnis aus?

47 Zunächst sollte der Arbeitgeber die **beabsichtigte Verschlechterung** durch die Kündigung aus **Gründen der Rechtsklarheit** bereits in der **Kündigungserklärung** darlegen. Er sollte unmissverständlich aussprechen, ob er damit die neu eintretenden Mitarbeiter ausschließen möchte oder ob (und wie) sich die Kündigung auch auf die bestehenden Arbeitsverhältnisse auswirken soll.[51] Sonst bleibt dies u.U. jahrelang unklar. Als Eingriffsgrundlage reicht die Kündigung also zunächst aus, ohne dass es eines sachlichen Grundes bedarf.

48 Etwas anderes ist es, ob der beabsichtigte **Eingriffsumfang** gerechtfertigt ist. Zur Beurteilung dessen wendet das BAG sein **Drei-Stufen-Modell** an (siehe Rn 57 ff.). Es geht also darum, ob **zwingende**, **triftige** oder **sachlich-proportionale** Gründe bestehen, die einen Eingriff in die **entsprechend ausdifferenzierten Besitzstände im laufenden Arbeitsverhältnis** rechtfertigen. Ist dies nicht der Fall, behalten die Arbeitnehmer ihre Besitzstände, als wäre die Versorgungsbetriebsvereinbarung nicht

---

[48] BAG DB 1993, 1240.
[49] *Blomeyer/Otto*, Anh zu § 1 Rn 506 m.w.N.
[50] BAG DB 2002, 1114; BAG ZIP 2000, 850; *Neef*, in: 50 Jahre Bundesarbeitsgericht, S. 81, 93 f.
[51] Vgl. BAG NZA 2000, 322, 325; BAG NZA 2000, 498, 500.

beendet worden.[52] Das BAG hat diese etwas kompliziert anmutende Sichtweise in seiner Entscheidung vom 11.5.1999 so beschrieben:[53]

»Im Umfang dieser Beschränkung, die auch schon in der Kündigungserklärung des Arbeitgebers selbst zum Ausdruck kommen kann, bleibt die Betriebsvereinbarung als kollektiv-rechtliche Grundlage von Versorgungsansprüchen und Versorgungsanwartschaften erhalten. Die nach Kündigung der Betriebsvereinbarung verbleibenden Rechtspositionen genießen unverändert der Schutz des § 77 Abs. 4 S. 2 bis 4 BetrVG. Nach Auffassung des Senats werden auf diesem Weg die schützenswerten Interessen der Arbeitnehmer gewahrt, ohne dass das Regelungssystem verlassen werden muss, das bei Begründung des Versorgungswerks privatautonom gewählt worden ist. Mit der Klarstellung, dass die Rechtsgrundlage für die auf der Grundlage einer Betriebsvereinbarung erdienten Versorgungsanwartschaften und – Ansprüche durch die Kündigung der Betriebsvereinbarung nicht verändert wird, wird sogleich einem vom LAG nachvollziehbar erhobenen Einwand gegen die Rechtsprechung des Senats weitgehend die Grundlage entzogen. Zwar ist das vom Senat entwickelte dreiteilige Prüfungsschema für Eingriffe in Versorgungsbesitzstände nicht derart konkret gefasst, dass die unmittelbar Beteiligten von vorne herein und ohne weiteres erkennen können, ob vorgenommene Eingriffe wirksam sind oder nicht. Die Betriebspartner können aber in einem arbeitsgerichtlichen Beschlussverfahren feststellen lassen, welche Wirkungen die Kündigung hat und in welchem Umfang die Betriebsvereinbarung noch fortgilt.«

2. Abänderung einer Versorgungsbetriebsvereinbarung

Die Betriebsparteien können die Versorgungsbetriebsvereinbarung auch durch Abänderung verschlechtern. Dann gilt die Versorgungsbetriebsvereinbarung nur **noch** in ihrer **abgeänderten Fassung**. Allerdings gilt auch hier: Das BAG unterzieht die Verschlechterungen einer Prüfung anhand des **Drei-Stufen-Modells** (vgl. Rn 57 ff.).[54] Nur wenn sie dieser Prüfung standhalten, sind die Verschlechterungen wirksam. 49

3. Ersetzung durch Versorgungstarifvertrag

Eine Versorgungsbetriebsvereinbarung kann auch durch einen Versorgungstarif ersetzt, verschlechtert werden. Die Versorgungsbetriebsvereinbarung wird dann wegen des 50

---

52 BAG DB 2002, 1114; *Griebeling/Griebeling*, Rn 869; *Langohr-Plato*, Rn 876 ff.; diese Rechtsprechung ist nicht unumstritten, vgl. *Blomeyer/Otto*, Anh zu § 1 Rn 543; ErfK/*Steinmeyer*, vor BetrAVG Rn 27, welche die zukünftigen Anwartschaftssteigerungen (dritte Stufe) vom Schutz ausnehmen wollen; kritisch auch *Roßmanith*, DB 1999, 634, der eine andere Konzeption verfolgt.
53 BAG NZA 2000, 322, 324.
54 BAG DB 1991, 449; BAG DB 1998, 779; *Blomeyer/Otto*, Anh zu § 1 Rn 508 ff.; *Griebeling*, ZIP 1993, 1057.

§ 4 Einschränkungen bei der betrieblichen Altersversorgung

Tarifvorrangs unwirksam (§ 77 Abs. 3 BetrVG). Das Günstigkeitsprinzip des § 4 Abs. 4 TVG ist hier nicht einschlägig.[55]

51 Bei Versorgungstarifverträgen wendet das BAG das Drei-Stufen-Modell (vgl. Rn 57 ff.) **nicht** an. Begründung: Die Tarifvertragsparteien haben aufgrund der verfassungsrechtlich gewährleisteten Tarifautonomie einen größeren Regelungsspielraum.[56] Verschlechterungen durch einen Versorgungstarifvertrag sind allerdings nicht schrankenlos zulässig. Sie dürfen nicht gegen zwingendes Gesetzesrecht, die guten Sitten und gegen tragende Grundsätze des Arbeitsrechts verstoßen.[57] Die Einzelheiten sind noch wenig geklärt. Allerdings kommen Versorgungstarifverträge auch selten vor, weswegen die aufgeworfenen Fragen eher theoretischer Natur sind.[58]

52 Die Verschlechterung erstreckt sich nur auf diejenigen Mitarbeiter, welche der vertragsschließenden Gewerkschaft angehören. Auf die nicht-organisierten Mitarbeiter findet der Versorgungstarifvertrag nur Anwendung, wenn in der Versorgungsbetriebsvereinbarung ein entsprechender Öffnungsvorbehalt formuliert ist.[59]

4. Individualrechtlicher Verzicht/Einschränkung

53 Eine Vereinbarung zwischen Arbeitgeber und Arbeitnehmer über den Verzicht oder die Einschränkung von Ansprüchen aus der betrieblichen Altersversorgung ist nur wirksam, wenn der Betriebsrat zustimmt. Diese Zustimmung muss ausdrücklich erklärt werden, bloßes Schweigen oder das Einnehmen einer neutralen Haltung genügt nicht.[60]

V. Verschlechterung eines Versorgungstarifvertrags

54 Basiert die betriebliche Altersversorgung auf einem Versorgungstarifvertrag, so kann dieser nach allgemeinen Grundsätzen gekündigt werden. Ein gekündigter Versorgungstarifvertrag **wirkt aber für die laufenden** – nicht für neu begründete (siehe Rn 7) – **nach** (§ 4 Abs. Abs. 5 TVG).[61] Die betriebliche Altersversorgung wird durch die Kündigung also nicht beendet. Wohl aber können Arbeitgeber und Arbeitnehmer im Stadium der Nachwirkung **verschlechternde individualrechtliche Vereinbarungen** treffen.

55 Wird ein Versorgungstarifvertrag durch einen **neuen Tarifvertrag verschlechtert**, so findet auch insofern **keine Kontrolle durch das Drei-Stufen Modell** statt (vgl.

---

55 *Andresen/Förster/Rößler*, Teil 12 Rn 309.
56 *Griebeling/Griebeling*, Rn 876.
57 *Kemper u.a.*, § 1 Rn 281 m.N. zur Rspr.
58 So auch *Griebeling*, ZIP 1993, 1059.
59 *Blomeyer/Otto*, Anh zu § 1 Rn 545; kritisch *Andresen/Förster/Rößler*, Teil 12 Rn 310.
60 BAG NZA 1998, 383; *Blomeyer/Otto*, Anh zu § 1 Rn 565.
61 *Blomeyer/Otto*, Anh zu § 1 Rn 127.

B. Verschlechterung im Rahmen bestehender Arbeitsverhältnisse § 4

Rn 57 ff.). Die Verschlechterung darf aber nicht gegen zwingendes Gesetzesrecht, die guten Sitten und tragende Grundsätze des Arbeitsrechts verstoßen.[62] Zu den tragenden Grundsätzen des Arbeitsrechts dürften auch Verhältnismäßigkeitsprinzip und Vertrauensschutz gehören. Insofern findet auch eine – weniger strikte – Kontrolle anhand dieser Prinzipien statt.[63] Die Einzelheiten sind noch wenig geklärt.

Eine **individuelle Vereinbarung** zwischen Arbeitgeber und Arbeitnehmer über den Verzicht oder die Einschränkung von tariflichen Versorgungsansprüchen ist nur wirksam, wenn dies durch einen **von den Tarifvertragsparteien gebilligten Vergleich** geschieht (§ 4 Abs. 4 TVG). 56

VI. Eingriffsumfang und Bestandsschutz in der betrieblichen Altersversorgung (Drei-Stufen-Modell)

1. Grundlage des Drei-Stufen-Modells

Steht fest, dass die Voraussetzungen für einen Eingriff in die betriebliche Altersversorgung grundsätzlich vorliegen, ist zu untersuchen, in welchem **Umfang** ein Eingriff erfolgen kann. Hierzu hat das Bundesarbeitsgericht ein Drei-Stufen-Modell des Besitzschutzes der Arbeitnehmer entwickelt, welches in der Regel bei jedem Eingriff berücksichtigt werden muss. Nur bei folgenden Eingriffen ist das nachfolgende Drei-Stufen-Modell nicht einschlägig: 57

- bei Eingriffen, die auf einer Vereinbarung zwischen Arbeitgeber und Arbeitnehmer beruhen; solche Vereinbarungen sind bis zur Grenze des Rechtsmissbrauchs zulässig;
- bei einem Widerruf der Versorgungszusage wegen einer Treuepflichtverletzung des Arbeitnehmers;
- bei Verschlechterungen durch einen Versorgungstarifvertrag (siehe Rn 55).

Für alle anderen Fälle wendet das BAG das nachfolgende Drei-Stufen-Modell an. Als dogmatischen Ansatzpunkt für die Überprüfung, ob der Umfang eines Eingriffs in ein bestehendes Altersversorgungssystem den Besitzschutz der Arbeitnehmer angemessen berücksichtigt, greift das Bundesarbeitsgericht auf das **Verhältnismäßigkeitsprinzip** und den Grundsatz des **Vertrauensschutzes** zurück.[64] Je stärker ein Eingriff den Besitzstand aus der betrieblichen Altersversorgung antastet, desto gewichtiger müssen die dafür vorgebrachten Gründe sein. Für die konkrete Überprüfung nimmt das BAG in ständiger Rechtsprechung[65] folgende **Dreiteilung** vor: 58

---

62 *Kemper u.a.*, § 1 Rn 281 m.N. zur Rspr.
63 *Andresen/Förster/Rößler*, Teil 12 Rn 309.
64 BAG DB 1991, 449; BAG BB 2000, 516, 517.
65 BAG DB 1986, 228; BAG BB 1990, 2047; vgl. auch *Langohr-Plato*, Rn 915 ff.

2. Erdienter Teilbetrag – Eingriff nur aus zwingendem Grund

59 Am stärksten ist der Besitzschutz bei dem sog. **erdienten Teilbetrag** ausgestaltet. Es handelt sich dabei um den am Änderungsstichtag gem. § 2 Abs. 1 BetrAVG zu errechnenden Teilbetrag, der sich aus dem Verhältnis von erreichter und möglicher Dienstzeit ergibt.[66] Ein Unterschied zwischen verfallbaren und unverfallbaren Ansprüchen ist nicht zu machen.[67] Denn unabhängig von der Verfallbarkeit hat der Arbeitnehmer diese Ansprüche durch die bisherige Arbeitsleistung und Betriebstreue bereits verdient, er hat insoweit vorgeleistet. Darum kann in diesen Anspruch nur in seltenen Ausnahmefällen eingegriffen werden. Eingriff bedeutet, dass der Arbeitnehmer später aufgrund der Änderung weniger erhält als er zum Stichtag der Änderung bereits erdient hat.[68]

60 Ein solcher Eingriff in den bereits erdienten Teilbetrag bedarf eines **zwingenden Grundes**, vor allem der **schweren wirtschaftlichen Notlage des Unternehmens** oder der **planwidrigen Überversorgung** der Arbeitnehmer. Eine **schwere wirtschaftliche Notlage** liegt nur dann vor, wenn der **Bestand des Unternehmens** ernsthaft gefährdet ist.[69] Wird das Unternehmen von einem Einzelkaufmann oder einer Personengesellschaft getragen, so ist auch das **Privatvermögen** zu berücksichtigen.[70] Die Bestandsgefährdung hat das Unternehmen durch eine Betriebsanalyse eines unabhängigen Sachverständigen darzulegen.[71] **Zur Klarstellung**: Eine solche wirtschaftliche Notlage reicht nach der Änderung des § 7 BetrAVG als Grund für einen Widerruf nicht mehr aus (siehe Rn 24 ff.). Ist aber ein **Eingriff aus anderen Gründen zulässig**, etwa aufgrund einer abändernden Betriebsvereinbarung, so ist bei der Frage des **Eingriffsumfangs** im Rahmen des Drei-Stufen-Modells auch auf die wirtschaftliche Lage des Unternehmens abzustellen.

61 Von einer **planwidrigen Überversorgung** wird dann gesprochen, wenn die Gesamtversorgung die **letzten effektiven Arbeitseinkünfte übersteigt** und diese Höhe **planwidrig**, etwa durch **Änderungen gesetzlicher Regelungen**, eingetreten ist. Eine bloße Überversorgung, die nicht planwidrig ist, reicht dagegen nicht aus.[72] Außerdem darf sich aus der Versorgungszusage nicht ergeben, dass das Unternehmen das Veränderungsrisiko übernommen hat.[73] Ist das nicht der Fall, so kann in den Anteil, welcher der Überversorgung entspricht, grundsätzlich eingegriffen werden.

---

66 *Griebeling/Griebeling*, Rn 842.
67 BAG ZIP 2000, 850; ErfK/*Steinmeyer*, vor BetrAVG Rn 28a; *Kemper u.a.*, § 1 Rn 240.
68 Vgl. BAG v. 16.12.2003 – 3 AZR 39/03; *Kemper u.a.*, § 1 Rn 251 ff.
69 *Andresen/Förster/Rößler*, Teil 12 Rn 395 ff.
70 BAG DB 1966, 115; BAG DB 1980, 2141.
71 *Andresen/Förster/Rößler*, Teil 12 Rn 402, 440 ff. m. umfangreichen Nachw.
72 BAG DB 1991, 449; *Langohr-Plato*, Rn 924 ff.
73 ErfK/*Steinmeyer*, vor BetrAVG Rn 36.

3. Zeitanteilig erdiente Dynamik – Eingriff nur aus triftigem Grund

Nicht ganz so stark wirkt der Besitzschutz bei der **zeitanteilig erdienten Dynamik**. Darunter versteht man einen von der Länge der Dienstzeit selbst unabhängigen Bemessungsfaktor für die Betriebsrente, die bereits zeitanteilig erdient ist. Beispiel: Die Höhe der Rente hängt (auch) vom Endgehalt des Mitarbeiters ab. In dem Fall hat der Arbeitnehmer bis zu der beabsichtigten Verschlechterung zumindest einen Anteil des Faktors »Endgehalt« durch Vorleistung erworben.[74] In diesen Bestandteil der Altersversorgung darf nur aus **triftigen Gründen** eingegriffen werden.[75] Ein solcher triftiger Grund kann wirtschaftlicher, aber auch nichtwirtschaftlicher Art sein. 62

Ein triftiger Grund **wirtschaftlicher Art** liegt vor, wenn die Versorgungslast langfristig die Substanz des Unternehmens gefährden würde.[76] Anknüpfungspunkt ist dabei die schlechte wirtschaftliche Lage i.S.d. § 16 BetrAVG, aufgrund derer auch eine Anpassung der Renten an die Kaufkraftentwicklung verweigert werden könnte.[77] Dies kann etwa der Fall sein, wenn aufgrund der Versorgungslast eine **angemessene Eigenkapitalverzinsung** dauerhaft gefährdet ist.[78] 63

Als Beispiel für einen **triftigen Grund nicht wirtschaftlicher Art** wird häufig die Vereinheitlichung verschiedener Versorgungssysteme in einem Unternehmen oder Konzern genannt.[79] Ein weiteres Beispiel ist ein Eingriff, welcher die Verzerrung des Leistungsgefüges beseitigen soll, ohne dabei den Gesamtaufwand des Versorgungssystems zu reduzieren.[80] 64

4. Dienstzeitabhängige Zuwächse – Eingriff nur aus sachlichem Grund

Am geringsten wiegt der Besitzschutz bei **dienstzeitabhängigen Zuwächsen**. Dies sind Zuwächse, die rein vom Zeitablauf abhängen. Dem Arbeitnehmer steht zwar ein entsprechender Anspruch zu, er hat dafür aber noch keine Vorleistung erbracht. Deshalb kann in die dienstzeitabhängigen Zuwächse schon eingegriffen werden, wenn dafür ein **sachlich-proportionaler Grund** besteht.[81] 65

Für einen sachlich-proportionalen Grund ist es erforderlich, dass die Eingriffsentscheidung **willkürfrei**, **nachvollziehbar** und **anerkennenswert** ist.[82] Sie kann auf 66

---

74 *Griebeling/Griebeling*, Rn 845.
75 BAG BB 2000, 516, 518; *Langohr-Plato*, Rn 928.
76 BAG DB 1984, 2461.
77 *Andresen/Förster/Rößler*, Teil 12 Rn 613 ff., der dieses Kriterium als wenig griffig beschreibt und die damit verbundene Rechtsunsicherheit kritisiert.
78 BAG BB 2000, 516, 518.
79 *Andresen/Förster/Rößler*, Teil 12 Rn 617; *Langohr-Plato*, Rn 828.
80 BAG DB 1991, 503.
81 BAG DB 2002, 1114.
82 BAG DB 1986, 228; *Langohr-Plato*, Rn 931.

§ 4 Einschränkungen bei der betrieblichen Altersversorgung

wirtschaftlichen Gründen beruhen. Entsprechende wirtschaftliche Schwierigkeiten müssen konkret vorgetragen werden; außerdem müssen andere Einsparmöglichkeiten in Betracht gezogen worden sein; ein Sachverständigengutachten oder ein Sanierungsplan ist jedoch nicht erforderlich.[83] Ein sonstiger sachlich-proportionaler Grund kann in einer **Fehlentwicklung der betrieblichen Altersversorgung infolge einer geänderten Sach- und Rechtslage** liegen. Insbesondere Änderungen durch Sozial- und Steuerreformen gehören dazu, sofern sie zu einer erheblichen Mehrbelastung durch die Altersversorgung führt.[84]

5. Verhältnismäßigkeit, Übergangsregelungen, Härteklauseln

67 Auf jeder einzelnen der genannten drei Stufen ist das **Verhältnismäßigkeitsprinzip** zu beachten. Das heißt der Eingriff muss geeignet, erforderlich und angemessen sein. Ferner hat der Arbeitgeber auf jeder der drei Stufen auch **Härtefallklauseln** und **Übergangsregelungen** zu überprüfen und einzuführen.[85] So sind u.U. rentennahe Jahrgänge von Verschlechterungen auszunehmen, weil sie ihre Versorgung nicht mehr umstellen und Einbußen ausgleichen können.[86]

VII. Mitbestimmung des Betriebsrats

1. Allgemeine Grundsätze

68 Bei Maßnahmen der betrieblichen Altersversorgung beurteilt sich die Mitbestimmung des Betriebsrates nach **§ 87 Abs. 1 Nr. 10 und Nr. 8 BetrVG**. Dabei ist nach Durchführungswegen zu unterscheiden:

69 Bei einer **unmittelbaren Versorgungszusage** und einer **Direktversicherung** beurteilt sich die Mitbestimmung nach **§ 87 Abs. 1 Nr. 10 BetrVG**. Es geht also um Fragen der betrieblichen Lohngestaltung. § 87 Abs. 1 Nr. 8 BetrVG ist dagegen nicht einschlägig, keine dieser beiden Durchführungswegen ist eine Versorgungseinrichtung.[87] Anders beurteilt sich die Lage bei **Pensionskassen**, **Pensionsfonds** und **Unterstützungskassen**. Diese stellen Versorgungseinrichtungen dar, die Mitbestimmung des Betriebsrates ergibt sich also aus **§ 87 Abs. 1 Nr. 8 BetrVG**. Dagegen findet § 87 Abs. 1 Nr. 10 BetrVG keine Anwendung.[88] Auch wenn zwei verschiedene Mitbestimmungs-

---

83 *Griebeling/Griebeling*, Rn 847.
84 BAG DB 2000, 525; *Langohr-Plato*, Rn 931.
85 *Andresen/Förster/Rößler*, Teil 12 Rn 740 ff.; *Willemsen u.a./Doetsch/Rühman*, Rn 177; *Langohr-Plato*, Rn 933.
86 BAG DB 1982, 46.
87 *Schaub*, § 81 Rn 355 ff.
88 *Küttner/Kreitner*, Nr. 102 Rn 73.

tatbestände berührt sind, bestehen inhaltlich keine Unterschiede. Es gelten die gleichen Maßstäbe.[89]

Mitbestimmungsfrei ist allerdings die Entscheidung des Arbeitgebers, **ob** er eine betriebliche Altersversorgung einführt. Eine solche Einführung kann der Betriebsrat nicht erzwingen.[90] Mitbestimmungspflichtig ist dann jedoch, **wie** die betriebliche Altersversorgung ausgestaltet wird, also die **Verteilung** bzw. der **Leistungsplan**.[91] Mitbestimmungspflichtig ist auch die **Veränderung eines bestehenden Versorgungssystems** und der **Widerruf oder die Schließung** eines Versorgungssystems, **sofern sich die Verteilung ändert**.[92]

70

Beruht die betriebliche Altersversorgung allerdings auf einem **Versorgungstarifvertrag**, ist **kein Raum für eine Mitbestimmung des Betriebsrats** (§ 87 Abs. 1 BetrVG). Nur wenn der Versorgungstarifvertrag lückenhaft ist und für den Arbeitgeber ein Regelungsspielraum verbleibt, greifen insofern die Mitbestimmungstatbestände des § 87 Abs. 1 Nr. 10 oder Nr. 8 BetrVG.[93] Das bedeutet, dass bei einer **Verschlechterung des Versorgungstarifvertrags** der **Betriebsrat** in aller Regel **nicht zustimmen** muss.

71

2. Kollektiver Tatbestand

Voraussetzung für die Mitbestimmung des Betriebsrats ist, dass es sich um einen kollektiven Tatbestand handelt. Somit sind Versorgungsgestaltungen für einzelne Mitarbeiter nicht mitbestimmungspflichtig.[94] Auch Verschlechterungen für einzelne Mitarbeiter sind nicht mitbestimmungspflichtig, etwa ein Widerruf aufgrund Treuepflichtverletzung.[95]

72

3. Mitbestimmung bei den verschiedenen Arten der Verschlechterungen

Bei **einvernehmlichen verschlechternden Vereinbarungen** zwischen **Arbeitgeber und Arbeitnehmer** muss der Betriebsrat zustimmen, wenn es um Ansprüche aus einer Versorgungsbetriebsvereinbarung geht (§ 77 Abs. 4 BetrVG).[96] Ansonsten besteht die Zustimmungspflicht nur, wenn die individuelle Vereinbarung einen **kollektiven Bezug** haben. Die Anzahl der betroffenen Mitarbeiter ist nicht entscheidend, kann aber ein

73

---

89 BAG DB 1988, 2411; *Langohr-Plato*, Rn 964.
90 BAG AP Nr. 1 bis 3 zu § 87 BetrVG 1972 Altersversorgung; *Däubler/Klebe*, § 87 Rn 264.
91 *Däubler/Klebe*, § 87 Rn 264; *Langohr-Plato*, Rn 970.
92 *Tschöpe/Schipp*, Teil 2E Rn 457.
93 *Blomeyer/Otto*, Anh zu § 1 Rn 382 f.
94 *Blomeyer/Otto*, Anh zu § 1 Rn 384; *Langohr-Plato*, Rn 965.
95 So auch *Schaub*, § 81 Rn 330, allerdings mit der Erwägung, ob nicht der Betriebsrat wie bei einer Kündigung gem. § 102 BetrVG anzuhören ist.
96 BAG NZA 2000, 498, 501.

Indiz für eine kollektive Regelung sein. Entsprechendes gilt, wenn der **Arbeitgeber Versorgungszusagen widerruft.**

74 *Praxishinweis*
Der kollektive Bezug einer Verschlechterung darf nicht vorschnell verneint werden, sondern ist sorgfältig zu überprüfen. Anderenfalls besteht die Gefahr, dass die Verschlechterung allein wegen Nichtbeteiligung des Betriebsrats unwirksam ist (siehe Rn 81).

75 Bei der **Kündigung einer Betriebsvereinbarung** hat der **Betriebsrat keine Zustimmungsrechte**, und zwar auch dann nicht, wenn durch die Kündigung in die Versorgungsansprüche im laufenden Arbeitsverhältnis eingegriffen, und somit die Verteilung geändert wird. Dies ergibt sich aus der dargestellten Sichtweise des BAG über die Wirkung einer Kündigung (siehe Rn 45 ff.).

76 Bei **ablösenden oder abändernden Betriebsvereinbarungen** ist der Betriebsrat **Vertragspartei**, er ist also entsprechend zu beteiligen, ggf. bis zur Einigungsstelle.

77 Bei **ablösenden oder abändernden Tarifverträgen** entfällt die **Mitbestimmung** des Betriebsrates in aller Regel gem. § 87 Abs. 1 BetrVG.

4. Durchführung der Mitbestimmung

78 Plant der Arbeitgeber mitbestimmungspflichtige Verschlechterungen der betrieblichen Altersversorgung, ist der Betriebsrat zunächst **rechtzeitig zu informieren**. Er darf **nicht vor vollendete Tatsachen** gestellt werden. Sodann ist zu verhandeln, bis die Betriebsparteien zu einem Ergebnis kommen, sei es in einer **Betriebsvereinbarung**, sei es in einer **Regelungsabrede**.[97] Kommt es zu keiner einvernehmlichen Lösung, ist die **Einigungsstelle** einzuschalten (§ 87 Abs. 2 BetrVG).

79 Erfolgt die betriebliche Altersversorgung über eine Unterstützungs- oder Pensionskasse, also einer verselbständigten Versorgungseinrichtung, kann die Mitbestimmung auf zwei verschiedene Weisen durchgeführt werden: Arbeitgeber und Betriebsrat einigen sich über eine mitbestimmungspflichtige Verschlechterung; der Arbeitgeber hat die Einigung dann gegenüber der Versorgungseinrichtung durchzusetzen (**zweistufige Lösung**). Oder Arbeitgeber und Betriebsrat besetzen die Organe der Versorgungseinrichtung paritätisch und entscheiden über mitbestimmungspflichtige Fragen in diesem Organ (**organschaftliche Lösung**).[98]

80 Ob **Betriebsrat, Gesamtbetriebsrat** oder **Konzernbetriebsrat** zuständig ist, beurteilt sich nach dem Umfang der Änderung. Für Änderung auf **betrieblicher Ebene** ist der

---

[97] *Blomeyer/Otto*, Anh zu § 1 Rn 409.
[98] Dazu *Schaub*, § 81 Rn 361.

Betriebsrat, auf **unternehmerischer Ebene** der Gesamtbetriebsrat und auf **Konzernebene** der Konzernbetriebsrat zuständig.[99]

5. Mitbestimmungswidrige Verschlechterung

Verschlechtert der Arbeitgeber die betriebliche Altersversorgung durch eine mitbestimmungspflichtige Maßnahme, ohne den Betriebsrat zu beteiligen, ist die Neuregelung unwirksam (**Theorie der Wirksamkeitsvoraussetzungen**).[100] Auf die individualrechtliche Zulässigkeit kommt es dabei nicht an. Ebenso wenig kommt es darauf an, auf welchem Durchführungsweg die Altersversorgung beruht.[101] **81**

VIII. Gerichtliche Auseinandersetzungen

Gerichtliche Auseinandersetzungen zwischen **Arbeitnehmer, Betriebsrat oder Gewerkschaft einerseits** und Arbeitgeber andererseits sind vor den **Arbeitsgerichten** auszutragen.[102] Bei Streitigkeiten zwischen Arbeitnehmern und Arbeitgebern über eine Verschlechterung der betrieblichen Altersversorgung können die konkreten Verschlechterungen wegen der Kompliziertheit der Materie häufig nicht beziffert werden. Zudem treten die Verschlechterungen oft erst in der Zukunft ein. Deshalb kommt bei solchen Rechtsstreitigkeiten der **Feststellungsklage** (§ 256 Abs. 1 ZPO) eine gesteigerte Bedeutung zu.[103] Der Arbeitnehmer braucht mit seiner Klage nicht zu warten, bis er in den Ruhestand tritt. **82**

Hat der Arbeitgeber mitbestimmungswidrig die betriebliche Altersversorgung verschlechtert, so stehen dem Betriebsrat **Unterlassungsansprüche** aus § 23 Abs. 1 BetrVG und aufgrund des allgemeinen Unterlassungsanspruchs zu.[104] Diese Unterlassungsansprüche kann er ggf. auch im Wege der **einstweiligen Verfügung** geltend machen.[105] **83**

Hält der Betriebsrat eine **ablösende oder abändernde Versorgungsbetriebsvereinbarung** im Nachhinein für unwirksam, so kann er einen entsprechenden **Feststellungsantrag** anhängig machen.[106] Des weiteren kann er mittels Feststellungsantrag die Wirkung der **Kündigung** einer Versorgungsbetriebsvereinbarung gerichtlich überprüfen **84**

---

99 *Blomeyer/Otto*, Anh zu § 1 Rn 413 f.; *Langohr-Plato*, Rn 979.
100 *Kemper u.a.*, § 1 Rn 358; *Küttner/Kreitner*, Nr. 102 Rn 76.
101 *Langohr/Plato*, Rn 981.
102 Näher dazu *Griebeling/Griebeling*, Rn 901 ff.
103 So auch *Griebeling/Griebeling*, Rn 907 ff.
104 *Blomeyer/Otto*, Anh zu § 1 Rn 419; *Langohr-Plato*, Rn 980.
105 *Blomeyer/Otto*, Anh zu § 1 Rn 419.
106 *Blomeyer/Otto*, Anh zu § 1 Rn 503.

lassen.[107] Die rechtskräftige Entscheidung hat auch **bindende Wirkung** im Verhältnis Arbeitgeber und Arbeitnehmer. Wird die Wirksamkeit der Betriebsvereinbarung rechtskräftig festgestellt, kann der Arbeitnehmer später aber immer noch geltend machen, dass seine konkreten Interessen nicht ausreichend berücksichtigt wurden.[108]

IX. Checkliste

85

Rechtsgrundlage	Eingriffsmöglichkeit	Eingriffsumfang	Mitbestimmung des Betriebsrates
Vertrag (ggf. mit kollektivem Bezug)	Einvernehmliche Verschlechterung: Ausdrückliche und unmissverständliche Zustimmung	Nach Vereinbarung; Rechtsmissbrauchskontrolle	Nein, nur wenn ausnahmsweise kollektiver Tatbestand; dann § 87 Abs. 1 Nr. 8 oder 10 BetrVG
	Widerruf wegen Treuepflichtverletzung: Schwere Verfehlung des Arbeitnehmers, aufgrund dessen Betriebstreue wertlos erscheint	Vollständiger Wegfall; ggf. Verhältnismäßigkeitsprinzip	Nein, nur wenn ausnahmsweise kollektiver Tatbestand; dann § 87 Abs. 1 Nr. 8 oder 10 BetrVG
	Widerruf wegen Wegfalls der Geschäftsgrundlage: Planwidrige Überversorgung oder wesentliche Änderung der Sach- und Rechtslage nicht mehr: wegen wirtschaftlicher Notlage (Änderung § 7 BetrAVG)	Drei-Stufen-Modell; Grundlage Verhältnismäßigkeitsprinzip und Vertrauensschutz *Erdienter Teilbetrag: zwingender Grund Zeitanteilige Dynamik: triftiger Grund Dienstzeitabhängige Zuwächse: sachlicher Grund*	Ja, 87 Abs. 1 Nr. 8, 10 BetrVG, es sei denn, ausnahmsweise individueller Tatbestand
	Widerruf aufgrund steuerunschädlichen Widerrufsvorbehalts: Deklaratorisch; wie Wegfall Geschäftsgrundlage	Drei-Stufen-Modell; Grundlage Verhältnismäßigkeitsprinzip und Vertrauensschutz *Erdienter Teilbetrag: zwingender Grund Zeitanteilige Dynamik: triftiger Grund Dienstzeitabhängige Zuwächse: sachlicher Grund*	Ja, 87 Abs. 1 Nr. 8, 10 BetrVG, es sei denn, ausnahmsweise individueller Tatbestand

---

107 BAG NZA 2000, 498, 501.
108 BAG NZA 2000, 498, 501 f.; *Blomeyer/Otto*, Anh zu § 1 Rn 503; *Langohr-Plato*, Rn 883.

B. Verschlechterung im Rahmen bestehender Arbeitsverhältnisse § 4

Rechts-grundlage	Eingriffsmöglichkeit	Eingriffsumfang	Mitbestimmung des Betriebsrates
	Widerruf bei Unterstützungskasse: Sachlicher Grund	Drei-Stufen-Modell; Grundlage Verhältnismäßigkeitsprinzip und Vertrauensschutz *Erdienter Teilbetrag: zwingender Grund* *Zeitanteilige Dynamik: triftiger Grund* *Dienstzeitabhängige Zuwächse: sachlicher Grund*	Ja, 87 Abs. 1 Nr. 8, 10 BetrVG, es sei denn, ausnahmsweise individueller Tatbestand
	Betriebsbedingte Änderungskündigung: Fraglich, ob nach Änderung des § 7 BetrAVG noch möglich; spielt praktisch keine Rolle	Unklar; wenn Änderungskündigung möglich, müsste ebenfalls Drei-Stufen-Modell gelten	§ 102 BetrVG; wenn kollektiver Tatbestand: auch § 87 Abs. 1 Nr. 8, 10 BetrVG
	Ablösung durch verschlechternde Betriebsvereinbarung (nur bei Verträgen mit kollektivem Bezug): 1) Umstrukturierende Betriebsvereinbarung: greift nicht in Dotierungsrahmen; kollektiver Günstigkeitsvergleich 2) Verschlechternde Betriebsvereinbarung: wenn betriebsvereinbarungsoffen; oder Wegfall Geschäftsgrundlage	Drei-Stufen-Modell	Ja, Abschluss Betriebsvereinbarung
	Ablösung durch Tarifvertrag: Nicht möglich; Günstigkeitsprinzip (§ 4 Abs. 3 TVG)		

§ 4 Einschränkungen bei der betrieblichen Altersversorgung

Rechts-grundlage	Eingriffsmöglichkeit	Eingriffsumfang	Mitbestimmung des Betriebsrates
Betriebsvereinbarung	Einvernehmliche Verschlechterung zwischen Arbeitgeber und Arbeitnehmer	Nach Vereinbarung; Rechtsmissbrauchskontrolle	Ja, weil Abweichung von BV; bei kollektivem Tatbestand auch § 87 Abs. 1 Nr. 8 oder 10 BetrVG
	Kündigung oder Abänderung einer Betriebsvereinbarung	Drei-Stufen-Modell	Nein bei Kündigung; ja bei Abänderung
	Ersetzung durch Versorgungstarifvertrag	Nicht gegen zwingendes Gesetzes, gute Sitten, tragende Grundsätze des Arbeitsrecht	Nein
Versorgungstarifvertrag	Einvernehmliche Verschlechterung zwischen Arbeitgeber und Arbeitnehmer: nur wenn Tarifvertragsparteien zustimmen, § 4 Abs. 4 TVG; Ausnahme; nachwirkender Tarifvertrag	Nach Vereinbarung; Rechtsmissbrauchskontrolle	Nein
	Abänderung durch Versorgungstarifvertrag	Nicht gegen zwingendes Gesetz, gute Sitten, tragende Grundsätze des Arbeitsrechts	Nein

C. Verschlechterung des betrieblichen Versorgungssystems für Ausgeschiedene und Betriebsrentner

I. Verschlechterungsmöglichkeiten

86 Ist ein Arbeitnehmer aus dem Unternehmen ausgeschieden oder erhält er bereits die erworbene Betriebsrente, so ist eine **Verschlechterung nahezu unmöglich**. Denn ein Ausgeschiedener oder Betriebsrentner hat die **Gegenleistung** für die Rente schon **in vollem Umfang** erbracht.

87 Eine eher theoretische Möglichkeit stellt die **einvernehmliche Beschränkung oder der Verzicht auf Ansprüche auf die Betriebsrente** dar. Warum sollte sich der

C. Verschlechterung für Ausgeschiedene und Betriebsrentner § 4

Rentner/Ausgeschiedene darauf einlassen? Bei Ansprüchen, welche auf einem Versorgungstarifvertrag beruhen, ist zudem das Erfordernis des § 4 Abs. 5 TVG einzuhalten.

Der **einseitige Widerruf** einer individualrechtlichen Versorgungszusage oder einer solchen mit kollektivem Bezug ist nicht zulässig. **Ausnahme**: Der Widerruf bezieht sich auf eine planwidrige Überversorgung.[109] In dem Fall ist aber gegenüber dem Betriebsrentner wiederum nur der Abbau der Überversorgung gerechtfertigt, nicht aber eine umstrukturierende Neuverteilung.[110] 88

Eine Verschlechterung durch **Betriebsvereinbarung** ist gegenüber Betriebsrentnern oder Ausgeschiedenen nicht möglich. Die Vertretungsbefugnis der Betriebsparteien bezieht sich nicht auf ausgeschiedene Mitarbeiter.[111] Auch hier gibt es aber eine Ausnahme: Die Versorgungszusage enthält eine sog. **Jeweiligkeitsklausel**, nach der die Geltung der jeweiligen Ruhegeldordnung vertraglich vereinbart ist.[112] Dann gelten spätere Verschlechterungen auch für Ausgeschiedene und Betriebsrentner, sofern sie einer Überprüfung nach dem Verhältnismäßigkeitsgrundsatz standhalten (das Drei-Stufen-Modell, siehe Rn 57 ff., gilt in dieser Form nur hinsichtlich der Anwartschaften der beim Arbeitgeber aktiven Arbeitnehmer).[113] 89

Ob eine Verschlechterung für Betriebsrentner oder Ausgeschiedene durch **einen abändernden Versorgungstarifvertrag** möglich ist, ist noch nicht ausreichend geklärt. Das Bundesarbeitsgericht scheint sich der Auffassung anzunähern, dass eine Verschlechterung auch für Ausgeschiedene und Betriebsrentner wirken kann, insofern also die Kompetenz der Tarifvertragsparteien gegeben ist.[114] Eine Verschlechterung gilt jedenfalls dann auch für Ausgeschiedene und Betriebsrentner, wenn deren Versorgungszusage eine **Jeweiligkeitsklausel** enthielt und die Verschlechterung nicht gegen zwingendes Recht, die guten Sitten oder tragende Grundsätze des Arbeitsrechts verstößt.[115] 90

II. Mitbestimmung des Betriebsrats

Nach überwiegender Auffassung erlischt die Vertretungsbefugnis des Betriebsrats mit Austritt des Arbeitnehmers. Verschlechterungen für Ausgeschiedene oder Betriebsrentner bedürfen also grundsätzlich nicht der Zustimmung des Betriebsrats.[116] Konse- 91

---

109 BAG DB 1999, 751; *Langohr-Plato*, Rn 937 ff.
110 BAG DB 1999, 751.
111 BAG DB 1999, 750; *Langohr-Plato*, Rn 947; a.A. etwa *Griebeling/Griebeling*, Rn 888 f.
112 BAG DB 1994, 891; LAG Köln NZA-RR 1997, 23; *Kemper u.a.*, § 1 Rn 272; *Langohr-Plato*, Rn 950.
113 Vgl. dazu auch BAG EzA § 1 BetrAVG Ablösung Nr. 23.
114 BAG EzA § 1 BetrAVG Ablösung Nr. 10; vgl. dazu *Blomeyer/Otto*, Anh zu § 1 Rn 550; *Kemper u.a.*, § 1 Rn 286.
115 BAG DB 1994, 891; *Blomeyer/Otto*, Anh zu § 1 Rn 556.
116 So das BAG und die h.M., vgl. BAG NJW 1956, 1086; BAG DB 1989, 1195; *Langohr-Plato*, Rn 972; a.A. *Blomeyer/Otto*, Anh zu § 1 Rn 103 f.; *Griebeling/Griebeling*, Rn 888 f.

quenterweise muss dies auch bei individuell verhandelten Einschränkungen bei Versorgungsbetriebsvereinbarungen zwischen Arbeitgeber und Ausgeschiedenem gelten. Auch diese bedürfen nicht der Zustimmung des Betriebsrats.[117]

III. Checkliste

92

Rechtsgrundlage	Eingriffsmöglichkeit	Eingriffsumfang	Mitbestimmung
Individualvertrag (ggf. mit kollektivem Bezug)	Einvernehmliche Änderung: Ausdrücklich und unmissverständlich Zustimmung	Nach Vereinbarung; Rechtsmissbrauchskontrolle	Nein, keine Vertretungskompetenz
	Widerruf wegen planwidriger Überversorgung	Nur Abbau der Überversorgung	Nein, keine Vertretungskompetenz
	Widerruf wegen Treuepflichtverletzung: ruinöser Wettbewerb des AN, dadurch existenzielle Krise des Unternehmens	Vollständiger Wegfall; ggf. Verhältnismäßigkeitsprinzip	Nein, keine Vertretungskompetenz
	Ablösende BV, wenn Jeweiligkeitsklausel	Drei-Stufen-Modell	Ja, Änderung BV
2. Betriebsvereinbarung	Einvernehmliche Änderung: Ausdrücklich und unmissverständlich	Nach Vereinbarung; Rechtsmissbrauchskontrolle	Nein, mangels Vertretungskompetenz
	Kündigung BV, wenn Jeweiligkeitsklausel	Verhältnismäßigkeitsgrundsatz	Nein
	Abändernde BV, wenn Jeweiligkeitsklausel	Verhältnismäßigkeitsgrundsatz	Ja, Abschluss BV
3. Tarifvertrag	Einvernehmliche Änderung: Ausdrücklich und unmissverständlich	Nach Vereinbarung; Rechtsmissbrauchskontrolle	Nein

---

117 A.A. *Blomeyer/Otto*, Anh zu § 1 Rn 567.

D. Betriebliche Altersversorgung bei Insolvenz des Arbeitgebers § 4

Rechtsgrundlage	Eingriffsmöglichkeit	Eingriffsumfang	Mitbestimmung
	Durch abändernden Tarifvertrag: Fraglich, wohl ja bei Jeweiligkeitsklausel	Nicht gegen zwingendes Recht, gute Sitten, tragende Grundsätze des Arbeitsrechts	Nein

D. Betriebliche Altersversorgung bei Insolvenz des Arbeitgebers (Eintritt des Pensionssicherungsvereins)

Verschlechterungen in der betrieblichen Altersversorgungen sind am stärksten in der Insolvenz des Arbeitgebers gefährdet. Dem begegnet das Gesetz mit einem **gesonderten Sicherungssystem**, welches im Folgenden nur grob skizziert werden kann. 93

I. Träger der Insolvenzsicherung

Träger der Insolvenzsicherung ist gem. § 14 Abs. 1 BetrAVG der Pensionssicherungsverein auf Gegenseitigkeit in Köln (Berlin-Kölnische-Allee 2–4, 50969 Köln, Tel.: 0221-93 65 90, Telefax: 0221-90 65 91 96; Internet: *www.psvag.de*). 94

II. Sicherungsfälle gem. § 7 BetrAVG

§ 7 BetrAVG sieht 4 Fälle vor, deren Eintritt zu einer gesonderten Sicherung führt. Dies sind: 95
- Eröffnung des Insolvenzverfahrens über das Vermögen des Arbeitgebers
- Abweisung des Insolvenzantrags mangels Masse
- Außergerichtlicher Vergleich des Arbeitgebers mit den Gläubigern zur Abwendung des Insolvenzverfahrens, allerdings nur mit Zustimmung des Trägers der Insolvenzsicherung
- Vollständige Einstellung der Betriebstätigkeit, wenn ein Insolvenzantrag nicht gestellt ist und ein Insolvenzverfahren mangels Masse ausgeschlossen werden kann.

Das Rentenreformgesetz 1999 hat die früheren Sicherungsfälle des gerichtlichen Vergleichsverfahrens und der wirtschaftlichen Notlage beseitigt, weil sie in der Praxis kaum vorkamen. Dies hat auch Auswirkungen auf das Recht des Arbeitgebers auf einen einseitigen (Teil-)Widerruf der Versorgungszusage. Einen solches Recht zum 96

§ 4 Einschränkungen bei der betrieblichen Altersversorgung

Widerruf kann er im Hinblick auf insolvenzgeschützte Rechte des Arbeitnehmers nicht mehr auf eine wirtschaftliche Notlage stützen (siehe Rn 24 ff.).

97 Mit Eintritt des Sicherungsfalls wird der Pensionssicherungsverein Schuldner der Versorgungsansprüche (Schuldnerwechsel). Zwischen Versorgungsberechtigtem und Pensionssicherungsverein entsteht ein **gesetzliches Schuldverhältnis**.

III. Gesicherte Versorgungsansprüche

98 Gesichert sind die **laufenden Leistungen** an die **Betriebsrentner** und die **Ansprüche** derjenigen **Arbeitnehmer**, bei denen alle Voraussetzungen für den Bezug von Leistungen aus der betrieblichen Altersversorgung gegeben sind.[118] Eine **Anpassung** der laufenden Leistungen gem. § 16 BetrAVG zu Lasten des Trägers der Insolvenzsicherung findet allerdings **nicht** mehr statt.[119]

99 Gesichert sind weiterhin die **unverfallbaren Anwartschaften** gem. § 2 BetrAVG. Beruht die Unverfallbarkeit auf einer vertraglichen Vereinbarung, liegen aber die gesetzlichen Voraussetzungen des § 2 BetrAVG nicht vor, sind die entsprechenden Ansprüche nicht gesichert. Der Träger der Insolvenzsicherung ist an solche vertraglichen Abreden **nicht gebunden**.[120] Allerdings kann die Unverfallbarkeit auf **vertragliche begründete Anrechnung von Vordienstzeiten** beruhen, daran ist auch der Träger der Insolvenzsicherung gebunden.[121]

100 Die vom Träger der Insolvenzsicherung zu erbringenden Leistungen werden in § 7 Abs. 2 S. 3 bis 5 BetrAVG bestimmt. § 7 Abs. 3 BetrAVG legt **Höchstgrenzen** fest (das Dreifache der im Zeitpunkt der ersten Rentenfälligkeit geltenden monatlichen Bezugsgröße gem. § 18 SGB IV), oberhalb derer keine Insolvenzsicherung besteht. Im Rahmen dieser Darstellung ist hinsichtlich Berechnung und Begrenzung der Ansprüche auf die umfangreichen Kommentierungen zum BetrAVG zu verweisen.

101 Der Arbeitnehmer genießt allerdings **keinen Insolvenzschutz** für Schäden, die sich aus **unterlassenen Beitragszahlungen des Arbeitgebers bei einer Direktversicherung** ergeben.[122] Insofern ist er auf Schadensersatzansprüche angewiesen, die sich ggf. gegen Geschäftsführer und Gesellschafter des Arbeitgebers richten können.

---

118 Vgl. BAG ZIP 1999, 1018; Tschöpe/*Schipp*, Teil 2E Rn 329.
119 BAG DB 1994, 687; Tschöpe/*Schipp*, Teil 2E Rn 330.
120 BAG DB 2000, 482; *Kemper u.a.*, § 7 Rn 63.
121 BAG NZA 2001, 1310.
122 Küttner/*Kreitner*, Nr. 102 Rn 83.

D. Betriebliche Altersversorgung bei Insolvenz des Arbeitgebers § 4

IV. Beginn und Ende der Leistungspflicht

Die Leistungspflicht des Pensionssicherungsvereins beginnt mit dem **Monat, der auf den Sicherungsfall** folgt (§ 7 Abs. 1 a S. 1 BetrAVG). Rückständige Versorgungsleistungen hat der Pensionssicherungsverein bis zu einer Dauer von sechs Monaten auszugleichen.[123] Die Leistungspflicht endet mit dem **Sterbemonat des Versorgungsberechtigten.** 102

V. Schutz des Pensionssicherungsvereins vor Rechtsmissbrauch

Gem. § 7 Abs. 5 BetrAVG entfällt die Einstandspflicht des Pensionssicherungsvereins in fällen des **missbräuchlichen Zusammenwirkens zwischen Arbeitgeber und Arbeitnehmer zu Lasten des Pensionssicherungsvereins.** Drei Fallgruppen sind zu unterscheiden (wegen der Einzelheiten wird auf die gängigen Kommentare verwiesen): 103

- Der alleinige oder überwiegende Zweck der Versorgungszusage oder ihrer Verbesserung oder der Beleihung, Abtretung oder Verpfändung einer Direktversicherung ist gewesen, den Pensionssicherungsverein in Anspruch zu nehmen (§ 7 Abs. 5 S. 1 BetrAVG).
- Bei Erteilung oder Verbesserung der Versorgungszusage war wegen der wirtschaftlichen Lage des Arbeitgebers zu erwarten, dass die Zusage nicht erfüllt wird (§ 7 Abs. 5 S. 2 BetrAVG).
- Die Erteilung oder Verbesserung der Versorgungszusage ist in den letzten beiden Jahren vor Eintritt des Sicherungsfalls vereinbart worden.

VI. Gerichtliche Auseinandersetzungen

Gerichtliche Auseinandersetzungen um die Einstandspflicht des Pensionssicherungsverein sind vor den **Arbeitsgerichten** zu führen (§ 2 Abs. 1 Nr. 5 ArbGG). Örtlich ist das **Arbeitsgericht Köln** zuständig (§ 17 ZPO). Es kommt also nicht auf den Sitz des ehemaligen Arbeitgebers an. 104

Der Arbeitnehmer oder seine Hinterbliebenen muss keine Leistungsklage, er kann auch **Feststellungsklage** erheben. Ein besonderes Feststellungsbedürfnis gem. § 256 Abs. 1 ZPO ist in der Regel nicht erforderlich. Der Grund liegt, dass der Pensionssicherungsvereins, obwohl privatrechtliche organisiert, als beliehenes Unternehmen und in Wahrnehmung seiner gesetzlichen Funktion auch bei einem Feststellungstitel leisten wird.[124] 105

---

123 *Langohr-Plato*, Rn 497 ff.
124 *Blomeyer/Otto*, § 7 Rn 298; *Schaub*, § 81 Rn 530.

E. Anpassung der Leistungen der betrieblichen Altersversorgung nach § 16 BetrAVG

I. Problemstellung

1. Interessenlage der Beteiligten

106 Leistungen der betrieblichen Altersversorgung sind regelmäßig auf eine sehr lange Laufzeit ausgerichtet, und zwar auf eine Laufzeit, die häufig erst viele Jahre, ggf. Jahrzehnte nach der Erteilung der entsprechenden Versorgungszusage beginnt. Die **Zusageempfänger** benötigen dennoch eine hinreichende **Planungssicherheit**, weil die zu erwartenden Leistungen der betrieblichen Altersversorgung einen Teil ihrer **künftigen Lebensgrundlage** darstellen werden, und zwar in einem Lebensabschnitt, in dem keine Möglichkeiten mehr bestehen werden, eine Alternativversorgung zu erwerben oder aufzubauen.

107 Die Arbeitgeber als **Versorgungsschuldner** gehen mit der Erteilung von Altersversorgungszusagen dementsprechend **künftige vertragliche Bindungen** und **wirtschaftliche Verpflichtungen** für einen Zeitraum ein, der hinsichtlich der dann erforderlichen Leistungsfähigkeit **kaum prognostizierbar** ist.

108 Die Leistungen der betrieblichen Altersversorgung sind **Gegenleistung für** vom Versorgungsempfänger während seiner aktiven Tätigkeit für den Versorgungsschuldner bereits **erbrachte Arbeitsleistungen**. Vor diesem Hintergrund ist – wie bei allen Dauerschuldverhältnissen – auch dem Gedanken der Aufrechterhaltung der **Äquivalenz** von Leistung und Gegenleistung Rechnung zu tragen und insbesondere sind die Parteien vor **Äquivalenzverschiebungen** zu schützen.[125]

109 Auch nach Beginn der Leistungspflicht, also **ab Eintritt des Versorgungsfalls**, unterliegt die zugesagte Versorgung noch erheblichen wirtschaftlichen Risiken für beide Seiten, nämlich

- für den **Versorgungsempfänger** insbesondere hinsichtlich der Geldwertentwicklung (Inflationsgefahr) und hinsichtlich des Bestands und der wirtschaftlichen Leistungsfähigkeit des Arbeitgeberunternehmens als Versorgungsschuldner (Insolvenzgefahr) und
- für den **Arbeitgeber** hinsichtlich der Entwicklung seines Unternehmens und seiner wirtschaftlichen Leistungsfähigkeit.

110 Das **Insolvenzrisiko** wird bekanntlich durch das umlagenfinanzierte Insolvenzsicherungsverfahren nach §§ 7–15 BetrAVG beim **Pensionssicherungsverein auf Gegenseitigkeit** (PSVaG) geregelt.

111 Hinsichtlich der weiteren vorstehend angesprochenenen wechselseitigen Risiken hat der Gesetzgeber das Verfahren über die **Anpassung von Leistungen der betrieblichen**

---

[125] ErfK/*Steinmeyer*, § 16 BetrAVG Rn 3.

E. Anpassung nach § 16 BetrAVG § 4

Altersversorgung nach § 16 BetrAVG geregelt. Dieses beinhaltet allgemeine Regelungen über die Anpassungsprüfung und Anpassungskriterien, aber auch besondere Regelungen, die von der Art der Versorgungsleistung abhängig sind.

2. Art der betrieblichen Versorgungsleistungen

Für die **Art der betrieblichen Versorgungsleistungen** gibt es verschiedene Gestaltungsmodelle. In der Praxis selten sind die Zusagen einer einmaligen Kapitalzahlung bei Eintritt des Versorgungsfalls. Die Regel bilden Zusagen auf Gewährung laufender Betriebsrenten.   **112**

Die Bemessung solcher Betriebsrenten kann wiederum in verschiedenen Modellen erfolgen. Zu unterscheiden sind: **113**
- **Festrenten**; das sind laufende Renten mit festen Beträgen;
- sog. **halbdynamische Ruhegeldzusagen**; das sind Renten, die nach Prozentsätzen des letzten maßgeblichen Einkommens (sog. rentenfähiges Arbeitseinkommen) berechnet werden und bei denen zusätzlich eine Staffelung der Prozentsätze nach der Dauer der Betriebszugehörigkeitszeit erfolgt;
- sog. **dynamische Ruhegeldzusagen**; das sind Rentenzusagen, bei denen die zugesagte Rente sich mit bestimmten Prozentsätzen am Einkommen eines vergleichbaren noch aktiven Arbeitnehmers orientiert, wiederum gestaffelt unter Berücksichtigung der Betriebszugehörigkeitsdauer;
- Renten, die **an anderen Bemessungsgrundlagen orientiert** sind, beispielsweise an erwirtschafteten Betriebsergebnissen.

Die **Höhe** der betrieblichen Versorgungsleistungen richtet sich zunächst grundsätzlich nach den Vorgaben der jeweiligen Versorgungszusage. Auch insoweit sind in der Praxis verschiedenste Berechnungsmodelle bekannt.   **114**

3. Schutz der Altersversorgung vor einer wirtschaftlichen Auszehrung

Ein **Schutz** der zugesagten Rente **vor einer wirtschaftlichen Auszehrung**, insbesondere im Hinblick auf die Geldwertentwicklung (Inflationsnachteile) kann unabhängig von der Anpassung nach § 16 BetrAVG auch erreicht werden durch   **115**
- sog. Wertsicherungsklauseln oder
- sog. Spannenklauseln.

a) Wertsicherungsklauseln

Eine **Wertsicherungsklausel** liegt vor, wenn die Höhe des Ruhegelds abhängig ist von der Preis- oder Wertentwicklung anderer Leistungen oder anderer Güter. Damit durch Wertsicherungsklauseln ihrerseits inflationäre Tendenzen nicht veranlasst oder beschleunigt werden, sind gesetzliche Zustimmungsvorbehalte geregelt (worden).   **116**

Arens 173

§ 4 Einschränkungen bei der betrieblichen Altersversorgung

117 Nach § 3 WährG in der bisher geltenden Fassung wurden Wertsicherungsklauseln unter den Vorbehalt der **Zustimmung** der für die Erteilung von Devisengenehmigungen zuständige Stelle, also der Deutschen Bundesbank, gestellt.[126] Auf Antrag entschied die örtlich zuständige **Landeszentralbank** im Namen der Deutschen Bundesbank über die Zustimmung zu einer solchen Wertsicherungsklausel, die bis dahin schwebend unwirksam war. Soweit kein Zustimmungsvorbehalt bestand, wurde von dieser Stelle ein entsprechendes **Negativattest** erteilt.

118 § 3 WährG ist durch das Euro-Einführungsgesetz aufgehoben worden und im Preisangaben- und Preisklauselgesetz ist nunmehr nach neuem Recht eine Genehmigungsbedürftigkeit nur noch für den Fall vorgesehen, dass es sich um eine **automatisch wirkende Wertsicherungsklausel** handelt, also eine Wertsicherungsklausel, bei der die Anpassung der betreffenden Geldschuld unmittelbar und selbständig, also ohne das Zutun der Parteien, wirken soll. Die zuständige Genehmigungsbehörde ist nunmehr das **Bundesamt für Wirtschaft**.[127]

b) Spannenklauseln

119 **Spannenklauseln** sind Klauseln, bei denen die Anpassung der Leistung an gleichartige andere (vergleichbare) Leistungen anknüpft. Bei betrieblichen Altersversorgungszusagen typisch insoweit ist eine **Anknüpfung an Altersrenten** in der gesetzlichen Sozialversicherung bzw. Beamtenpensionen oder **an Vergütungen** vergleichbarer Beamter oder abhängig Beschäftigter.[128] Nach bisherigem Recht waren sie genehmigungsfrei, wenn ein Gleichlauf zu der in Bezug genommenen gleichartigen anderen Leistung gewährleistet war, also nicht nur die Erhöhungen, sondern auch die Kürzungen der vergleichbaren anderen Leistungen sich entsprechend auswirken sollen.[129]

120 Im Rahmen der **Neuregelung** sind Spannenklauseln nunmehr durch eine zum Preisangabe- und Preisklauselgesetz ergangene Rechtsverordnung **von der Genehmigungspflicht insgesamt ausgenommen** worden.[130]

---

[126] Vgl. § 49 Abs. 2 AWG, BAnz Nr. 109 v. 15.6.1978, abgedruckt in NJW 1978, 2381; *Schaub*, § 81 Rn 248.
[127] Vgl. *Schaub*, § 81 Rn 249.
[128] Vgl. BGH NJW 1974, 273; BGH NJW 1997, 261; BAG AP Nr. 1 zu § 3 WährG.
[129] BGHZ 14, 306; BGH DB 1968, 1453; *Schaub*, § 81 Rn 251.
[130] Vgl. *Schaub*, § 81 Rn 252.

II. Entwicklung der Verpflichtung zur Ruhegeldanpassung

Der **Vermeidung unbilliger Ergebnisse** durch Veränderung der wirtschaftlichen Verhältnisse dient insbesondere die sog. Ruhegeldanpassung. Durch Änderung der wirtschaftlichen Verhältnisse nach Erteilung einer Zusage über eine betriebliche Altersversorgung kann von der einen oder der anderen Vertragspartei das Festhalten an der bisherigen Versorgungszusage als unbillig empfunden werden. Dies betrifft – wie bereits skizziert – einerseits die wirtschaftliche Entwertung der Pensionszusage durch eine **inflationäre Geldwertentwicklung** und andererseits die **Verschlechterung der wirtschaftlichen Lage** des Betriebs des Arbeitgebers, der die Altersversorgung letztlich erwirtschaften muss. 121

1. Anpassungsverpflichtung nach der früheren Rechtsprechung des BAG

Bis zum In-Kraft-Treten des BetrAVG wurde eine Anpassung von betrieblichen Ruhegeldzahlungen unter dem Gesichtspunkt der sog. **Opfergrenze** im Sinne einer Anpassungspflicht des Arbeitgebers erst angenommen, wenn die Lebenshaltungskosten sich um mindestens 40 % erhöht hatten und dem Arbeitgeber die Anpassung zumutbar war.[131] 122

2. Gesetzliche Regelungen seit 1974

Im Dezember 1974 trat dann das Gesetz zur Verbesserung der betrieblichen Altersversorgung in Kraft, das in **§ 16 BetrAVG** eine **gesetzliche Anpassungsverpflichtung** des Arbeitgebers normiert. § 16 Abs. 1 BetrAVG regelte zunächst nur eine allgemein gehaltene Verpflichtung des Arbeitgebers zur Prüfung und Entscheidung der Frage, ob die **laufenden Leistungen** der betrieblichen Altersversorgung an die Geldentwertung angepasst werden können. Maßstab sollten einerseits die wirtschaftliche Lage des Arbeitgebers und andererseits die Belange des Versorgungsempfängers sein. Eine Pflicht zur Anpassungsprüfung erstreckt sich insoweit nur auf laufende Rentenzahlungen, nicht auf Kapitalleistungen im Rahmen einer Altersversorgungszusage. 123

Auch hat der Gesetzgeber nur die laufenden Leistungen der betrieblichen Altersversorgung nach Eintritt des Versorgungsfalls in die Anpassungsregelung einbezogen, **nicht** die **Anwartschaften** auf solche späteren Leistungen der betrieblichen Altersversorgung. 124

---

[131] BAG NJW 1973, 959; BAG NJW 1973, 1296; BGH AP Nr. 6 zu § 242 BGB Ruhegehalt-Geldentwertung; *Schaub*, § 81 Rn 255.

§ 4 Einschränkungen bei der betrieblichen Altersversorgung

125 Mit dem **Rentenreformgesetz vom 16.12.1997**[132] sind durch Anfügung weiterer Absätze in § 16 BetrAVG vom Gesetzgeber einige Präzisierungen und Erweiterungen vorgenommen worden, nämlich:
- § 16 Abs. 2 BetrAVG: Die **Anpassungsmaßstäbe** wurden konkretisiert durch Anbindung an den Verbraucherpreisindex oder an die betriebliche Nettolohnentwicklung;
- § 16 Abs. 3 Nr. 1 BetrAVG: Dem Arbeitgeber wird gestattet, durch Gewährung einer **Anpassungsgarantie in Höhe von jährlich 1 %** die Anpassungsprüfungspflicht für unmittelbare Versorgungszusagen (Direktzusagen) und Unterstützungskassenzusagen abzuwählen;
- § 16 Abs. 3 Nr. 2 BetrAVG: Dem Arbeitgeber wird gestattet, für Rentendirektversicherungszusagen und Pensionskassenzusagen die Anpassungsprüfungspflicht abzuwählen durch **Verwendung aller Überschüsse aus Rentendeckungsmitteln** zugunsten der Versorgungsempfänger;
- § 16 Abs. 4 BetrAVG: Soweit **ab 1999 Anpassungen zu Recht unterblieben** sind, entfällt die sog. »nachholende Anpassung«, die das BAG bislang im Rahmen der Anpassungsverpflichtung des Arbeitgebers angenommen hatte.

126 Durch das **Altersvermögensgesetz (AVmG) vom 26.6.2001**[133] ist dann eine erneute Erweiterung der Regelung des § 16 BetrAVG erfolgt:
- § 16 Abs. 3 Nr. 3 BetrAVG: **Beitragszusagen mit einer Mindestleistung** werden von der Anpassungsprüfungspflicht freigestellt;
- § 16 Abs. 5 BetrAVG: Für **Entgeltumwandlungszusagen** wird eine Mindestanpassungsverpflichtung von jährlich 1 % vorgeschrieben;
- § 16 Abs. 6 BetrAVG: Bei **Geltung eines** sog. **Auszahlungsplans** ist der Arbeitgeber von der Anpassungsprüfungspflicht befreit. Erfasst sind dabei Betriebsrentenzusagen, bei denen im Rahmen eines Auszahlungsplans monatliche Raten gezahlt werden bzw. Renten ab Vollendung des 85. Lebensjahrs des Rentenberechtigten im Anschluss an einen solchen Auszahlungsplan. Derartige Auszahlungspläne sind in § 1 Abs. 1 S. 1 Nr. 4 und Nr. 5 des Altersvorsorgeverträge-Zertifizierungsgesetzes (AltZertG) geregelt. Gem. § 82 Abs. 2 EStG werden die **Beiträge auch steuerlich gefördert**. Wegen des Sondercharakters dieser Auszahlungspläne soll nach dem Willen des Gesetzgebers eine Anpassungsverpflichtung nicht bestehen.

---

[132] BGBl I 1997, S. 2998.
[133] BGBl I 2001, S. 1310.

III. Inhalt und Gegenstand der gesetzlichen Anpassungsverpflichtung

1. Anpassungsprüfung und Anpassungsentscheidung

In diesem Rahmen wird dem Arbeitgeber nach § 16 Abs. 1 BetrAVG auferlegt, alle drei Jahre die Möglichkeit einer Anpassung der laufenden Leistungen zu überprüfen. Im Rahmen der Überprüfung wird dem Arbeitgeber weiterhin auferlegt, unter Beachtung seiner wirtschaftlichen Lage einerseits und der Belange des Versorgungsempfängers andererseits über die Möglichkeit einer Anpassung der laufenden Leistungen **nach pflichtgemäßem Ermessen** zu entscheiden. Das vorgesehene Anpassungsverfahren unterscheidet demgemäß zwischen der **Anpassungsprüfung** und der **Anpassungsentscheidung**.[134]

127

Der **Überprüfungspflicht** des Arbeitgebers unterfallen **alle laufenden Leistungen** (regelmäßig wiederkehrenden Leistungen) der betrieblichen Altersversorgung, unabhängig von Art und Inhalt.[135] Erfasst von der Überprüfungspflicht werden deshalb:
- Altersrenten
- Hinterbliebenenrenten
- Invalidenrenten
- laufende Sachleistungen / Deputate.

128

Nicht erfasst werden:
- Kapitalzusagen
- sonstige Einmalzahlungen
- verschiedene Anwartschaften, auch wenn sie schon unverfallbar geworden sind.[136]

129

2. Keine Kürzung laufender Betriebsrenten

§ 16 BetrAVG ermöglicht bei späteren Anpassungsprüfungen nur Betriebsrentenerhöhungen, **nicht** aber **Betriebsrentenkürzungen**, selbst wenn sich die wirtschaftliche Lage entgegen der früheren Prognose verschlechtert hat.

130

Angesichts der Rechtsprechung des BAG zum **Besitzstandsschutz** der laufenden Betriebsrenten, insbesondere vor dem Hintergrund der **Eigentumsgarantie des Art. 14 GG**, kann eine Reduzierung der Nettovergütungen der aktiven Arbeitnehmer (sog. »negative Nettolohnentwicklung«) jedoch nicht zu einer Reduzierung, also zu einem Eingriff in die bereits laufenden Betriebsrenten führen.[137]

131

Dieses Ergebnis wird auch abgeleitet aus einer **Parallelwertung zum Insolvenzrecht**, da selbst in der Insolvenz des Arbeitgebers die zuletzt gezahlten Betriebsrenten in

132

---

134 Vgl. *Schaub*, § 81 Rn 264.
135 ErfK/*Steinmeyer*, § 16 BetrAVG Rn 5 f.
136 BAG BB 1977, 1550.
137 Vgl. BAG BB 1986, 1159; BAG BB 1990, 2047; BAG NZA 1993, 939.

§ 4 Einschränkungen bei der betrieblichen Altersversorgung

voller Höhe durch den PSVaG weiter entrichtet werden müssen. Wenn aber schon die laufenden Betriebsrenten in ihrem Ist-Bestand für den Fall der Insolvenz des Arbeitgebers geschützt sind, kann bei einem noch werbend tätigen Arbeitgeber eine Reduzierung nicht gerechtfertigt werden.[138]

IV. Zeitpunkt der Anpassungsprüfung

133 Nach § 16 BetrAVG hat der Arbeitgeber jeweils **alle drei Jahre** eine **Anpassung** der laufenden Leistungen der betrieblichen Altersversorgung **zu prüfen** und hierüber **nach billigem Ermessen zu entscheiden**. Für Versorgungszahlungen, die nach dem 1.1.1975 aufgenommen wurden, beginnt die Drei-Jahres-Frist mit dem Tag, von dem ab erstmals laufende Leistungen beansprucht werden konnten, mindestens jedoch mit dem Tag, an dem alle Leistungsvoraussetzungen erfüllt waren (**Fristbeginn**).[139]

134 Die Anpassungsprüfung in diesem Drei-Jahres-Rhythmus hat dabei ohne Rücksicht darauf zu erfolgen, ob ein bestimmter **Inflationsindex** überschritten ist.[140] Allerdings zwingt nach der Rechtsprechung des BAG der so vorgegebene Drei-Jahres-Rhythmus nicht zu einem starren, sondern zu einem in jedem Einzelfall individuell zu bestimmenden Prüfungstermin.

135 *Praxishinweis*
Der Arbeitgeber kann die Prüfung und Anpassung aller Betriebsrenten aber auch gebündelt innerhalb oder am Ende des Jahres vorzunehmen.[141] Die **Bündelung** aller in einem Unternehmen anfallenden Prüfungstermine **zu einem einheitlichen halbjährlichen oder jährlichen Termin ist zulässig**, denn sie vermeidet unverhältnismäßigen Verwaltungsaufwand und beeinträchtigt die Interessen der Betriebsrentner nur geringfügig.[142]

V. Prüfungszeitraum

136 Nach § 16 Abs. 2 BetrAVG ist die Anpassungsprüfung auf den sog. »**Prüfungszeitraum**« bezogen. Dabei ist aus dem Gesetzeswortlaut nicht exakt zu entnehmen, ob es sich dabei um den Drei-Jahres-Zeitraum nach § 16 Abs. 1 BetrAVG handeln soll oder aber um den möglicherweise deutlich längeren Zeitraum seit Beginn der Rentenzahlung bis zum entsprechenden neuen Pflichtprüfungstermin.[143]

---

138 Vgl. *Langohr-Plato*, BB 2002, 406, 410.
139 ErfK/*Steinmeyer*, § 16 BetrAVG Rn 13 f.
140 BAG AP Nr. 4, Nr. 5 zu § 242 BGB Ruhegehalt-Geldentwertung.
141 BAG EzA § 16 BetrAVG Nr. 22.
142 Vgl. BAG BetrAV 1980, 181; LAG Hamm DB 1991, 711; BAG BAGE 70, 137, 140 = NZA 1993, 69 m.w.N.; BAG DB 2002, 155.
143 *Höfer*, § 16 Rn 5199 ff.; ErfK/*Steinmeyer*, § 16 BetrAVG Rn 18.

Nach wohl herrschender Meinung wird aufgrund eines Umkehrschlusses aus § 16 Abs. 4 BetrAVG und des Gesetzeszweckes darauf abgestellt, dass der **Gesamtzeitraum seit Rentenbeginn** bis zum jeweiligen Prüfungsstichtag gemeint sei. Wenn nämlich § 16 Abs. 4 BetrAVG ausnahmsweise von einer sog. »nachholenden Anpassung« befreie, nämlich in den Fällen, in denen zuvor eine Anpassung »zu Recht unterblieben ist«, müsse der Gesetzgeber im Regelfall von einer nachholenden Anpassung auch über den Drei-Jahres-Zeitraum hinaus ausgehen, so dass im Regelfall Prüfungszeitraum der Gesamtzeitraum seit Rentenbeginn sein müsse.[144] **137**

Demgemäß soll auch **nicht** auf den (längeren) **Zeitraum seit dem Zeitpunkt der Erteilung der Versorgungszusage** abgestellt werden. Wäre dies gewollt, hätte der Gesetzgeber von vornherein die Anpassungsprüfung nicht auf die laufenden Rentenleistungen beschränkt, sondern auch auf die Versorgungsanwartschaften ausgedehnt.[145] **138**

Vor diesem Hintergrund soll es auch nicht auf den Zeitraum seit der letzten Versorgungszusage bzw. einer etwaigen **Änderung der Versorgungszusage** während der Anwartschaftszeit ankommen, weil auch dies auf eine **Anwartschaftsdynamik** hinausliefe.[146] **139**

Liegt allerdings die letzte Versorgungsabsprache bzw. die letzte **Änderung der Versorgungsregelung** nach dem Beginn der laufenden Rentenleistungen, ist der Zeitraum seit dieser Anpassung nach der Rechtsprechung des BAG nur dann als »Anpassungszeitraum« i.S.v. § 16 Abs. 2 BetrAVG ansehen, wenn die erneute Versorgungsabrede eine »**Strukturänderung**« der ursprünglichen Zusage herbeiführe.[147] **140**

VI. Anpassungsmaßstab

Schon das BAG hatte in seiner Rechtsprechung zur Anpassung von Betriebsrenten isoliert auf die **Kaufkraftentwicklung** abgestellt und dabei den Anpassungsmaßstab auf die **Nettolohnentwicklung** begrenzt, wenn diese die Teuerungsrate im Rahmen der Kaufkraftentwicklung unterschritt. Auch § 16 BetrAVG orientiert sich im Hinblick auf die Anpassungsprüfungsverpflichtung in erster Linie an der Geldwertentwicklung. Danach sollen die Folgen der Geldentwertung für die laufenden Leistungen der betrieblichen Altersversorgung ausgeglichen oder zumindest gemildert werden. **141**

---

144 Vgl. *Höfer*, § 16 Rn 5200.
145 BAG AP Nr. 5 zu § 16 BetrAVG = BB 1977, 1550.
146 Vgl. *Höfer*, § 16 Rn 5205; ErfK/*Steinmeyer*, § 16 BetrAVG Rn 19; a.A. BGH BB 1977, 1101 für einen Sonderfall.
147 BAG BB 1980, 419, sog. »Struktururteil«.

VII. Kriterien der Anpassungsprüfung

142 Nach § 16 BetrAVG sind bei der Anpassungsentscheidung die Belange des Versorgungsempfängers einerseits und die wirtschaftliche Lage des Arbeitgebers andererseits zu berücksichtigen.[148]

1. Anpassungsbedarf des Betriebsrentners

a) Teuerungsausgleich als Anpassungsmaßstab

143 Die Belange der Versorgungsempfänger werden durch ihren **Anpassungsbedarf** bestimmt. Zu den Belangen der Versorgungsempfänger zählt insbesondere ihr Interesse an einem **Teuerungsausgleich**.

b) Maßstab des Teuerungsausgleichs

144 Grundlage für die Ermittlung des Anpassungsbedarfs war bislang nach der Rechtsprechung des BAG[149] der **Preisindex für die Lebenshaltung eines Vier-Personen-Arbeitnehmerhaushaltes mit mittlerem Einkommen**, der vom Statistischen Bundesamt regelmäßig ermittelt und veröffentlicht wurde.[150] Dieser bisher zugrunde gelegte Index (Vier-Personen-Haushalt von Arbeitnehmern und Angestellten mit mittlerem Einkommen) ist allerdings vom Statistischen Bundesamt nur noch **bis einschließlich 2002** berechnet und veröffentlicht worden.

145 Ab dem Jahr 2003 wird nur noch der **Preisindex für die Lebenshaltungskosten aller privaten Haushalte** veröffentlicht. Ab 2003 entfällt auch die Differenzierung zwischen dem früheren Bundesgebiet und den neuen Bundesländern. Maßstab ist dann einheitlich nur noch der Preisindex für die Lebenshaltungskosten aller privaten Haushalte für Deutschland insgesamt.[151]

146 Es ergibt sich demgemäß folgende **Berechnungsformel**:

$$\frac{(\text{Preisindex der Lebenshaltungskosten am Anpassungsstichtag} \times 100)}{(\text{Preisindex für die Lebenshaltungskosten drei Jahre zuvor})} - 100 = x\ \%.^{152}$$

---

148 BAG AP Nr. 22 zu § 1 BetrAVG Ablösung.
149 St. Rspr. des 3. Senats des BAG seit dem Urt. v. 16.12.1976, BAGE 28, 279, 291 = BB 1977, 96; BAG BB 1989, 1554; BAG BAGE 83, 1, 4 m.w.N.; BAG BB 2001, 1854; BAG BB 2001, 2325.
150 Veröffentlichungen des Statistischen Bundesamtes, Fachserie 17, Reihe 7; Internetadresse: www.destatis.de).
151 Vgl. *Langohr-Plato*, BB 2002, 406.
152 Vgl. *Langohr-Plato*, BB 2002, 406, 407.

E. Anpassung nach § 16 BetrAVG § 4

c) Basisjahr

Basisjahr war früher nach der Rechtsprechung des BAG das Jahr **1985**, später dann das Jahr **1995** wobei wohl auch andere Basisjahre zugrunde gelegt werden können.[153]

147

Praxishinweis
Soweit vor dem Basisjahr 1995 früher andere Basisjahre zugrunde gelegt wurden, haben die Statistischen Ämter dazu folgende **Umrechnungsfaktoren** veröffentlicht, mit denen die Preisindizes auf der Basis 1995 = 100 umzurechnen sind:[154]

148

Alte Bundesländer:
- 1976 = 100: 1,74798
- 1980 = 100: 1,50806
- 1985 = 100: 1,24899
- 1999 = 100: 1,12802

Neue Bundesländer:
- 1991 = 100: 1,29263

d) Keine Anwartschaftsdynamisierung

Ein bis zum Versorgungsfall eingetretener Geldwertschwund bleibt unberücksichtigt, weil anderenfalls wirtschaftlich eine Dynamisierung schon der Versorgungsanwartschaft gegeben wäre.[155]

149

e) Kein Abschlag wegen Voraussehbarkeit einer Geldentwertung

Auch wird vom BAG die in der Literatur vertretene Auffassung zurückgewiesen, wonach ein **Abschlag** von 1–2 % **wegen** der (angeblichen) **Voraussehbarkeit einer Geldentwertung** vorzunehmen sei.[156]

150

f) Berechnungsmethode

§ 16 Abs. 1 BetrAVG schreibt zur Ermittlung des Anpassungsbedarfs **keine bestimmte Berechnungsmethode** vor. Bei gleich bleibender und mathematisch regelgerechter Anwendung spricht nichts gegen die Zulassung verschiedener Berechnungsmethoden.[157]

151

---

153 Vgl. *Schaub*, § 81 Rn 268.
154 Dazu *Langohr-Plato*, BB 2002, 406, 407.
155 BAG AP Nr. 5, Nr. 8, Nr. 11 zu § 16 BetrAVG; ErfK/*Steinmeyer*, § 16 BetrAVG Rn 19.
156 BAG AP Nr. 4 zu § 16 BetrAVG.
157 LAG Hamburg v. 28.1.2002 – 4 Sa 20/01, n. rkr.

§ 4 Einschränkungen bei der betrieblichen Altersversorgung

152 *Praxishinweis*
Die Berechnung des Anpassungsbedarfs nach einer sog. **verfeinerten Jahresindexmethode**, bei der zunächst die Differenzen der einzelnen Monatsindizes der Lebenshaltungskosten zueinander innerhalb des gesamten Betrachtungszeitraums und sodann für jedes Jahr die durchschnittlichen Differenzwerte ermittelt werden, ist nach § 16 Abs. 1 BetrAVG zulässig.[158]

g) Begrenzung durch die sog. reallohnbezogene Obergrenze

153 Schon nach der bisherigen Rechtsprechung des 3. Senats des BAG erfordern die Belange der Versorgungsempfänger dann keinen vollen Ausgleich der Teuerungsrate, wenn die durchschnittlichen Nettoverdienste innerhalb des Unternehmens oder eines typischen Teils der Belegschaft (sog. **reallohnbezogene Obergrenze**) geringer gestiegen sind als der maßgebliche Preisindex.[159] Die Anpassungsentscheidung entspricht billigem Ermessen i.S.d. § 16 BetrAVG, wenn der Arbeitgeber eine die reallohnbezogene Obergrenze überschreitende Anpassung ablehnt. Dies galt schon vor dem 1.1.1999. Der Gesetzgeber hat dies in § 16 Abs. 2 Nr. 2 BetrAVG n.F. nunmehr ausdrücklich anerkannt und zum Inhalt des Gesetzes gemacht.[160]

154 § 16 Abs. 2 Nr. 2 BetrAVG nennt insoweit die »**Nettolöhne vergleichbarer Arbeitnehmergruppen des Unternehmens**«. Nach der Rechtsprechung des BAG sind daher die Durchschnittsverdienste aller Arbeitnehmer innerhalb des Unternehmens bzw. gegebenenfalls die Durchschnittsverdienste eines typischen Teils der Belegschaft des Unternehmens heranzuziehen.[161] Zumindest sollen nicht fiktive individuelle Einkommensentwicklungen des jeweiligen einzelnen Arbeitnehmers maßgeblich sein.[162]

155 Wann allerdings auf die Durchschnittsverdienste aller Arbeitnehmer innerhalb des Unternehmens und wann auf »einen **typischen Teil der Belegschaft**« abzustellen sein soll, ist nicht recht transparent. Schon der Gesetzeswortlaut wirft insoweit verschiedene Fragen auf.

156 Einigkeit besteht zunächst darin, dass damit nicht nur die »Nettolöhne« der gewerblichen Arbeiter gemeint sind, sondern **auch** die **Gehälter vergleichbarer Angestellter** und ggf. auch sonstige Bezüge mit Entgeltcharakter.[163]

157 Die **Bezugnahme auf** die »**Netto-**«**Vergütung** wirft dabei selbstverständlich die Frage auf, ob die jeweilige Steuerbelastung vergleichbarer Arbeitnehmergruppen, etwa ver-

---

[158] LAG Hamburg v. 28.1.2002 – 4 Sa 20/01, n. rkr.
[159] Vgl. BAG BAGE 36, 39, 50 f.; BAG BAGE 61, 102, 105; BAG BB 2001, 1854; *Langohr-Plato*, BB 2002, 406, 409.
[160] BAG BB 2001, 1854.
[161] BAG BB 1973, 522; BAG BB 1984, 2270.
[162] Vgl. *Langohr-Plato*, BB 2002, 406, 409.
[163] Vgl. *Höfer*, § 16 Rn 5194; ErfK/*Steinmeyer*, § 16 BetrAVG Rn 29.

E. Anpassung nach § 16 BetrAVG | § 4

heirateter oder nicht verheirateter Arbeitnehmergruppen in die Ermittlung der Durchschnittsberechnung einzubeziehen ist. Dies kann aber vom Gesetzgeber im Hinblick auf die praktische Anwendung nicht gewollt sein. Dabei stellt sich dann auch die Frage, wie laufende Versorgungsbezüge anzupassen sind, wenn die Versorgungszusage sich hinsichtlich ihrer Höhe auf die Bruttovergütungen bezieht. Letztlich sollte die Anpassungsprüfung bzw. der Anpassungsbedarf nicht von den Jeweiligkeiten der gesetzlichen Abzüge (Lohnsteuer/Sozialversicherungsbeiträge) abhängig sein.

Die Praxis geht deshalb offenbar »großzügig« von einer **durchschnittlichen gesamtwirtschaftlichen Nettoeinkommensentwicklung** aus. Dies wird dogmatisch u.a. damit gerechtfertigt, dass der Gesetzgeber in § 16 Abs. 2 Nr. 2 BetrAVG im Plural von »Arbeitnehmergruppen« gesprochen habe, so dass dem Arbeitgeber ein relativ **weiter Ermessensspielraum** eingeräumt sei.[164] Es sei dem Arbeitgeber deshalb sowohl eine recht grobe, als auch eine recht feine Einteilung der Vergleichsgruppen nach sachlichen Kriterien zugestanden. Der gewählte **Ansatz** müsse **plausibel, sachlich gerechtfertigt und nicht willkürlich** sein. — 158

Die reallohnbezogene Obergrenze sollte aber richtigerweise **betriebsbezogen** bzw. zumindest **unternehmensbezogen** sein. Eine Orientierung an den allgemeinen Durchschnittsverdiensten aller Arbeitnehmer oder an durchschnittlichen tariflichen Vergütungssteigerungen dürfte schon vom Gesetzeswortlaut nicht gedeckt sein. Auch das BAG hat vor diesem Hintergrund nur **ausnahmsweise** eine konzernweite bzw. **konzernübergreifende, branchenweite Nettolohnentwicklung** als Maßstab zugelassen.[165] — 159

Da die sog. reallohnbezogene Obergrenze eine Limitierung der Anpassungsverpflichtung des Arbeitgebers beinhaltet, trägt der **Arbeitgeber** nach allgemeiner Auffassung die **Darlegungs- und Beweislast** für eine entsprechende Anpassungsbegrenzung. Er muss im Einzelnen darlegen und im Bestreitensfall auch beweisen — 160

- die Maßstäbe für die Vergleichsgruppenbildung;
- die ermessensfehlerfreie Begründung dieser Gruppenbildung;
- die Nettovergütungssteigerungen in dieser Vergleichsgruppe, einschließlich des dazu zugrunde gelegten Berechnungsverfahrens.

h) Gegenausnahme: »Aufgeholte« Verdiensteinbußen

Die Belange der Versorgungsempfänger erfordern zwar – wie ausgeführt – dann keinen vollen Ausgleich der Teuerungsrate, wenn die durchschnittlichen Nettoverdienste innerhalb des Unternehmens oder eines typischen Teils der Belegschaft geringer gestiegen sind, ausnahmsweise ist dies aber als unerheblich anzusehen. **Verdiensteinbußen**, die sich am Anpassungsstichtag nicht mehr auswirken, spielen nach Auffassung des — 161

---

164 Vgl. *Langohr-Plato*, BB 2002, 406, 409.
165 Vgl. BAG DB 1997, 633 zur Leistungsordnung des »Bochumer Verbandes«.

§ 4 Einschränkungen bei der betrieblichen Altersversorgung

BAG für die reallohnbezogene Obergrenze nach § 16 BetrAVG nämlich keine Rolle mehr.[166] Denn die Betriebsrentenanpassungen verändern nicht die Versorgungsleistungen, die für die Zeit vor dem Anpassungsstichtag zu gewähren sind.

162 Ausschließlich die ab dem Anpassungsstichtag zu zahlenden Betriebsrenten sind betroffen. Folgerichtig ist darauf abzustellen, wie hoch die **Nettoverdienste der aktiven Arbeitnehmer am Anpassungsstichtag** waren. Wenn zu diesem Zeitpunkt die Nettolohnsteigerung über dem Kaufkraftverlust lag, kommt es nicht darauf an, ob und ggf. inwieweit Verdiensteinbußen zu berücksichtigen sind, die zwar am Anpassungsstichtag zu verzeichnen sind, aber innerhalb der nächsten drei Jahre enden sollen.

i) Bildung vergleichbarer Arbeitnehmergruppen

163 Unter der Geltung des § 16 BetrAVG a.F. konnte der Arbeitgeber auf die Durchschnittsverdienste aller Arbeitnehmer seines Unternehmens abstellen. Eine **Gruppenbildung** war nicht unbedingt erforderlich. Wenn Arbeitnehmer zu Gruppen zusammengefasst wurden, musste es sich um typische Teile der Belegschaft handeln. Von einer ausreichenden Typik konnte gesprochen werden, wenn üblicherweise Gemeinsamkeiten bestanden, die sich auf das Arbeitsentgelt auswirkten. Dies verlangt auch § 16 Abs. 2 Nr. 2 BetrAVG n.F. mit der Formulierung **vergleichbare Arbeitnehmergruppen**.

164 Weder nach der bisherigen noch nach der neuen Fassung des § 16 BetrAVG ist eine bestimmte Gruppenbildung geboten. Der Arbeitgeber hat vielmehr einen weitgehenden Entscheidungsspielraum. Ihm bleibt es überlassen, ob er eine gröbere oder eine differenziertere Einteilung vornimmt. Der Entscheidungsspielraum ist nicht überschritten, wenn klare, **verdienstbezogene Abgrenzungskriterien** die Gruppenbildung als sachgerecht erscheinen lassen. Die Gerichte haben nicht zu prüfen, ob eine andere Einteilung in ihren Augen gerechter oder zweckmäßiger wäre.[167]

j) Verpflichtung zur nachholenden Anpassung

165 **Besonderheiten** ergeben sich unter dem Gesichtspunkt der nachholenden Anpassung und der nachträglichen Anpassung:

166 Eine **nachholende Anpassung** liegt vor, wenn in der Vergangenheit kein voller Geldwertausgleich gewährt wurde und bei Folgeprüfungen der Kaufkraftverlust seit Rentenbeginn berücksichtigt wird. Nach der Rechtsprechung des BAG soll der Arbeitnehmer durch eine solche nachholende Anpassung den vollen wirtschaftlichen Wert der

---

166 BAG DB 2002, 155.
167 BAG BB 2001, 1854.

Gegenleistung (Betriebsrente) für die von ihm in der Vergangenheit erbrachte Leistung (Arbeitsleistung) erhalten können.[168]

Andererseits sollen in diesem Rahmen auch in der Vergangenheit **überobligationsmäßige, freiwillige Anpassungen** des Arbeitgebers über den Inflationsausgleich hinaus bei schlechteren Ertragslagen in anderen Jahren entsprechend ausgeglichen/kompensiert werden können, also insoweit eine geminderte Anpassung rechtfertigen können.[169]

Praxishinweis
Bei der Anpassungsprüfung ist unter nachstehend genannten Voraussetzungen also nicht nur auf den Anpassungsbedarf der letzten drei Jahre, sondern auf den **Kaufkraftverlust seit Rentenbeginn** abzustellen. Wurde in der Vergangenheit kein voller Geldwertausgleich gewährt, so war nach der bis zum 31.12.1998 geltenden Fassung des § 16 BetrAVG dieser noch offene Anpassungsbedarf bei den späteren Anpassungsprüfungen ohne weiteres zu berücksichtigen.[170]

k) Gegenausnahme: Zu Recht unterbliebene Anpassung

Eine Verpflichtung zu dieser umfassenden nachholenden Anpassung entfiel erst durch den am **1.1.1999** in Kraft getretenen **§ 16 Abs. 4 BetrAVG**. Durch die **Neuregelung des § 16 Abs. 4 S. 1 BetrAVG** ist der Arbeitgeber von der Verpflichtung zu einer nachholenden Anpassung ab dem Folgeprüfungsstichtag befreit, wenn bei einem vorgelagerten Prüfungsstichtag die Anpassung »zu Recht unterblieben« ist. Durch diese Vorschrift wird die bisherige Rechtsprechung des BAG zur »nachholenden Anpassung« auf zu Recht unterbliebene Anpassungen bis zum Ende des Jahres 1998 begrenzt.

Diese Regelung gilt jedoch nicht für die vor dem 1.1.1999 zu Recht unterbliebenen Anpassungen (§ 30c BetrAVG). Insoweit kommt eine nachholende Anpassung auch nach dem 1.1.1999 in Betracht. Ob der Anpassungsbedarf aus der Zeit vor dem 1.1.1999 nur bei der ersten nach dem 31.12.1998 vorzunehmenden Anpassungsprüfung[171] oder auch bei späteren Anpassungsprüfungen zu berücksichtigen ist,[172] hat das BAG zunächst offen gelassen.[173] Ebenso hat es dahingestellt bleiben lassen, ob und ggf. wie sich der Wegfall der nachholenden Anpassung auf die Beurteilung der wirtschaftlichen Lage des Unternehmens auswirkt.

---

168 BAG BB 1992, 2152; BAG BB 1992, 2292; BAG BetrAV 1996, 322.
169 *Langohr-Plato*, BB 2002, 406, 408.
170 St. Rspr. des 3. Senats des BAG seit dem Urt. v. 28.4.1992, BAGE 70, 137, 141 = ZIP 1992, 1570, 1571, Anm. *Blomeyer* ZIP 1993, 652 und Anm. *Griebeling* EWiR 1992, 1049; vgl. auch BAG BAGE 83, 1, 6 f. = ZIP 1996, 2085, 2086, Anm. *Blomeyer* EWiR 1997, 149.
171 So *Bepler*, BetrAV 2000, 19, 25.
172 So *Höfer*, § 16 Rn 3665.86 ff. (Stand: 7/2000).
173 BAG ZIP 2001, 2294.

§ 4 Einschränkungen bei der betrieblichen Altersversorgung

171 Ein Anspruch auf nachholende Anpassung bezogen auf den Zeitraum von Rentenbeginn bis zum Prüfungszeitpunkt scheidet nach § 16 Abs. 4 S. 1 BetrAVG allerdings nicht nur aus, wenn zu einem vorherigen Prüfungszeitpunkt eine vollständige Anpassung entsprechend der Steigerung der Lebenshaltungskosten wegen der wirtschaftlichen Lage des Arbeitgebers unterblieben ist, sondern auch dann, wenn eine solche vollständige Anpassung wegen **geringerer Nettolohnentwicklung** nach § 16 Abs. 2 Nr. 2 BetrAVG nicht erfolgt ist.[174]

172 § 16 Abs. 4 S. 2 BetrAVG enthält eine **unwiderlegbare Vermutung**[175] für eine zu Recht unterbliebene Anpassung, wenn
- der Arbeitgeber dem Versorgungsempfänger die wirtschaftliche Lage des Unternehmens schriftlich darlegt;
- der Versorgungsempfänger nicht binnen drei Kalendermonaten nach Zugang der Mitteilung schriftlich widersprochen hat und
- der Versorgungsempfänger auf die Rechtsfolgen eines nicht fristgemäßen Widerspruchs hingewiesen wurde.

173 *Praxishinweis*
Aufgrund der Neuregelung des § 16 Abs. 4 BetrAVG muss der Arbeitgeber allerdings dem Versorgungsempfänger die **Lage des Unternehmens schriftlich darlegen**, so dass dieser innerhalb einer **Drei-Monats-Frist** ein **Widerspruchsrecht** ausüben kann. Erforderlich ist eine die Wertungen des Arbeitgebers wiedergebende schriftliche **nachvollziehbare, inhaltlich richtige Darlegung** der »unzureichenden wirtschaftlichen Lage des Arbeitgebers«. Trotz des Schriftformerfordernisses wird nach Literaturmeinung dem Arbeitgeber aber ein **Nachschieben von Gründen gestattet**, der schriftlichen Mitteilung insoweit also keine Präklusionswirkung zugeschrieben.[176]

174 Streitig ist insoweit, ob die **Arbeitgebermitteilung** darüber nur deklaratorische oder konstitutive Wirkung hat. Nimmt man nur eine deklaratorische Wirkung an, bleibt den Arbeitsgerichten eine **Missbrauchskontrolle**, nimmt man eine konstitutive Wirkung an, bleibt den Arbeitsgerichten eine volle **Inhaltskontrolle**. Nur für Neuzusagen ab dem 1.1.1999 bzw. nur für Anpassungsprüfungszeiträume nach dem 1.1.1999 entfaltet die Neuregelung nach § 30c Abs. 1 BetrAVG ihre Wirkung. Bis zum 31.12.1998 aus früheren Anpassungsentscheidungen rückständige Anpassungen sind auch weiterhin über den 1.1.1999 hinaus bei künftigen Anpassungsprüfungen zu berücksichtigen (sog. »**Anpassungsstau**«).[177]

175 Das dem Versorgungsempfänger zugestandene **Recht zum schriftlichen Widerspruch** innerhalb einer Frist von drei Monaten gegen die Mitteilung des Arbeitgebers

---
174 LAG Hamburg v. 28.1.2002 – 4 Sa 20/01, n. rkr.
175 Vgl. *Höfer*, § 16 Rn 5483.
176 Vgl. *Höfer*, § 16 Rn 5488.
177 Vgl. *Langohr-Plato*, BB 2002, 406, 408.

stellt **keine weiteren Anforderungen an den Inhalt** des schriftlichen Widerspruchs. Zumindest nach Kommentarliteratur wird eine Widerspruchsbegründung in plausibler Form verlangt.[178]

Soweit der Gesetzgeber für den schriftlichen Widerspruch eine **Frist von »drei Kalendermonaten«** nach Zugang der Mitteilung des Arbeitgebers geregelt hat, stellt sich die Frage, was unter dem Begriff des »Kalendermonats« zu verstehen ist, bzw. wie die konkrete Berechnung zu erfolgen hat. Dazu wird vertreten, dass in entsprechender Anwendung des §§ 199 BGB (Kalenderjahr) angefangene Kalendermonate bei der Bemessung der Widerspruchsfrist nicht mitzählen sollen, also nur in vollen Kalendermonaten bis zum jeweiligen Kalendermonatsende gerechnet werden müsse.[179] Solange diese Frage aber obergerichtlich nicht geklärt ist, sollte der Arbeitnehmer seinen schriftlichen Widerspruch innerhalb von drei Monaten ab Zugang der Mitteilung des Arbeitgebers dem Arbeitgeber beweisbar zukommen lassen. 176

l) Verpflichtung zur nachträglichen Anpassung

Allein aus der Verpflichtung zur nachholenden Anpassung ergibt noch keine entsprechende Nachzahlungspflicht des Arbeitgebers für zurückliegende Zeiträume.[180] Von der nachholenden Anpassung zu unterscheiden ist die **nachträgliche Anpassung**. Durch die nachträgliche Anpassung sollen Betriebsrenten erhöht werden, und zwar bezogen auf einen früheren Anpassungsstichtag unter Berücksichtigung der damaligen wirtschaftlichen Lage des Unternehmens. Das BAG hat dies für grundsätzlich zulässig erachtet.[181] Allerdings muss der Arbeitnehmer nach Auffassung des BAG, wenn er die Anpassungsentscheidung des Arbeitgebers für unrichtig hält, diese angreifen, **bevor der nächste Anpassungsstichtag eintritt**. Die alle drei Jahre vorzunehmende Anpassungsprüfung soll nämlich insoweit eine **Befriedungswirkung** haben.[182] Die Rechtsprechung des BAG ist im Schrifttum weitgehend auf Ablehnung gestoßen.[183] 177

m) Obergrenzen der Versorgungsleistungen

Soweit eine Anpassungsbegrenzung nach § 16 Abs. 2 BetrAVG nicht zu berücksichtigen ist, ist im Rahmen der Anpassungsentscheidung »nach billigem Ermessen« gem. § 16 Abs. 1 BetrAVG umstritten, inwieweit bei der »Berücksichtigung der Belange 178

---

178 Vgl. *Höfer*, § 16 Rn 5493.
179 *Höfer*, § 16 Rn 5494.
180 BAG AP Nr. 24, Nr. 25 und Nr. 26 zu § 16 BetrAVG.
181 BAG AP Nr. 35 zu § 16 BetrAVG = NZA 1997, 155.
182 ErfK/*Steinmeyer*, § 16 BetrAVG Rn 66.
183 Vgl. *Schaub*, § 81 Rn 278 m.w.N.

des Versorgungsempfängers« dessen etwaige **Sozialversicherungsrente berücksichtigt** werden darf.[184] Die im Schrifttum vertretene Auffassung, wonach die betriebliche Altersversorgung »Ergänzungsfunktion« zur Sozialversicherungsrente habe, so dass der Arbeitgeber die Sozialversicherungsrente des Arbeitnehmers berücksichtigen dürfe, hat das BAG verworfen (sog. **Abkoppelungstheorie**).[185] Damit besteht die theoretische Gefahr, dass die Sozialversicherungsrente und Betriebsrente das (Netto-) Einkommen der aktiven Arbeitnehmer übersteigt.

179 In der Literatur wurde deshalb die Forderung nach einer **absoluten Verdienstobergrenze** (Einkommen eines vergleichbaren Arbeitnehmers) und einer **relativen Versorgungsobergrenze** (Verhältnis zwischen der Gesamtversorgung, bestehend aus Betriebs- und Sozialversicherungsrente und letzter Vergütung im Zeitpunkt des Eintritts in den Ruhestand) gefordert. Auch diese Begrenzung hat das BAG nicht akzeptiert.[186] Die Praxis hat deshalb in den vergangenen Jahren bzw. Jahrzehnten dadurch reagiert, dass solche Begrenzungsregelungen in die Versorgungsordnungen als **Teil der Versorgungszusage** aufgenommen wurden.

2. Die wirtschaftliche Lage des Arbeitgebers

a) Gesetzliche Ausgangslage

180 Bei der im Rahmen des § 16 BetrAVG vorzunehmenden Interessenabwägung ist neben den Belangen des Versorgungsempfängers die **wirtschaftliche Lage des Arbeitgebers** zu berücksichtigen. Während mit dem am 1.1.1999 eingefügten § 16 Abs. 2 BetrAVG für das Maß der Anpassung, welches dem Interesse der Versorgungsempfänger hinreichend Rechnung trägt, gesetzliche Grenzen existieren (Leitbild: Erhaltung der Kaufkraft/Teuerungsausgleich),[187] findet sich **kein gesetzlich normierter Maßstab** für die Beurteilung der wirtschaftlichen Lage des Arbeitgebers, der ggf. geeignet sein kann, das Anpassungsinteresse der Versorgungsempfänger zu beschränken oder sogar ganz zurücktreten zu lassen.

b) Rechtsprechungsgrundsätze des BAG

181 Das BAG hat in zahlreichen Verfahren Gelegenheit gehabt, den **unbestimmten Rechtsbegriff** der »wirtschaftlichen Lage« zu präzisieren. Es hat dabei den Gesichtspunkt der **Substanzerhaltung** hervorgehoben.[188] Die Anpassung von Betriebsrenten an die Kaufkraftentwicklung kann danach **ganz oder teilweise abgelehnt** werden,

---

184 Vgl. *Schaub*, § 81 Rn 271.
185 BAG AP Nr. 5 und Nr. 11 zu § 16 BetrAVG; ErfK/*Steinmeyer*, § 16 BetrAVG Rn 30.
186 BAG AP Nr. 7, Nr. 8, Nr. 10 und Nr. 11 zu § 16 BetrAVG; ErfK/*Steinmeyer*, § 16 BetrAVG Rn 31 f.
187 Schon zuvor st. Rspr.: BAG BAGE 28, 279; BAG BAGE 83, 1 m.w.N.
188 BAG ZIP 2001, 2294; BAG DB 2001, 2255; BAG BAGE 84, 246; BAG BAGE 48, 272 jeweils m.w.N.

soweit dadurch eine **übermäßige Belastung** des Unternehmens verursacht würde. Die wirtschaftliche Leistungsfähigkeit eines Unternehmens ist dabei nach seiner **gesamtwirtschaftlichen Situation** zu beurteilen ist.[189]

Das **vorhandene Eigenkapital** spiegelt die dem Unternehmer zuzuordnende Vermögenssubstanz wieder und zeigt, inwieweit das Unternehmen Wertzuwächse oder Wertverluste zu verzeichnen hat. Die zu erwartenden Überschüsse sind nur ein Kriterium. Die **Betriebsergebnisse** können nicht losgelöst von der **Eigenkapitalausstattung** und dem **Investitionsbedarf** betrachtet werden. Insbesondere ist zu berücksichtigen, dass Substanzeinbußen eine gesunde wirtschaftliche Entwicklung des Unternehmens und damit auch den Fortbestand von Arbeitsplätzen gefährden können.[190]

182

Eingriffe in die Vermögenssubstanz zur Finanzierung von Anpassungslasten sind dem Versorgungsschuldner **nicht zuzumuten**.[191] Ihm steht darüber hinaus eine angemessene Eigenkapitalverzinsung des übernommenen Vermögens zu, soweit dieses Vermögen nicht von vornherein wegen der Versorgungsverbindlichkeiten zurückzustellen und deshalb gebunden war. Was hiernach an Erträgen und Wertsteigerungen verbleibt, ist zur Feststellung der Anpassungsfähigkeit des Versorgungsschuldners heranzuziehen, soweit es nicht bereits zur Finanzierung der laufenden Versorgungsverbindlichkeiten benötigt wird.

183

Die **Wettbewerbsfähigkeit** des Unternehmens, von der auch die **Sicherung der Arbeitsplätze** abhängt, darf durch die Anpassung der Leistungen der betrieblichen Altersversorgung nicht gefährdet werden. Ein wettbewerbsfähiges Unternehmen benötigt genügend Eigenkapital und muss verhindern, dass sich Investoren abwenden. Wesentlicher Maßstab für die **Zumutbarkeit** einer Anpassung aus Sicht des Unternehmens ist nach der Rechtsprechung des BAG[192] eine **angemessene Eigenkapitalverzinsung**.

184

Übermäßig ist die Belastung dann, wenn es dem Unternehmen mit einiger Wahrscheinlichkeit nicht möglich sein wird, den Teuerungsausgleich aus dem **Wertzuwachs des Unternehmens** und dessen **Erträgen** in der Zeit nach dem Anpassungsstichtag aufzubringen.[193] Die **gesunde wirtschaftliche Entwicklung** dürfe nicht verhindert und die **Arbeitsplätze** dürften nicht durch eine langfristige Auszehrung in Gefahr gebracht werden.[194]

185

---

189 BAG BAGE 61, 94, 98 = ZIP 1989, 934.
190 BAG DB 2002, 155.
191 Vgl. u.a. BAG BAGE 92, 349, 355 = ZIP 2000, 1505, 1506 f. m.w.N., Anm. *Griebeling* EWiR 2000, 995.
192 St. Rspr. des 3. Senats, vgl. BAG BAGE 48, 272, 283 f.; BAG BAGE 61, 94, 98 f. = ZIP 1989, 934; BAG BAGE 83, 1, 11; BAG BAGE 84, 246, 250 jeweils m.w.N.
193 BAG AP Nr. 17 zu § 16 BetrAVG.
194 BAG BAGE 61, 94 = ZIP 1989, 934.

c) Maßgeblicher Stichtag für die wirtschaftlichen Verhältnisse

186 Die wirtschaftliche Lage des Arbeitgebers ist eine zukunftsbezogene Größe. Sie umschreibt die künftige Belastbarkeit des Arbeitgebers und setzt eine Prognose voraus. Maßgeblicher **Prognosezeitpunkt** ist der **Anpassungsstichtag**. Die wirtschaftlichen Verhältnisse vor dem Anpassungsstichtag sind insoweit von Bedeutung, als daraus Schlüsse für die weitere Entwicklung des Unternehmens gezogen werden können.[195] Bei der Ertragsprognose kann nicht ohne weiteres auf die erwirtschafteten Erträge in den vergangenen Jahren abgestellt werden, ohne näher zu prüfen, ob mit derartigen Betriebsergebnissen auch in Zukunft gerechnet werden konnte. Eine rein retrospektive Betrachtung ist nach Auffassung des BAG abzulehnen.

187 Entscheidend sind die bis zum nächsten Anpassungsstichtag zu erwartenden Erträge. Es ist eine **Prognose der künftigen Entwicklung** erforderlich. Dem Arbeitgeber steht bei der Einschätzung der künftigen Entwicklung ein **Beurteilungsspielraum** zu.[196] Da eine langfristige Prognose nicht absolut eindeutig sein kann, muss eine durch Tatsachen gestützte **Wahrscheinlichkeit** genügen.[197] Sie ist nach den **Verhältnissen im Zeitpunkt des Anpassungsstichtags** vorzunehmen, wobei die Zeit vor dem Anpassungsstichtag Bedeutung hat, soweit sie Schlüsse für die weitere Entwicklung zulässt.[198]

188 *Praxishinweis*
Dementsprechend kommt es **nicht ausschließlich** *auf die in den* **letzten drei Jahre** *vor dem Anpassungsstichtag zu verzeichnenden Gewinne an. Einerseits darf der Arbeitgeber seiner Prognose einen* **längeren Zeitraum** *zugrunde legen, wenn er aussagekräftiger ist. Andererseits sind die sich bereits abzeichnenden oder wenigstens mit einer gewissen Wahrscheinlichkeit zu erwartenden Veränderungen zu berücksichtigen.*

189 **Besondere Entwicklungen**, die nicht fortwirken und sich voraussichtlich nicht wiederholen werden, bzw. außergewöhnliche, nicht absehbare Ereignisse eignen sich nicht als Prognosegrundlage.[199] Dies ist auch bei »außerordentlichen Aufwendungen« und »außerordentlichen Erträgen« zu beachten.[200] Nach dem Anpassungsstichtag eintretende und nicht vorhersehbare neue Rahmenbedingungen, die eine andere Prognoseentscheidung zur Folge gehabt hätten, dürfen grundsätzlich im Rahmen einer gerichtlichen Überprüfung nicht zugrunde gelegt werden.[201] Solche späteren, unerwarteten

---

195 Vgl. BAG BAGE 48, 272, 281; BAG BAGE 83, 1, 9.
196 Vgl. BAG DB 2002, 155; so auch noch *Blomeyer/Otto*, 3. Aufl. § 16 Rn 198.
197 BAG BAGE 48, 272 = AP Nr. 17 zu § 16 BetrAVG (zu II 3 a der Gründe).
198 BAG BAGE 48, 272.
199 BAG ZIP 2001, 2294.
200 BAG DB 2001, 2255, Anm. *Griebeling* EWiR 2001, 1031.
201 BAG BAGE 83, 1 = ZIP 1996, 2085, 2086.

Veränderungen der wirtschaftlichen Verhältnisse des Unternehmens können **erst bei der nächsten Anpassungsprüfung berücksichtigt** werden.[202] Allerdings ist zumindest eine tatsächlich von der Prognose abweichende wirtschaftliche **Entwicklung bis zur letzten Tatsachenverhandlung** zu berücksichtigen.[203] Diese wirtschaftlichen Daten nach dem Anpassungsstichtag bis zur letzten mündlichen Verhandlung können die frühere Prognose nach Auffassung des BAG noch zulässigerweise bestätigen oder entkräften.[204] Der Arbeitgeber muss dann allerdings näher **darlegen**, mit welcher künftigen Eigenkapitalverzinsung am Anpassungsstichtag zu rechnen war und **worauf diese Prognose beruht**. Jedenfalls neue Rahmenbedingungen, die am Anpassungsstichtag noch nicht vorhersehbar waren, spielen keine Rolle.[205]

190

3. Unangemessene Eigenkapitalrendite

Im Wesentlichen darf der Arbeitgeber die Anpassung verweigern, wenn entweder das Unternehmen nicht mit ausreichend **Eigenkapital**[206] ausgestattet ist[207] oder keine angemessene **Eigenkapitalrendite**[208] erzielt wird. Nur Unternehmen, die Gewinne erwirtschaften, können sich langfristig im Wettbewerb behaupten. Daher ist anerkannt, dass eine angemessene Verzinsung des im Unternehmen gebundenen Eigenkapitals in der Regel notwendig ist und nicht für die Rentenanpassung zur Verfügung steht.[209]

191

a) Handelsrechtliche Jahresabschlüsse als Grundlage

Die handelsrechtlichen Jahresabschlüsse mit den erzielten Betriebsergebnissen bilden den Einstieg bei der Beurteilung der wirtschaftlichen Lage des Unternehmens und der daraus abzuleitenden Prognose.[210] Es sind die Abschlüsse für einen für die weitere Unternehmensentwicklung repräsentativen **Zeitraum von** in der Regel **mindestens drei Jahren** heranzuziehen.[211] Zur Berechnung der Eigenkapitalrendite sind jeweils die als Eigenkapital ausgewiesenen Posten (§ 266 Abs. 3 Buchst. A HGB) und die Jahresergebnisse zu entnehmen.

192

---

202 BAG BAGE 83, 1, 10 = ZIP 1996, 2085, 2086; BAG DB 2002, 155.
203 BAG BAGE 83, 1 = ZIP 1996, 2085, 2086.
204 BAG BAGE 81, 167, 171 f.; BAG DB 2002, 155.
205 BAG BAGE 83, 1, 9 f. = ZIP 1996, 2085, 2086.
206 BAG ZIP 2001, 2294; BAG DB 2002, 155.
207 Zusammenfassend BAG DB 2003, 2606.
208 BAG DB 2001, 2255; BAG DB 2002, 155; BAG BAGE 83, 1.
209 BAG BAGE 48, 272; BAG BAGE 61, 94; BAG BAGE 83, 1; BAG ZIP 2001, 2294.
210 BAG DB 2003, 2606.
211 BAG BAGE 83, 1.

§ 4 Einschränkungen bei der betrieblichen Altersversorgung

b) Ermittlung des maßgeblichen Eigenkapitals

193 Bei der Berechnung der Eigenkapitalverzinsung ist einerseits auf die **Höhe des Eigenkapitals**, andererseits auf das **erzielte Betriebsergebnis** abzustellen. Beide Bemessungsgrundlagen sind **ausgehend von den handelsrechtlichen Jahresabschlüssen** nach betriebswirtschaftlichen Grundsätzen zu bestimmen.[212] Bei der Berechnung der Eigenkapitalverzinsung ist also der **handelsrechtliche Eigenkapitalbegriff** zugrunde zu legen. Zum Eigenkapital zählen nach § 266 Abs. 3 Buchst. A HGB nicht nur das »gezeichnete Kapital« bzw. »Stammkapital« und die Kapitalrücklage, sondern auch Gewinnrücklagen, Gewinn-/Verlustvortrag und Jahresüberschuss/Jahresfehlbetrag.

194 Im Einzelnen zählen zum Eigenkapital nach der für **Kapitalgesellschaften** verbindlichen **Gliederungsvorschrift des § 266 Abs. 3 Buchst. A HGB**
- das gezeichnete Kapital (Stammkapital der GmbH bzw. Grundkapital der AG),
- die Kapitalrücklage,
- Gewinnrücklagen,
- Gewinn-/Verlustvorträge und
- der Jahresüberschuss/Jahresfehlbetrag.

195 Unter **gezeichnetem Kapital** ist nach § 272 Abs. 1 S. 1 HGB das Kapital zu verstehen, auf das die Haftung der Gesellschafter für die Verbindlichkeiten einer Kapitalgesellschaft gegenüber den Gläubigern beschränkt ist. Bei einer GmbH wird das gezeichnete Kapital als Stammkapital bezeichnet (§ 42 Abs. 1 GmbHG), bei einer Aktiengesellschaft als Grundkapital (§§ 1 Abs. 2, 6, 7 AktG). Das **Stammkapital** bzw. das **Grundkapital** ist ohne weitere Prüfung als erforderliches Eigenkapital anzusehen.

196 **Kapitalrücklagen** sind unter anderem Zuzahlungen der Gesellschafter in das Eigenkapital (§ 272 Abs. 2 Nr. 4 HGB). Diese Zuzahlungen können auf **freiwilligen Leistungen** der Gesellschafter oder auf einer **Nachschusspflicht** gegenüber der GmbH beruhen (vgl. §§ 26 bis 28, § 42 Abs. 2 GmbHG).

197 § 268 Abs. 1 HGB führt nicht dazu, dass § 266 Abs. 3 Buchst. A HGB lediglich als Gliederungsvorschrift für die handelsrechtliche Bilanz anzusehen ist. Nach § 268 Abs. 1 HGB darf die Bilanz auch unter Berücksichtigung der vollständigen oder teilweisen Verwendung des Jahresergebnisses aufgestellt werden. Existiert bereits ein **Gewinnverwendungsbeschluss**, kann die Bilanz als Gewinnverwendungsrechnung daher auch unter der teilweisen oder vollständigen Verwendung des Jahresergebnisses aufgestellt werden. In diesem Fall gehen die Posten Gewinn-/Verlustvortrag und Jahresüberschuss/Jahresfehlbetrag im Bilanzgewinn/-verlust auf, der dann zum Eigenkapital hinzuzurechnen ist. Auf die Höhe des Eigenkapitals nimmt diese **alternative Darstellung** keinen Einfluss.[213]

---

212 BAG DB 2001, 2255, Anm. *Griebeling* EWiR 2001, 1031.
213 Vgl. BAG DB 2001, 2255.

E. Anpassung nach § 16 BetrAVG § 4

Bei den Bilanzen der **Einzelunternehmen und Personengesellschaften**, für die in § 247 Abs. 1 HGB **kein verbindliches Gliederungsschema** vorgegeben ist,[214] sind ebenfalls die unter Eigenkapital ausgewiesenen Beträge und der sich als Saldo zum Eigenkapital des vorangegangenen Wirtschaftsjahres ergebende Gewinn bzw. Verlust zugrunde zu legen. Eine weitere bilanzielle Aufgliederung des Eigenkapitals ergibt sich hier regelmäßig nur bei Personengesellschaften, bei denen festes und variables Kapital der einzelnen Gesellschafter gesondert ausgewiesen wird.

198

Im bilanzierten Eigenkapital enthaltene **Gewinne aus außerordentlichen Erträgen**, etwa durch die Auflösung stiller Reserven bei der Veräußerung von Betriebsvermögen, sind nicht herauszurechnen, da sie als realisierte Wertzuwächse die Eigenkapitalbasis des Unternehmens nachhaltig stärken.[215] Sie sind aber bei der Ermittlung des für die Berechnung der Eigenkapitalrendite maßgeblichen Betriebsergebnisses beachtlich.

199

In der Regel ist es nach Auffassung des BAG sachgerecht, bei der im Rahmen des § 16 BetrAVG zu prüfenden Eigenkapitalverzinsung auch **Gewinnrücklagen und Gewinnvorträge zum Eigenkapital zu zählen**. Das Eigenkapital ist vom Fremdkapital abzugrenzen. Gewinnrücklagen und Gewinnvortrag können nicht dem Fremdkapital zugeordnet werden. Die Anteilseigner haben die nicht ausgeschütteten Gewinne dem Unternehmen zur Erhöhung des Eigenkapitals zur Verfügung gestellt.

200

Die Höhe der Eigenkapitalverzinsung richtet sich nach dem konkret **zur Verfügung stehenden Eigenkapital**. Da es sich während des Geschäftsjahres ständig verändert, kann weder das zu Beginn des Geschäftsjahres vorhandene noch das am Ende des Geschäftsjahres erreichte Eigenkapital zugrunde gelegt werden. Vielmehr ist von einem Durchschnittswert auszugehen.[216] Da es sich bei dem in einer Bilanz ausgewiesenen Eigenkapital um einen stichtagsbezogenen Wert handelt, hingegen das zur Berechnung der Eigenkapitalrendite dazu in Beziehung zu setzende Jahresergebnis über das ganze Jahr erwirtschaftet wurde, ist als **Berechnungsgrundlage der Durchschnittswert des Eigenkapitals des entsprechenden Wirtschaftsjahres** anzusetzen. Grundsätzlich kommt es auf den Mittelwert aus dem Eigenkapital zu Beginn und Ende des Geschäftsjahres an. Dazu ist nach Auffassung des BAG das Eigenkapital zu Beginn und Ende des Wirtschaftsjahres zu addieren und anschließend zu halbieren.[217]

201

---

214 Soweit sich nicht durch das KapCoRiLiG für GmbH & Co KG etwas anderes ergibt.
215 BAG ZIP 2001, 2294.
216 BAG DB 2001, 2255, Anm. *Griebeling* EWiR 2001, 103; vgl. auch *Andresen/Förster/Rößler*, Teil 11 B Rn 1372; *Hartauer*, DB 1996, 2080.
217 BAG DB 2001, 2255.

§ 4 Einschränkungen bei der betrieblichen Altersversorgung

c) Ermittlung des maßgeblichen Betriebsergebnisses

202 Das für die Berechnung der Eigenkapitalrendite maßgebliche **Betriebsergebnis** ist in Gestalt des ausgewiesenen Jahresüberschusses bzw. Jahresfehlbetrags ebenfalls **dem handelsrechtlichen Jahresabschluss zu entnehmen.**[218]

203 Die in den handelsrechtlichen Jahresabschlüssen ausgewiesenen **Überschüsse oder Fehlbeträge** bilden nach Auffassung des BAG nur einen geeigneten **Einstieg zur Feststellung des erzielten Betriebsergebnisses.**[219] Sie sind jedoch nicht unbesehen zu übernehmen. Das BAG hat deshalb stets betont, dass **betriebswirtschaftliche Korrekturen** des Jahresergebnisses geboten seien.[220] Es hat dabei beispielhaft zu berücksichtigende Umstände der Ergebnisentstehung aufgezählt, die im Hinblick auf eine in die Zukunft gerichtete Prognose der Unternehmensentwicklung den Befund verfälschen können:[221]

204 ■ So sollen **Scheingewinne**, die **durch die Abschreibung** beweglicher Wirtschaftsgüter des Anlagevermögens **zu den historischen Werten** entstehen, nicht für die Anpassung zur Verfügung stehen.[222] Da abgeschriebenes Anlagevermögen inflationsbedingt regelmäßig nur zu höheren Kosten wiederbeschafft werden kann, reicht das Abschreibungsvolumen zur Finanzierung von Ersatzbeschaffungen nicht aus. Unter dem Gesichtspunkt der Substanzerhaltung stecken somit in den ausgewiesenen Jahresergebnissen Scheingewinne in Höhe der Steigerung der Wiederbeschaffungskosten. Im Gegensatz zum BFH, der die Bildung eines gewinnmindernden Passivpostens (Rückstellung oder Rücklage für Ersatzbeschaffung) dem Nominalwertprinzip folgend handels- und steuerrechtlich für unzulässig hält,[223] bleibt das BAG im Rahmen des § 16 BetrAVG konsequent seinem Substanzerhaltungsdogma treu. Daraus ist zu schließen, dass der Arbeitgeber unter Darlegung erhöhter Wiederbeschaffungskosten die handelsrechtlichen Betriebsergebnisse um den Betrag wird mindern können, der der Differenz zwischen der gewöhnlichen, auf die Anschaffungs- und Herstellungskosten bezogenen Jahres-AfA und einer fiktiven, auf die Wiederbeschaffungskosten bezogenen Jahres-AfA entspricht.

205 ■ Außerdem sind nach Auffassung des BAG **außerordentliche Erträge und Verluste** aus den Betriebsergebnissen **herauszurechnen**.[224] Sie eignen sich wegen ihres Ausnahmecharakters regelmäßig nicht, unter ihrer Einbeziehung die Entwicklung

---

218 BAG BAGE 83, 1; BAG ZIP 2001, 2294.
219 Vgl. BAG BAGE 83, 1, 10.
220 BAG BAGE 48, 284; BAG BAGE 83, 1; BAG ZIP 2001, 2294; BAG DB 2003, 2606, jeweils m.w.N.
221 ErfK/*Steinmeyer*, § 16 BetrAVG Rn 35.
222 BAG BAGE 48, 284; BAG BAGE 83, 1; BAG ZIP 2001, 2294.
223 BFH BStBl II 1980, S. 434.
224 BAG ZIP 2001, 2294.

der wirtschaftlichen Lage für die Zukunft zu prognostizieren. Sie sind aber **ausnahmsweise** nicht zu neutralisieren, wenn sie im Untersuchungszeitraum auch der Höhe nach eine ausreichende **Kontinuität** aufweisen.[225]

- Daneben kann, sofern dies nicht bereits erfolgswirksam geschehen ist, bei einer GmbH eine **angemessene Vergütung des Gesellschafter-Geschäftsführers** angesetzt werden, wenn dieser in demselben Umfang tätig ist, wie ein Fremdgeschäftsführer und auch die Gesamtzahl der Gesellschafter-Geschäftsführer dem bei Fremdgeschäftsführern Üblichen entspricht.[226] Bei dem hier erforderlichen Fremdvergleich erscheint der Rückgriff auf die steuerrechtlichen Maßstäbe, die zur verdeckten Gewinnausschüttung entwickelt wurden, zulässig und sinnvoll. 206

- Letztlich sollen die handelsrechtlichen Ergebnisse auch von **betriebswirtschaftlich überhöhten Abschreibungen** zu befreien sein.[227] Das BAG hat diese Überlegung noch nicht näher ausgeführt. Es wird mit dieser Bemerkung aber wohl die sich aus steuerrechtlichen Vorschriften ergebenden Sonderabschreibungen im Blick gehabt haben. Führt man den Gedanken fort, so wären die ausgewiesenen Betriebsergebnisse um den Betrag zu erhöhen, der sich aus der Differenz der handelsrechtlichen Normalabschreibung und der steuerrechtlichen Sonder-AfA ergibt. Das gesamte Abschreibungsvolumen bliebe über die Nutzungsdauer freilich gleich; die Korrektur hätte damit den Effekt einer Glättung der Ergebnisentwicklung. 207

Das BAG begründet diese gebotenen Korrekturen wie folgt: 208

- Nach dem Niederstwertprinzip sind Vermögensgegenstände höchstens mit den Anschaffungs- und Herstellungskosten anzusetzen (§ 253 Abs. 1 S. 1 HGB). Bei Vermögensgegenständen des Anlagevermögens sind außerplanmäßige Abschreibungen vorzunehmen, wenn eine voraussichtlich dauernde Wertminderung eintritt (§ 253 Abs. 2 S. 1 HGB). Diese Regelung entspricht kaufmännischer Vorsicht, begrenzt den ausschüttungsfähigen Gewinn und dient unter anderem dem Gläubigerschutz. 209

- Solange der Vermögensgegenstand nicht veräußert ist, sind Werte (**stille Reserven**) über den Anschaffungs- und Herstellungskosten spekulativ (sog. **Realisationsprinzip**). Selbst bei Grundstücken kann bis zu ihrer Veräußerung nicht unterstellt werden, dass Wertsteigerungen erhalten bleiben. Die letzten Jahre haben deutlich gezeigt, dass der Immobilienmarkt von Wertschwankungen nicht verschont bleibt. 210

- Mit der Veräußerung werden jedoch die Wertsteigerungen realisiert und stehen nunmehr als Eigenkapital dauerhaft zur Verfügung. **Außerordentliche Erträge,** 211

---

225 BAG ZIP 2001, 2294.
226 BAG BAGE 83, 1.
227 BAG DB 2001, 2255, Anm. *Griebeling* EWiR 2001, 1031; BAG ZIP 2001, 2294.

die durch die tatsächliche Auflösung stiller Reserven bei der Veräußerung von Anlagevermögen entstehen, **erhöhen das bilanzierte Eigenkapital** und sind insoweit gegebenenfalls zu berücksichtigen.

212 ■ Außerordentliche Erträge sind zwar **keine Scheingewinne**. Ihr Ausnahmecharakter kann aber nach Auffassung des BAG bei der Beurteilung der künftigen Ertragsentwicklung nicht außer Acht gelassen werden. In der Regel sind außerordentliche Erträge oder Verluste aus den der Prognose zugrunde gelegten früheren Jahresabschlüssen herauszurechnen. Etwas anderes soll nur dann gelten, wenn außerordentliche Erträge oder Verluste auch der Höhe nach eine ausreichende Kontinuität aufweisen.

213 Der Unternehmenserfolg ist **nach objektiven Kriterien** zu messen. Entscheidend ist, welchen Jahresüberschuss oder Jahresfehlbetrag das Unternehmen erwirtschaftet. Deshalb bestimmt sich die Höhe der Eigenkapitalverzinsung nach Auffassung des BAG grundsätzlich **nicht** nach den **ausgeschütteten Dividenden**. Die von subjektiven Zweckmäßigkeitserwägungen beeinflusste Ausschüttungspolitik erlaube keine zuverlässigen Rückschlüsse auf die wirtschaftliche Belastbarkeit des Unternehmens. Die Dividendenhöhe beruhe nicht allein auf dem erzielten Gewinn, sondern auf einer Vielzahl weiterer Überlegungen. Selbst bei schlechten Betriebsergebnissen könne die Ausschüttung von Dividenden sinnvoll sein, z.B. um Irritationen bei Investoren zu vermeiden und Optimismus zu signalisieren.

214 Bei der Prognose der künftigen Entwicklung ist **in Umstrukturierungsfällen** die **Eigenkapitalverzinsung** heranzuziehen, die das Unternehmen **nach Abschluss der Umstrukturierung bis zum Anpassungsstichtag** erzielt.

d) Berechnung der angemessenen Eigenkapitalverzinsung

215 Eine angemessene Eigenkapitalverzinsung, die für die Anpassung der Betriebsrenten nach § 16 BetrAVG von entscheidender Bedeutung ist, besteht aus einem **Basiszins** und einem **Risikozuschlag**. Eine angemessene Verzinsung des im Unternehmen gebundenen Eigenkapitals liegt vor, wenn das nach den vorstehend wiedergegebenen Grundsätzen korrigierte Betriebsergebnis mindestens der Rendite entspricht, die nach den Veröffentlichungen des statistischen Bundesamtes öffentliche Anleihen im entsprechenden Zeitraum erzielt hätten (**Basiszins**),[228] wobei ein für alle Unternehmen einheitlicher **Risikozuschlag von 2 %** hinzuzurechnen ist.[229] Nur die über diese Rendite hinausgehenden Erträge stehen für eine Rentenanpassung zur Verfügung.

---

228 BAG BAGE 83, 1.
229 BAG DB 2001, 2255, Anm. *Griebeling* EWiR 2001, 1031; so auch schon BAG BAGE 83, 1, 11.

e) Grundlage: Umlaufrendite öffentlicher Anleihen

Das BAG hat im Anschluss an die Rechtsauffassung des LAG Berlin[230] im vorausgegangenen Berufungsverfahren als Basiszins die **Umlaufrendite öffentlicher Anleihen** angesehen.[231] Sie ist den Veröffentlichungen des Statistischen Bundesamts zu entnehmen. Damit handele es sich um ein objektiviertes, leicht nachprüfbares Kriterium.[232] Danach kann also grundsätzlich **die für festverzinsliche Wertpapiere langfristig erzielbare Rendite** zugrunde gelegt werden.

216

f) Möglichkeit eines Geldentwertungsabschlags

Von einem **Geldentwertungsabschlag** darf der Arbeitgeber nach Auffassung des BAG absehen.[233] Im arbeitsrechtlichen Schrifttum hatten sich zuvor mehrere Autoren für einen Risikozuschlag von 2 bis 3 % ausgesprochen.[234] Dazu wurde darauf hingewiesen, dass in der zivilrechtlichen Rechtsprechung zur Unternehmensbewertung einerseits ein Risikozuschlag von 0,5 bis 4 % und andererseits ein Geldentwertungsabschlag auf den Basiszins vorgenommen werde.[235] Der Geldentwertungsabschlag von 0,5 bis 2,5 % solle berücksichtigen, dass Unternehmen eine Geldwertverminderung je nach Marktstellung durch die Preisgestaltung mehr oder weniger auffangen können, während sich die Geldwertverminderung bei einer Kapitalanlage in festverzinsliche Wertpapiere meist stärker niederschlägt.

217

Das **Schrifttum** zur Unternehmensbewertung steht ebenfalls in weiten Teilen Geldentwertungsabschlägen kritisch gegenüber.[236] Die Bestimmung eines sachgerechten Geldentwertungsabschlags erfordert die Prüfung der Reaktionsmöglichkeiten des einzelnen Unternehmens und wird von zahlreichen Unwägbarkeiten beeinflusst. Wenn vor diesem Hintergrund die Höhe des Risikozuschlags von den Verhältnissen des einzelnen Unternehmens abhinge und ein unternehmensspezifischer Geldentwertungsabschlag vorgenommen werden müsste, würde die ohnehin komplexe Anpassungsentscheidung und deren Überprüfung erheblich erschwert. Ein einheitlicher Risikozuschlag und ein Verzicht auf Geldentwertungsabschläge erleichtern daher nach Auffassung des BAG die Anwendung des § 16 BetrAVG und sorgen für Rechtssicherheit.[237]

218

---

230 LAG Berlin v. 5.8.1998–15 Sa 22/98, n.v.
231 BAG DB 2001, 2255, Anm. *Griebeling* EWiR 2001, 1031.
232 Vgl. dazu auch *Ludewig/Kube*, DB 1998, 1725, 1727.
233 BAG DB 2001, 2255, Anm. *Griebeling* EWiR 2001, 1031.
234 Vgl. *Andresen/Förster/Rößler*, Teil 11 B Rn 1367; *Höfer*, § 16 Rn 3582 (Stand: 1999); *Pauly*, DB 1996, 1731, 1732.
235 *Ludewig/Kube*, DB 1998, 1725, 1727.
236 Vgl. die Nachweise bei *Ludewig/Kube*, DB 1998, 1725.
237 BAG DB 2001, 2255, Anm. *Griebeling* EWiR 2001, 1031.

§ 4 Einschränkungen bei der betrieblichen Altersversorgung

219 Trotz der derzeit risikoreichen wirtschaftlichen Lage und der niedrigen Geldentwertungsrate ist demgemäß nach **Auffassung des BAG** ein fester Risikozuschlag von 2 % angemessen. Dieser Prozentsatz liegt zwischen dem bei Unternehmensbewertungen gebräuchlichen Mindestsatz von 0,5 % und dem Höchstsatz von 4 %. Durch die Unterschreitung des Mittelwerts werde ausreichend berücksichtigt, dass ein Geldentwertungsabschlag unterbleiben darf.

g) Berücksichtigung von Ertragsteuern

220 Das Eigenkapital kann aber **nicht uneingeschränkt mit den Betriebsergebnissen nach Steuern verglichen** werden.[238] Bei den Ertragsteuern ist nämlich zu beachten, dass sie unter der Geltung des bisherigen körperschaftsteuerlichen Anrechnungsverfahrens auf die Einkommensteuer der Anteilseigner angerechnet werden konnten. Diesem Gesichtspunkt konnte man bis zur Einführung des Halbeinkünfteverfahrens möglicherweise dadurch Rechnung tragen, dass man die **Ertragsteuern dem jeweiligen Jahresüberschuss hinzurechnete**.[239] Die Frage, inwieweit die Ertragsteuern zu berücksichtigen sind, hat das BAG offen gelassen, weil in dem dort zu entscheidenden Fall auch die für das Unternehmen ungünstigere Berechnung (Hinzurechnen der Ertragssteuer und damit höhere Rendite) zu keiner angemessenen Eigenkapitalverzinsung führte.[240]

h) Eigenkapitalauszehrung

221 Die Höhe der Eigenkapitalverzinsung richtet sich zwar nach dem vorhandenen Eigenkapital. Eine unzureichende Eigenkapitalverzinsung ist aber nicht der einzige Grund, der nach § 16 BetrAVG eine Nichterhöhung der Betriebsrente rechtfertigen kann. Die fehlende Belastbarkeit des Unternehmens kann sich auch aus einer **Eigenkapitalauszehrung** ergeben. **Verlustvorträge** sind dabei zu berücksichtigen.[241]

222 Erwirtschaftet ein Unternehmen nach einer Verlustphase nämlich wieder Gewinne, so bedeutet dies noch nicht, dass die zurückliegenden wirtschaftlichen Schwierigkeiten keine Spuren hinterlassen haben. Die Betriebsergebnisse können deshalb nicht losgelöst von der Eigenkapitalausstattung und dem Investitionsbedarf betrachtet werden. Insbesondere ist zu berücksichtigen, dass **Substanzeinbußen** eine gesunde wirtschaftliche Entwicklung des Unternehmens und damit auch den Fortbestand von Arbeitsplätzen gefährden können.[242] Unzureichendes Eigenkapital beeinflusse nicht nur

---

[238] BAG DB 2001, 2255, Anm. *Griebeling* EWiR 2001, 1031; vgl. dazu auch *Hartauer*, DB 1996, 2080; a.A. *Andresen/Förster/Rößler*, Teil 11 B Rn 1373.
[239] LAG Berlin v. 5.8.1998–15 Sa 22/98, n.v.
[240] BAG DB 2001, 2255, Anm. *Griebeling* EWiR 2001, 1031.
[241] BAG DB 2002, 155.
[242] BAG DB 2002, 155.

das Unternehmensergebnis (Zinsen für zusätzlich erforderliche Fremdmittel) und die Liquidität, sondern auch die Fähigkeit, Krisen zu bewältigen und Verluste zu verkraften (Risikovorsorge).

Jedenfalls wenn das **gezeichnete Kapital nicht mehr durch Eigenkapital gedeckt** ist, bzw. das gezeichnete Kapital nicht ohne eine Kapitalrücklage, die anlässlich einer Stammkapitalunterschreitung aus Einlagen der Gesellschafter gebildet wurde, durch Eigenkapital gedeckt ist, und der Arbeitgeber davon ausgehen darf, dass dieser Eigenkapitalmangel bis zum nächsten Anpassungsstichtag fortbesteht, darf die Anpassung verweigert werden.[243]

223

Unzureichendes Eigenkapital kann wegen hoher Zinsbelastungen für das aufgenommene Fremdkapital die Liquidität und Krisenfähigkeit des Unternehmens belasten, weswegen die Erwirtschaftung von Gewinnen nach einer längeren Verlustphase noch nicht bedeutet, dass die wirtschaftlichen Probleme bewältigt sind.[244] Der Arbeitgeber, der **nach einer** solchen **Verlustphase** und der damit einhergehenden Eigenkapitalauszehrung durch die Bildung von Kapitalrücklagen und die Thesaurierung von Gewinnen für eine zügige **Verbesserung der Eigenkapitalausstattung** sorgt, darf deshalb nach Auffassung des BAG von Betriebsrentenerhöhungen grundsätzlich absehen.[245]

224

Ob die **Unternehmenssubstanz** langsam über einen **längeren oder** schlagartig über einen **kürzeren Zeitraum geschmälert** wurde, ist unerheblich. Sowohl die Erhaltung als auch die Wiedererlangung der Unternehmenssubstanz sind berechtigte unternehmerische Anliegen im Interesse der Wettbewerbsfähigkeit und zum Schutz von Arbeitsplätzen.

225

Praxishinweis
Bei der Ermittlung des Eigenkapitals bilden die **handelsrechtlichen Jahresabschlüsse** nach Auffassung des BAG jedoch lediglich den geeigneten Einstieg. Sie dürfen **nicht unbesehen übernommen** werden. Betriebswirtschaftlich gebotene Korrekturen sind – wie bereits ausgeführt – vorzunehmen.[246] Dies gilt auch für vorgetragene Verluste.

226

Der **Verlustvortrag** ist entsprechend seinen unterschiedlichen Zwecken daher **differenziert zu behandeln**. Er führt unter anderem dazu, dass ein Teil der späteren Gewinne nicht versteuert werden muss. Die dafür maßgeblichen steuersystematischen und wirtschaftspolitischen Gründe sind auf § 16 BetrAVG nicht übertragbar. Diese Vorschrift verlangt eine Abwägung der wirtschaftlichen Interessen des Unternehmens mit den Versorgungsinteressen der Betriebsrentner. Soweit es jedoch bei der Anpassungsentscheidung auf die Höhe des Eigenkapitals ankommt, gewinnt der Verlustvortrag auch betriebsrentenrechtlich Bedeutung.

227

243 BAG ZIP 2001, 2294.
244 BAG DB 2002, 155.
245 BAG ZIP 2001, 2294.
246 Vgl. BAGE 48, 284, 293; BAGE 83, 1, 10.

§ 4 Einschränkungen bei der betrieblichen Altersversorgung

228 Handelt es sich beim **Trägerunternehmen** um eine **Personenhandelsgesellschaft**, also eine KG, GmbH & Co KG, oHG oder GmbH & Co oHG, muss in der Bilanz des Trägerunternehmens der Verlustvortrag nicht gesondert ausgewiesen werden. Dies ändert nichts daran, dass Verluste der vergangenen Jahre aber auch dort das Eigenkapital mindern.

229 Grundlage der Ermittlung der angemessenen Eigenkapitalverzinsung ist nicht das frühere, sondern das vorhandene Eigenkapital.[247] Dies entspricht dem handelsrechtlichen Eigenkapitalbegriff nach § 266 Abs. 3 Buchst. A HGB, der einen Verlustvortrag ausdrücklich einbezieht. Auch bei den nicht unter § 266 Abs. 3 Buchst. A HGB fallenden Personengesellschaften schmälern Verluste der Vorjahre das Eigenkapital. Außerdem wäre es mit der Zubilligung eines Risikozuschlags kaum zu vereinbaren, der angemessenen Eigenkapitalverzinsung verlorenes Eigenkapital zugrunde zu legen. Hohe Eigenkapitalverluste können zwar dazu führen, dass schon niedrige Gewinne für eine angemessene Eigenkapitalverzinsung ausreichen.

230 Von der **angemessenen Eigenkapitalverzinsung** ist aber die **Substanzerhaltung zu unterscheiden**, die ebenfalls für sich gesehen eine Nichtanpassung rechtfertigen kann. Der Arbeitgeber muss also bei seinem Sachvortrag zur mangelnden wirtschaftlichen Leistungsfähigkeit **zwischen der Wiedererlangung des verlorenen Eigenkapitals und einer angemessenen Eigenkapitalverzinsung unterschieden**. Er kann also keine Verzinsung für nicht mehr vorhandenes Eigenkapital geltend machen. Eine angemessene Eigenkapitalverzinsung kommt nicht erst in Betracht, wenn die Eigenkapitaleinbußen ausgeglichen sind. Dies würde dazu führen, dass die unternehmerischen Risiken einseitig auf die Versorgungsberechtigten verlagert würden. Von einer »angemessenen Eigenkapitalverzinsung« ließe sich nicht mehr sprechen, zumal dem Arbeitgeber für die unternehmerischen Risiken zusätzlich zum Basiszins ein Risikozuschlag zugebilligt wird.

231 Der Versorgungsschuldner kann jedoch nicht zu Lasten der Betriebsrentner die Sanierung verschleppen, indem er z.B. trotz unzureichender Eigenkapitalausstattung **Gewinne ausschüttet**, während die Betriebsrenten nicht angepasst werden.[248] Das BAG hat aber noch nicht entschieden, wie im Einzelnen zu verfahren ist und welche Berechnungsmaßstäbe für eine Anpassung gelten, wenn eine Gesellschaft trotz unzureichender Eigenkapitalausstattung Gewinnausschüttungen vornimmt, während sie die Betriebsrenten nicht anpasst.

---

247 Vgl. BAG BAGE 83, 1, 10, unter Hinweis auf *Andresen/Förster/Rößler*, Teil 11 B Rn 1369 ff.; *Blomeyer/Otto*, § 16 Rn 197; *Höfer*, § 16 Rn 5301 ff.
248 BAG ZIP 2001, 2294.

i) Investitionsbedarf

Bei der Prognose sind auch die Auswirkungen der zu erwartenden Investitionen auf die Betriebsergebnisse, die Liquidität und die Eigenkapitalquote des Unternehmens zu berücksichtigen.[249] **Erforderliche Investitionen** dürfen nicht einer Anpassung der Betriebsrenten zum Opfer fallen, denn sie sichern die Wettbewerbsfähigkeit und damit Arbeitsplätze.[250] Ein etwaiger **Investitionsstau** kann daher bei hinreichender Darlegung im Rahmen der Anpassungsverpflichtung berücksichtigt werden. Dies dürfte durch Bildung einer angemessenen Rücklage im Rahmen der Ermittlung des maßgeblichen Betriebsergebnisses zu erfolgen haben. Konkrete Vorgaben des BAG dazu fehlen aber vollständig. 232

Entgegen anderer Auffassung[251] ist nach Meinung des BAG nicht darauf abzustellen, wann die Investitionen endgültig beschlossen wurden.[252] Unerheblich soll es etwa sein, wenn das Trägerunternehmens die **Investitionsentscheidung** erst **nach dem Anpassungsstichtag** getroffen hat. Für die erforderliche Prognose komme es auf die zu erwartenden Investitionen an. Entscheidend sei der »absehbare Investitionsbedarf«.[253] Die wirtschaftliche Lage sei nicht vergangenheits-, sondern zukunftsorientiert zu beurteilen. 233

Wie sich die anstehenden Investitionen auf das Betriebsergebnis, die Liquidität des Unternehmens und die Eigenkapitalquote auswirken, hängt unter anderem von dem Umfang der Investitionen, der Höhe der benötigen Fremdmittel und den zu erwartenden Zinsen ab. Dazu muss sich der Arbeitgeber im Rahmen seiner **Darlegungs- und Beweislast** näher äußern.[254] 234

j) Minderung der Ertragsteuerbelastung?

Schließlich hat das BAG den Hinweis gegeben, dass im Falle einer Anpassungsentscheidung der **steuerpflichtige Gewinn durch die Rentenerhöhung verringert** wird.[255] Das Gericht regt damit – ohne eine konkrete Berechnungsmethode vorzugeben – an, die ertragsteuermindernde Wirkung einer Rentenanpassung bei der Bemessung des Anpassungspotenzials zu berücksichtigen.[256] Die **Wechselwirkungen** zwischen **Anpassung** der Versorgungsleistungen einerseits und **Ergebnisverschlechterung** durch Erhöhung des entsprechenden Rückstellungsvolumens und der damit 235

---

249 BAG DB 2002, 155.
250 BAG BAGE 83, 1.
251 LAG Köln v. 6.11.1998–12 Sa 511/98, n.v.
252 BAG DB 2002, 155.
253 Vgl. auch schon BAGE 83, 1, 10.
254 BAG DB 2002, 155.
255 BAG BAGE 83, 1.
256 Siehe den Vorschlag von *Ludewig/Kube*, DB 1998, 1725.

verbundenen **Minderung der Ertragsteuerbelastung** müssen dabei also rechnerisch ermittelt und dargestellt werden.

k) Schema zur Ermittlung des maßgeblichen Eigenkapitals und des maßgeblichen Betriebsergebnisses

236 Aus den vorstehenden Erwägungen ergibt sich hinsichtlich des Aspekts der »wirtschaftlichen Lage des Arbeitgebers« im Rahmen der Anpassungsprüfung nach § 16 BetrAVG für die Praxis das nachstehende Schema zur Ermittlung des maßgeblichen Eigenkapitals und des maßgeblichen Betriebsergebnisses:

	Ermittlung des Eigenkapitals		Ermittlung des Betriebsergebnisses
	Eigenkapital Beginn Wirtschaftsjahr i.S.d. § 266 Abs. 3 Buchst. A HGB		**Jahresüberschuss/Jahresfehlbetrag** i.S.d. § 266 Abs. 3 Buchst. A Nr. 5 HGB
	– Gezeichnetes Kapital	./.	**Scheingewinne** durch Abschreibung zu historischen Werten
	– Kapitalrücklage		
	– Gewinnrücklage(n)		
	– Gewinnvortrag/Verlustvortrag	+	**Scheinverluste** durch betriebswirtschaftlich überhöhte Abschreibungen
	– Jahresüberschuss/Jahresfehlbetrag	./.	**Außerordentliche Erträge,** die nicht kontinuierlich zu erwarten sind
		+	**Außerordentliche Verluste**
	Ermittlung des Eigenkapitals		Ermittlung des Betriebsergebnisses
+	**Eigenkapital Ende Wirtschaftsjahr** i.S.d. § 266 Abs. 3 Buchst. A HGB **dividiert durch 2**	./.	**Vergütung des / der Gesellschafter-Geschäftsführer(s)** in fremdüblicher Höhe
		+	**Minderung der Ertragsteuern** durch Rentenanpassung

E. Anpassung nach § 16 BetrAVG § 4

= Maßgebliches Eigenkapital	=	./. Angemessene Rücklagenbildung wegen eines etwaigen Investitionsstaus
		Maßgebliches Betriebsergebnis

VIII. Besonderheiten bei nicht mehr werbend tätigen Unternehmen

Die Anpassungsprüfungspflicht besteht auch dann fort, wenn die unternehmerische Tätigkeit des Beschäftigungsunternehmens nicht mehr fortgeführt wird (»**Rentnergesellschaft**«).[257] Auch von den Erträgen des nicht mehr aktiv unternehmerisch genutzten Kapitals ist dabei eine angemessene Eigenkapitalrendite entsprechend dem oben genannten Basiszins abzusetzen, jedoch besteht für den Zuschlag in Höhe von 2 % keine Rechtfertigung, da das in der Rentnergesellschaft gebundene Eigenkapital keinem erhöhten unternehmerischen Risiko mehr ausgesetzt ist.[258]

237

Praxishinweis
Dabei ist zu beachten, dass die Eigenkapitalrendite nur auf den Teil der Erträge zu beziehen ist, der auf das Eigenkapital entfällt. Die auf die Rückstellungen, in Gestalt der nach Maßgabe der aktuellen Sterbetabellen der Versicherungswirtschaft zu kapitalisierenden Versorgungsverbindlichkeiten, als Fremdkapital entfallenden Erträge sind in voller Höhe für die Finanzierung und Anpassung der Betriebsrenten zu verwenden.[259]

238

IX. Besonderheiten bei Betriebsstilllegung

Ein **Sonderfall** der Anpassungsprüfung ist gegeben, wenn der Arbeitgeber (oder dessen Erben) das **Unternehmen nicht mehr weiter führen**. Die Verpflichtung zur Anpassungsüberprüfung trifft den früheren Arbeitgeber und seinen Erben aber nach Auffassung des BAG[260] unabhängig davon, ob er sich weiterhin am Wirtschaftsleben beteiligt oder nicht. Während die ursprüngliche Betriebsrente aus dem gesamten Vermögen des Schuldners aufzubringen ist, sind dann aber zur Finanzierung zusätzlicher Anpassungslasten nur die Erträge und Wertsteigerungen aus dem Vermögen zu berücksichtigen, das zum Zeitpunkt der Aufgabe des Unternehmens dessen Zwecken gewidmet war.

239

---

257 BAG BAGE 84, 246.
258 BAG BAGE 92, 349 = ZIP 2000, 1505 = DB 2000, 1867.
259 BAG BAGE 92, 349 = ZIP 2000, 1505 = DB 2000, 1867.
260 BAG BAGE 92, 349 = ZIP 2000, 1505 = DB 2000, 1867; ErfK/*Steinmeyer*, § 16 BetrAVG Rn 44.

X. Anpassungsprüfung bei Unterstützungskassen, Pensionskassen und Direktversicherungen

240 Bei allen Durchführungswegen treffen den Arbeitgeber die Pflichten des § 16 BetrAVG. Eine Verpflichtung zur Anpassungsprüfung und -entscheidung besteht daher auch dann, wenn eine **Unterstützungskasse** die betriebliche Altersversorgung durchführt.[261] § 16 BetrAVG wendet sich zwar ausschließlich an den Arbeitgeber und nicht an Lebensversicherer, Pensionskassen und Unterstützungskassen.[262] Der Arbeitgeber kann aber die Anpassung durch Vertrag zugunsten der Versorgungsberechtigten (§ 328 Abs. 1 BGB) auf die Unterstützungskasse übertragen. Sie kann auch in ihren Leistungsbestimmungen eine dem § 16 BetrAVG entsprechende Anpassung vorsehen.

241 Ob der Arbeitgeber die Versorgungsleistungen selbst erbringt oder eine Unterstützungskasse einschaltet, spielt für seine Versorgungspflicht keine entscheidende Rolle. Eine Inanspruchnahme des Arbeitgebers ist nur insoweit ausgeschlossen, als die Unterstützungskasse über **ausreichende eigene Mittel** verfügt. Das Trägerunternehmen hat für die Versorgungspflichten selbst einzustehen, wenn die Unterstützungskasse nicht über ausreichende finanzielle Mittel verfügt (§ 1 Abs. 1 S. 3 BetrAVG).

242 Die Anpassungspflicht des § 16 BetrAVG stellt, auch wenn sie von einer Unterstützungskasse übernommen wird, deshalb auf die **wirtschaftliche Lage des Arbeitgebers** ab. Er darf eine der Kaufkraftentwicklung und der **reallohnbezogenen Obergrenze** entsprechende Anpassung insoweit ablehnen, als dadurch sein Unternehmen übermäßig belastet würde. Diese Voraussetzung ist erfüllt, wenn der Arbeitgeber bei seiner Anpassungsentscheidung annehmen darf, es werde ihm mit einiger Wahrscheinlichkeit künftig nicht möglich sein, den Teuerungsausgleich aus den **Wertzuwächsen des Unternehmens** und dessen **Erträgen** aufzubringen. Sind Einbußen in der Unternehmenssubstanz zu befürchten, so steht die gebotene Rücksichtnahme auf die Belange des Arbeitgebers und der aktiven Arbeitnehmer einer Anpassung entgegen.[263]

243 Besteht das Vermögen der Unterstützungskasse aus einer **Darlehensforderung gegen das Trägerunternehmen**, so zählt das Darlehen in der Bilanz des Trägerunternehmens zu den Verbindlichkeiten, z.B. ist es als »Verbindlichkeit gegenüber verbundenen Unternehmen« aufgeführt. Die an die Unterstützungskasse zu zahlenden künftigen Zinsen werden jedoch nicht passiviert.

244 Eine **Eigenkapitalauszehrung** beim Trägerunternehmen kann sich erst unter **Berücksichtigung nicht bilanzierter Versorgungspflichten** ergeben. Werden diese von einer

---

261 BAG DB 2002, 155 unter Hinweis auf *Andresen/Förster/Rößler*, Teil 11 B Rn 610; *Blomeyer/Otto*, § 16 Rn 50; *Griebeling/Griebeling*, Rn 535 ff.; *Höfer*, § 16 Rn 5369.
262 Vgl. u.a. *Andresen/Förster/Rößler*, Teil 11 B Rn 610; *Blomeyer/Otto*, § 16 Rn 67; *Griebeling/Griebeling*, Rn 531 ff.
263 Vgl. BAG BAGE 83, 1, 4; BAG BAGE 84, 246, 250, jeweils m.w.N.

E. Anpassung nach § 16 BetrAVG § 4

Unterstützungskasse übernommen, ist im Rahmen des § 16 BetrAVG dennoch auf die wirtschaftliche Lage des Arbeitgebers als Trägerunternehmen der Unterstützungskasse abzustellen.[264]

Eine solche **Unterdeckung** liegt vor, wenn das Vermögen der Unterstützungskasse den **Barwert der eingegangenen Versorgungspflichten** nicht erreicht. Unterbleibt eine Bilanzierung in Höhe der Unterdeckung beim Trägerunternehmen (z.b. wegen des Passivierungswahlrechts nach Art. 28 Abs. 1 S. 1 EGHGB für vor dem 1.1.1987 eingegangene Versorgungsverpflichtungen), kann – so das BAG – einem verständigen Kaufmann nicht angesonnen werden, das erhöht ausgewiesene und später für die Versorgungsleistungen benötigte Eigenkapital zusätzlich für die Rentenanpassung auszugeben.[265]   **245**

Für die wirtschaftliche Leistungsfähigkeit des Unternehmens spielt es nach Meinung des BAG[266] keine Rolle, ob Rückstellungen nach den Vorschriften des Handels- und Steuerbilanzrechts unterbleiben dürfen, z.b. wegen des **Passivierungswahlrechts** nach Art. 28 Abs. 1 S. 1 EGHGB bei den vor dem 1.1.1987 eingegangenen Versorgungsverpflichtungen. Einem verständigen Kaufmann könne nicht angesonnen werden, später benötigtes Kapital zusätzlich auszugeben. Wenn das gesamte Eigenkapital des Trägerunternehmens zur Deckung seiner Versorgungslasten nicht ausreiche, würde das nämlich dazu führen, dass Eigenkapital und Versorgungslasten noch weiter auseinanderklaffen.   **246**

XI. Besonderheiten bei Konzernverflechtungen

Bei der **Beurteilung der wirtschaftlichen Leistungsfähigkeit** kann es wegen der **wirtschaftlichen Verflechtung von Konzerngesellschaften** auch auf die wirtschaftliche Lage des Konzerns ankommen. Dies ist im Grundsatz unumstritten.[267] Voraussetzung ist eine enge wirtschaftliche Verknüpfung der Unternehmen, so dass das Tochterunternehmen wirtschaftlich vom Mutterunternehmen abhängig ist.[268]   **247**

Nach der Rechtsprechung des BAG sind bei der Beurteilung der wirtschaftlichen Lage des Arbeitgeberunternehmens im Rahmen einer **Gesamtbetrachtung** auch die **Vermögensverhältnisse der Konzernobergesellschaft** in die Prüfung einzubeziehen,   **248**

---

264 BAG DB 2002, 155.
265 BAG DB 2002, 155.
266 BAG DB 2002, 155.
267 Statt aller: *Blomeyer/Otto*, § 16 Rn 214; ErfK/*Steinmeyer*, § 16 BetrAVG Rn 38 ff.
268 BAG AP Nr. 25 zu § 16 BetrAVG = EzA § 16 BetrAVG Nr. 23 = NZA 1993, 72 = BB 1992, 2292; Bestätigung von BAGE 61, 94 = AP Nr. 22 zu § 16 BetrAVG, vgl. *Blomeyer/Otto*, § 16 Rn 214; *Höfer*, § 16 Rn 5307 ff.

- wenn ein Beherrschungsvertrag oder ein Gewinnabführungsvertrag besteht bzw.
- wenn es sich um einen sog. qualifiziert-faktischen Konzern handelt, das herrschende Unternehmen die Geschäfte des beherrschten Unternehmens also dauernd und umfassend geführt hat.[269]

Dies gilt unabhängig davon, ob die **Konzernobergesellschaft** ihren **Sitz im In- oder Ausland** hat.[270]

249 Liegen diese Voraussetzungen vor, können aber dennoch – im Sinne einer **Gegenausnahme** – die Vermögensverhältnisse der Konzernobergesellschaft dann nicht anpassungsrelevant sein, wenn das abhängige Unternehmen unbeeinflusst seine Geschäfte geführt hat.[271]

1. Vertragskonzerne

250 Der 3. Senat des BAG hat in seinem Urteil vom 14.2.1989[272] entschieden, dass es bei Vorliegen eines **Beherrschungs- oder Gewinnabführungsvertrages** in der Regel auf die wirtschaftliche Lage der Konzernobergesellschaft ankomme. Beim Beherrschungs- sowie beim Gewinnabführungsvertrag hafte die Muttergesellschaft für die Schulden der Tochter (§§ 291, 302 AktG). Wer Gewinne für sich verlange und die Verluste trage, tue dies nach aller Erfahrung nicht ohne entsprechende Einflussnahme auf das verbundene Unternehmen. Ein selbständiges Wirtschaften auf das Risiko eines Dritten bei gleichzeitiger wirtschaftlicher Entscheidungsfreiheit sei im Wirtschaftsleben nur schwer vorstellbar. Bei einer solchen Vertragsgestaltung deute alles darauf hin, dass das wirtschaftliche Handeln der Tochter durch die Konzernobergesellschaft bestimmt werde.

2. Qualifiziert faktische Konzerne

251 Der BGH hat auch ohne Abschluss eines Beherrschungs- oder Gewinnabführungsvertrags die Haftung des herrschenden Unternehmens nach §§ 291, 302 AktG angenommen, wenn ein qualifiziert faktischer Konzern vorlag, weil das herrschende Unternehmen die Geschäfte des beherrschten dauernd und umfassend geführt hat.[273] Die wirtschaftliche Abhängigkeit des beherrschten Unternehmens vom herrschenden Unternehmen ist in einem **qualifiziert faktischen Konzern** dieselbe. Eine solche enge wirtschaftliche Verknüpfung kann daher **auch ohne Abschluss eines Beherrschungs-**

---

269 BAG AP Nr. 25 zu § 16 BetrAVG = EzA § 16 BetrAVG Nr. 23 = NZA 1993, 72 = BB 1992, 2292; BAG BB 1994, 1428; BAG BB 1995, 777; BAG BB 1996, 2573.
270 BAG BB 1989, 1902 = AP Nr. 22 zu § 16 BetrAVG; BAG AP Nr. 25 zu § 16 BetrAVG = EzA § 16 BetrAVG Nr. 23 = NZA 1993, 72 = BB 1992, 2292.
271 BAG BB 1989, 1902 = AP Nr. 22 zu § 16 BetrAVG.
272 BAG BB 1989, 1902 = AP Nr. 22 zu § 16 BetrAVG.
273 BGHZ 95, 330, 346 (Autokran); BGHZ 107, 7, 15 (Tiefbau); BGH AP Nr. 1 zu § 303 AktG (Video).

oder **Gewinnabführungsvertrages** bei einem qualifiziert faktischen Konzern vorliegen.

Der 1. Senat des BAG hat diese Haftungsgrundsätze übernommen.[274] Für die Anpassungsprüfung nach § 16 BetrAVG gilt das entsprechend, was der BGH zur Haftung des herrschenden Unternehmens für die Verbindlichkeiten des beherrschten Unternehmens ausgeführt hat. Haftet beim qualifiziert faktischen Konzern die Konzernobergesellschaft, dann muss der Konzern als letztlich Verpflichteter auch für Anpassungsschulden der Tochter haften. Voraussetzung dafür ist, dass das herrschende Unternehmen die **Geschäfte des beherrschten Unternehmens dauernd und umfassend geführt** hat.[275] 252

In diesen Fällen ist die **faktische wirtschaftliche Abhängigkeit** des beherrschten Unternehmens gegenüber dem herrschenden Unternehmen maßgeblich. Es wäre nach Auffassung des BAG unbillig und würde Möglichkeiten des Missbrauchs eröffnen, wollte man bei § 16 BetrAVG nur beim Vertragskonzern auf die Leistungsfähigkeit des herrschenden Unternehmens abstellen. 253

Daher ist auch bereits bei der Anpassungsprüfung nach § 16 BetrAVG beim qualifiziert faktischen Konzern auf die **Leistungsfähigkeit der Konzernobergesellschaft** abzustellen. Auf diesen Zusammenhang von konzernrechtlicher Haftung und Leistungsfähigkeit des Arbeitgebers bei der Anpassung von Betriebsrenten nach § 16 BetrAVG hatte auch der 3. Senat des BAG deshalb bereits in seinem Urteil vom 14.2.1989[276] hingewiesen. 254

3. Nachholende Anpassung in Konzernverbindungen

Auch für die **nachholenden Anpassungen** ist die Leistungsfähigkeit der Konzernmutter zu berücksichtigen.[277] Zwar ist die Leistungsfähigkeit bei nachholender Anpassung besonders sorgfältig zu prüfen.[278] Doch hat auch in diesen Fällen der Arbeitgeber **die Darlegungs- und Beweislast** für die Behauptung, er werde übermäßig wirtschaftlich durch die Anpassung belastet.[279] 255

---

274 BAG EzA § 303 AktG Nr. 1.
275 BAG AP Nr. 25 zu § 16 BetrAVG = EzA § 16 BetrAVG Nr. 23 = NZA 1993, 72 = BB 1992, 2292 = DB 1992, 2402; im Anschluss an BGHZ 95, 330, 346 (Autokran); BGHZ 107, 7, 15 (Tiefbau) und BGH AP Nr. 1 zu § 303 AktG (Video).
276 BAG AP Nr. 22 zu § 16 BetrAVG.
277 BAG BAGE 70, 137, 141 ff.
278 BAG EzA § 16 BetrAVG Nr. 22.
279 BAG AP Nr. 16 zu § 16 BetrAVG.

4. Vertrauensschutz in Konzernverbindungen

256 Ein möglicher anderer Begründungsansatz für eine Haftung der Konzernobergesellschaft kann sich aus dem Gesichtspunkt des **Vertrauensschutzes** ergeben, wenn der Arbeitnehmer darauf vertrauen durfte, dass hinter der erteilten Versorgungszusage der ganze Konzern stehe.[280] Für einen solchen Vertrauenstatbestand kann es sprechen, dass der Arbeitnehmer zunächst eine Versorgungszusage von der Konzernmutter erhielt, die dann später auf das beherrschte Unternehmen überging.[281]

XII. Mitteilungspflicht des Arbeitgebers

257 Da § 16 BetrAVG zumindest dem Rechtsgedanken nach der Vorschrift des § 315 BGB entspricht, muss der Arbeitgeber dem Versorgungsempfänger seine **Entscheidung mitteilen**, weil auch nach § 315 Abs. 2 BGB die Bestimmung der Leistung »durch Erklärung gegenüber dem anderen Teil« zu erfolgen hat.[282] Formelle Vorgaben sind dabei nicht einschlägig, der Arbeitgeber kann also entscheiden, ob er **schriftlich oder mündlich** informiert, ob er stillschweigend erhöhte Leistungen erbringt oder ob er seine Entscheidung begründet.

258 *Praxishinweis*
Macht allerdings der Arbeitnehmer im Hinblick auf die Mitteilungspflicht des Arbeitgebers nach § 315 Abs. 2 BGB seinen **Auskunftsanspruch** geltend, muss der Arbeitgeber auf das Verlangen des Arbeitnehmers hin die Anpassungsprüfung und die Anpassungsentscheidung **nachvollziehbar erklären**. Insoweit besteht ein einklagbares Auskunftsrecht des Arbeitnehmers.[283]

XIII. Betriebsverfassungsrechtliche Mitbestimmung bei der Betriebsrentenanpassung

259 Die Anpassungsentscheidung des Arbeitgebers unterliegt nicht der Mitbestimmung des Betriebsrats, da es um bereits **beendete Arbeitsverhältnisse** geht und das Mitbestimmungsrecht des Betriebsrats nach §§ 5, 7 BetrVG sich darauf nicht bezieht.[284]

260 Auch die **Informationspflicht des Arbeitgebers nach § 2 Abs. 6 BetrAVG** hinsichtlich Bestand und Höhe unverfallbarer Versorgungsanwartschaften besteht nur

---

280 BAG AP Nr. 13 zu § 16 BetrAVG = BB 1981, 1900, bestätigt durch BAG AP Nr. 46 zu § 16 BetrAVG = BB 1989, 1063; BAG AP Nr. 29 zu § 16 BetrAVG; dazu *Höfer*, § 16 Rn 5311 ff.
281 BAG BAGE 70, 137, 141 ff.
282 Vgl. *Höfer*, § 16 Rn 5356.
283 *Höfer*, § 16 Rn 5358 f., auch zum Umfang und Inhalt des Auskunftsrechts.
284 BAG BB 1977, 1353.

E. Anpassung nach § 16 BetrAVG § 4

gegenüber den mit unverfallbarer Versorgungsanwartschaft ausgeschiedenen Mitarbeitern, nicht gegenüber dem Betriebsrat.

XIV. Verjährungsfragen

1. Verjährung des Rentenstammrechts und der einzelnen Raten

Bis zum 31.12.2001 unterlagen die einzelnen Raten einer laufenden Rentenverpflichtung der regelmäßigen Verjährung des § 196 Abs. 1 Nr. 8 BGB a.F., das Rentenstammrecht selbst unterlag jedoch der dreißigjährigen Verjährung gem. § 195 BGB a.F.[285] 261

Für den Zeitraum bis zum 31.12.1999 richtete sich die regelmäßige Verjährung der einzelnen Raten der dem Arbeitgeber obliegenden Rentenverpflichtung nach § 196 Abs. 1 Nr. 8 BGB a.F. und betrug demzufolge zwei Jahre. Denn gem. Art. 229 § 6 Abs. 1 S. 1 EGBGB i.d.F. von Art. 2 des Gesetzes zur **Modernisierung des Schuldrechts** (SchuldRModG) vom 26.11.2001[286] finden die Vorschriften des BGB über die Verjährung in der seit dem 1.1.2002 geltenden Fassung nur auf die an diesem Tag bestehenden und noch nicht verjährten Ansprüche Anwendung. Am 1.1.2002 waren also aus der Zeit bis zum 31.12.1998 bestehende Ansprüche auf monatliche Erhöhung einzelner Betriebsrentenraten verjährt. 262

Seit dem 1.1.2002 bestimmt § 18a S. 1 BetrAVG i.d.F. von Art. 5 Abs. 35 Nr. 3 SchuldRModG,[287] dass der Anspruch auf Leistungen aus der betrieblichen Altersversorgung in dreißig Jahren verjährt, womit das Rentenstammrecht erfasst ist. **Ansprüche auf regelmäßig wiederkehrende Leistungen**, d.h. die laufenden Rentenzahlungen, unterliegen seit dem 1.1.2002 jedoch der regelmäßigen, **dreijährigen Verjährungsfrist** des § 195 BGB n.F. (§ 18a S. 2 BetrAVG). 263

2. Bedeutung für rückwärtige Rentenanpassungen

Die **zweijährige Verjährungsfrist nach § 196 Abs. 1 Nr. 8 BGB a.F.** begann am Schluss des Jahres, in dem die Erhöhungsansprüche entstanden waren (§§ 198 S. 1, 201 S. 1 BGB a.F.). Sämtliche derartigen, monatlich entstehenden Ansprüche aus den Jahren bis 1999 waren am 1.1.2002 verjährt.[288] 264

Nach § 198 S. 1 BGB a.F. begann die Verjährung eines Anspruchs ausschließlich mit seiner **Entstehung**. Eine zumindest ohne grobe Fahrlässigkeit erlangbare Kenntnis des Gläubigers von den den Anspruch begründenden Umständen und der Person des Schuldners musste, anders als seit dem 1.1.2002 nach § 199 Abs. 1 Nr. 2 BGB n.F., 265

---

285 Vgl. BAG AP Nr. 13 zu § 1 BetrAVG Vordienstzeiten.
286 BGBl I 2001, S. 3170.
287 BGBl I 2001, S. 3138.
288 LAG Düsseldorf v. 3.4.2003 – 11 (5) Sa 1459/02, n.v.

nicht noch hinzukommen. I. S. d. § 198 S. 1 BGB a.f. – für § 199 Abs. 1 Nr. 1 BGB n.F. gilt nichts anderes – entsteht ein Anspruch, wenn er erstmalig geltend gemacht und notfalls im Wege der Klage durchgesetzt werden kann.[289]

266 Aus § 16 BetrAVG a.f. und n.f. kann der Versorgungsempfänger entnehmen, wann der Arbeitgeber eine Prüfung und Entscheidung über die Anpassung der Betriebsrente nach § 315 BGB vorzunehmen hat. Aus den erbrachten Zahlungen kann der Rentner erkennen, ob und in welchem Umfang seine Betriebsrente angepasst worden ist. Ist er mit der Entscheidung nicht einverstanden, kann er eine höhere Rente nach § 16 BetrAVG einklagen.[290]

267 Der Verjährung steht nicht entgegen, dass, sofern die seinerzeit vom Arbeitgeber etwa getroffene Anpassungsentscheidung nicht billigem Ermessen entsprechen sollte, das Arbeitsgericht eine Leistungsbestimmung nach § 315 Abs. 3 S. 2 BGB zu treffen hätte.[291]

268 Ferner ändert an dem Verjährungsbeginn auch nichts der Umstand, dass eine gerichtliche Leistungsbestimmung nach § 315 Abs. 3 S. 2 BGB nur für die Zukunft wirken kann. Richtig daran ist, dass die gestaltende Wirkung der gerichtlichen Entscheidung erst mit Rechtskraft des Urteils eintritt.[292] Die Verjährung des hieraus folgenden Zahlungsanspruchs beginnt aber nur dann in diesem Augenblick, wenn mit der Leistungsbestimmung ein bis dahin schwebender Anspruch auf eine unbestimmte Leistung erstmals rechtsgestaltend konkretisiert wird.[293] Diese Situation ist z.B. gegeben, wenn die Entstehung des Anspruchs von einer Kündigung oder Anfechtung durch den Berechtigten oder aber von einer Einigung der Parteien abhängt.

XV. Umsetzung der Anpassungsentscheidung / Klagemöglichkeit

269 Führt die Anpassungsprüfung dazu, dass nach den statistischen Erkenntnissen ein Anpassungsbedarf besteht, muss der Arbeitgeber seine **Anpassungsentscheidung** nach § 16 Abs. 1 BetrAVG **nach billigem Ermessen** treffen.

270 Trifft der Arbeitgeber eine **unbillige Anpassungsentscheidung**, steht dem Betriebsrentner nach § 16 BetrAVG dagegen die **Klagemöglichkeit** offen. Nach der Rechtsprechung des BAG genügt bei einer solchen Klage trotz des **Bestimmtheitsgrundsatzes** nach § 253 Abs. 2 Nr. 2 ZPO die Angabe eines Mindestbetrags der Anpassung und die Darlegung des anspruchsbegründenden Sachverhalts; ein bezifferter Leistungsantrag ist nicht erforderlich.[294]

---

289 Vgl. BGHZ 55, 340, 341; BAG v. 28.4.1992 – 3 AZR 333/91, n.v.
290 BAG v. 28.4.1992 – 3 AZR 333/91, n.v.; vgl. auch BAG EzA § 1 BetrAVG Ablösung Nr. 23, zu B III 3 b der Gründe.
291 Vgl. BAG EzA § 1 BetrAVG Ablösung Nr. 23, zu B II 3 b (4) der Gründe.
292 BGH NJW 1996, 1054, 1056.
293 Staudinger/*Rieble*, § 315 Rn 219; vgl. auch BGHZ 55, 340, 344; BGH NJW 1996, 1054, 1056.
294 BAG AP Nr. 34 zu § 16 BetrAVG = NZA 1996, 1038.

E. Anpassung nach § 16 BetrAVG § 4

Nach der Rechtsprechung des BAG ist dabei auch das Arbeitsgericht berechtigt, selbst eine **ersetzende Entscheidung nach § 315 Abs. 3 BGB** zu treffen und nicht etwa gehalten, dem Arbeitgeber durch Urteilsspruch nur aufzugeben, eine billige Anpassungsentscheidung zu treffen.[295] Die **Prüfungskompetenz des Gerichts** beschränkt sich jedoch auf die Rechtmäßigkeit der vom Arbeitgeber getroffenen Anpassungsentscheidung, also auf die Frage, ob die Grenzen billigen Ermessens eingehalten sind.[296]   271

Da der **Arbeitgeber** bei der Anpassungsentscheidung eine einseitige Leistungsbestimmung entsprechend § 315 BGB zu treffen hat, muss er die Billigkeit seiner Entscheidung darlegen und, soweit die tatsächlichen Grundlagen bestritten sind, beweisen (§ 315 Abs. 3 S. 1 BGB), ihn trifft also die **Darlegungs- und Beweislast**.[297] Bestreitet der Versorgungsempfänger die Billigkeit der vom Arbeitgeber getroffenen Anpassungsentscheidung, so muss der Arbeitgeber die Billigkeit nachweisen.   272

Kann ihm dieser Beweis nur unter **Offenbarung von Betriebsgeheimnissen** gelingen, können im Rahmen einer gerichtlichen Auseinandersetzung Maßnahmen zur Wahrung der Vertraulichkeit ergriffen werden. Das Gericht kann während der Erörterung solcher Geheimnisse gem. § 52 ArbGG, § 172 GVG die Öffentlichkeit ausschließen und Prozessbevollmächtigten, die nicht unter § 203 StGB fallen, gem. § 174 Abs. 3 S. 1 GVG ein Schweigegebot auferlegen.[298]   273

XVI. Gesetzliche Ausnahmen von der Anpassungsverpflichtung

1. Ausnahme des § 16 Abs. 2 BetrAVG

Durch die Neuregelung in § 16 Abs. 2 BetrAVG seit dem 1.1.1999 **entfällt** – wie bereits ausgeführt – die **Anpassungsprüfungsverpflichtung**, wenn   274
- eine Anpassung mindestens in Höhe des Inflationsausgleichs erfolgt oder
- die Anpassung der Nettolohnentwicklung vergleichbarer aktiver Arbeitnehmer des Unternehmens im Prüfungszeitraum entspricht.

2. Ausnahme des § 16 Abs. 3 BetrAVG

Nach § 16 Abs. 3 BetrAVG in der seit dem 1.1.1999 geltenden Fassung entfällt die Anpassungsprüfungsverpflichtung insgesamt, wenn der Arbeitgeber sich vertraglich **verpflichtet** hat, die laufenden Renten **jährlich um wenigstens 1 %** anzupassen. Entsprechendes gilt, wenn er bei Direktversicherungen und Pensionskassenzusagen   275

---

295 BAG AP Nr. 3, Nr. 5 zu § 16 BetrAVG; *Schaub*, § 81 Rn 281.
296 Vgl. *Langohr-Plato*, BB 2002, 406; *Höfer*, § 16 Rn 5353.
297 BAG AP Nr. 16 zu § 16 BetrAVG = BB 1985, 1470; BGH NJW 1983, 1777, 1778; *Höfer*, § 16 Rn 5355.
298 BAG BAGE 48, 284 = ZIP 1985, 893.

ab Rentenbeginn **sämtliche Überschussanteile** ausschließlich zur Rentenerhöhung verwendet.[299]

276 Diese Neuregelungen gelten allerdings gem. § 30c BetrAVG nur für **Neuzusagen** von Betriebsrenten ab dem 1.1.1999 bzw. für **Anpassungsprüfungszeitpunkte nach dem 1.1.1999**. Sie entfalten also keine Wirkungen für bereits laufende Renten bzw. für vergangene Anpassungsprüfungen.

3. Ausnahme des § 16 Abs. 5 BetrAVG

277 Durch die Neuregelung des § 16 Abs. 5 BetrAVG, die nach § 30c Abs. 5 BetrAVG für laufende Leistungen gilt, die auf Zusagen beruhen, die nach dem 31.12.2000 erteilt werden, muss der Arbeitgeber bei **Entgeltumwandlungen** ebenfalls zwingend um 1 % pro Jahr bzw. durch **Weitergabe sämtlicher Überschussanteile** ab Rentenbeginn bei Pensionskassen bzw. bei Direktversicherungen dynamisieren. Die diesbezügliche Neuregelung ist rückwirkend zum 1.1.2001 in Kraft getreten.[300]

---

299 ErfK/*Steinmeyer*, § 16 BetrAVG Rn 69 ff.
300 Vgl. *Langohr-Plato*, BB 2002, 406, 407.

§ 5 Muster

A. Änderungskündigung (mit Empfangsbekenntnis)

▼ 1

Sehr geehrte/r Frau/Herr ▓,
hiermit kündigen wir aus betriebsbedingten Gründen das zwischen Ihnen und unserem Unternehmen bestehende Arbeitsverhältnis ordentlich und fristgemäß zum ▓, hilfsweise zum nächstzulässigen Termin.

Gleichzeitig bieten wir Ihnen an, das Arbeitsverhältnis mit Ablauf der Kündigungsfrist gemäß vorstehender Kündigung zu geänderten Arbeitsbedingungen fortzusetzen. Die geänderten Bedingungen ergeben sich aus dem anliegend in zwei Originalen beigefügten neuen Arbeitsvertrag.

Beide Originalexemplare sind von unserer Seite bereits unterschrieben. Für den Fall Ihres Einverständnisses bitten wir um Rückgabe eines von Ihnen unterschriebenen Originalexemplars. An dieses Änderungsangebot gemäß anliegendem Arbeitsvertrag halten wir uns gebunden bis zum ▓.

Die Beteiligungsrechte des Betriebsrats sind gewahrt.

Bitte bestätigen Sie uns zunächst den Erhalt dieses Schreibens nebst Anlagen durch Ihre Unterschrift auf der ebenfalls beigefügten Zweitschrift dieses Schreibens.

Sollten Sie das Angebot auf Fortsetzung des Arbeitsverhältnisses zu den geänderten Arbeitsbedingungen nicht annehmen, wird das Arbeitsverhältnis durch die vorstehende Kündigung zum Ablauf der Kündigungsfrist enden. Für diesen Fall weisen wir Sie vorsorglich auf Folgendes hin: Zur Aufrechterhaltung ungekürzter Ansprüche auf Arbeitslosengeld – vorbehaltlich der Erfüllung der sonstigen Voraussetzungen für den Bezug von Arbeitslosengeld – sind Sie verpflichtet, sich unverzüglich, d.h. ohne schuldhaftes Zögern, nach Erhalt dieser Kündigung persönlich beim Arbeitsamt arbeitssuchend zu melden. Weiterhin sind Sie verpflichtet, aktiv nach einer Beschäftigung zu suchen.

Mit freundlichen Grüßen

▓

(Unterschrift Arbeitgeber)

Das Original dieses Schreibens nebst Anlagen (2 Originale des neugefassten Arbeitsvertrags) habe ich heute erhalten.

▓, den ▓

▓

Arbeitnehmer/in

▲

B. Änderungskündigungsschutzklage gem. § 2 KSchG

2 ▼

Arbeitsgericht
▇

Änderungskündigungsschutzklage

des ▇

– Kläger –

Prozessbevollmächtigte: ▇

gegen

▇

– Beklagte –

Prozessbevollmächtigte: ▇

wegen Feststellung.

Hiermit zeigen wir die anwaltliche Vertretung des Klägers an. Namens und in Vollmacht des Klägers erheben wir Klage und beantragen:

Es wird festgestellt, dass die Änderung der Arbeitsbedingungen gemäß der Änderungskündigung im Schreiben der Beklagten vom ▇ nicht sozial gerechtfertigt ist.

Begründung:

1.

Die Beklagte betreibt unter der im Klagerubrum angegebenen Anschrift ein Unternehmen, dass sich mit ▇ *(Angabe des Unternehmensgegenstands)* befasst. Im Betrieb der Beklagten sind in der Regel mehr als fünf Arbeitnehmer ausschließlich der Auszubildenden beschäftigt. Es besteht ein/kein Betriebsrat.

2.

Der Kläger ist ▇ Jahre alt (geboren am ▇), verheiratet/nicht verheiratet/allein erziehend und seinem nicht berufstätigen/nur in Teilzeit berufstätigen Ehepartner sowie ▇ minderjährigem Kind/minderjährigenKindern unterhaltsverpflichtet. Der Kläger ist seit dem ▇ auf der Grundlage des in Kopie als **Anlage K 1** beigefügten Arbeitsvertrags bei der Beklagten als ▇ beschäftigt. Der Kläger verdiente zuletzt ▇ EUR brutto pro Monat zzgl. ▇.

B. Änderungskündigungsschutzklage gem. § 2 KSchG   § 5

Die Tätigkeit des Klägers umfasst im Wesentlichen folgende Aufgaben: ▓▓▓.

Der Arbeitsvertrag enthält darüber hinaus in § ▓▓▓ eine Versetzungsklausel, wonach die Arbeitgeberseite dem Kläger auch in dem dort genannten Rahmen andere Tätigkeiten zuweisen kann.

3.

Mit Schreiben vom ▓▓▓, in Kopie als **Anlage K 2** beigefügt, dem Kläger zugegangen am ▓▓▓, kündigte die Beklagte das bestehende Arbeitsverhältnis aus angeblich betriebsbedingten Gründen fristgemäß zum ▓▓▓ Gleichzeitig bot die Beklagte der Klägerseite an, das Arbeitsverhältnis mit Ablauf der Kündigungsfrist zu den dort im Einzelnen genannten und geänderten Bedingungen fortzusetzen.

4.

Der Kläger hat mit dem in Kopie als **Anlage K 3** beigefügten Schreiben (seiner Prozessbevollmächtigten) vom ▓▓▓ das Änderungsangebot unter dem Vorbehalt seiner sozialen Rechtfertigung angenommen.

5.

Mit der vorliegenden Klage wird die fehlende soziale Rechtfertigung der geänderten Arbeitsbedingungen behauptet (und die ordnungsgemäße Anhörung des Betriebsrats mit Nichtwissen bestritten).

Die Beklagtenseite wird aufgefordert, die soziale Rechtfertigung der geänderten Arbeitsbedingungen im Einzelnen substantiiert darzulegen. Sie wird ferner aufgefordert, nach § 1 Abs. 3 KSchG die von ihr zugrunde gelegte Gruppe der vergleichbaren Arbeitnehmer und die Gründe, die zu der getroffenen sozialen Auswahl geführt haben, im Einzelnen darzulegen.

Beglaubigte und einfache Abschrift liegen bei.

Rechtsanwältin/Rechtsanwalt

▲

C. Klage des Arbeitnehmers auf Zahlung der angerechneten Zulage

3 ▼

Arbeitsgericht

Klage

des

– Kläger –

Prozessbevollmächtigte:

gegen

– Beklagte –

Prozessbevollmächtigte:

Namens und in Vollmacht des Klägers erheben wir Klage und beantragen,
die Beklagte zu verurteilen, an den Kläger   EUR brutto nebst Zinsen in Höhe von 5 Prozentpunkten über dem jeweiligen Basiszinssatz seit dem   zu zahlen.

Begründung:

I.

Der Kläger ist am   geboren, verheiratet und für ein Kind unterhaltspflichtig. Er ist seit dem   bei der Beklagten in einem Arbeitsverhältnis. Der Lohn des Klägers setzt sich wie folgt zusammen:

Tarifgrundlohn: EUR

Außertarifliche Zulage: EUR

Der Arbeitsvertrag des Klägers enthält keine Aussage über die Möglichkeit einer Anrechnung von Tariflohnerhöhungen auf die übertarifliche Zulage.

Beweis: Arbeitsvertrag des Klägers, in Kopie anbei als **Anlage K 1**.

II.

Zwischen der Beklagten und der Gewerkschaft Ver.di besteht ein Haustarifvertrag. Mit Wirkung zum   kam es zu einem Neuabschluss des Tarifvertrags. Danach erhöhen sich die Tariflöhne mit Wirkung zum   um   . Außerdem haben die Tarifvertragsparteien eine Einmalzahlung in Höhe von   vereinbart, fällig zum   .

Beweis: Tarifvertrag, in Kopie anbei als **Anlage K 2**.

D. Klage des BR: Mitbestimmungswidr. Anrechnung von Tariflohnerhöhungen § 5

Die Beklagte rechnet die prozentuale Tariflohnerhöhung auf die außertarifliche Zulage an. Gegen diese Maßnahme erhebt der Kläger keine Einwände.
Zugleich hat die Beklagte aber auch die Einmalzahlung auf die außertarifliche Zulage angerechnet. Zu dieser Maßnahme war sie indes nicht berechtigt. Sie muss dem Kläger also den Betrag in Höhe von ▓▓▓▓ EUR nachzahlen.

III.

Der Anspruch des Klägers auf Nachzahlung des abgezogenen Lohns resultiert aus dem Arbeitsvertrag. Die Beklagte war nämlich zur Anrechnung der Einmalzahlung nicht berechtigt.
Es mag sein, dass die Beklagte allgemeine Tariflohnerhöhungen auf die übertarifliche Zulage anrechnen darf. Aus dem Grund wendet sich der Kläger auch nicht gegen die Anrechnung der prozentualen Erhöhung des Tariflohns. Nicht gerechtfertigt ist aber die Anrechnung der Einmalzahlung. Bei dieser handelt es sich nicht um eine Erhöhung des Tariflohns – auch nicht um eine Erhöhung kraft rückwirkender Pauschalzahlung –, sondern um einen sonstigen geldwerten Vorteil. Dieser ist nicht auf eine übertarifliche Zulage anzurechnen, wenn sich dies nicht aus dem Arbeitsvertrag eindeutig ergibt (BAG v. 14.8.2001 – 1 AZR 744/00).
Die Beklagte hat dem Kläger deshalb den für die Monate ▓▓▓▓ zu Unrecht einbehaltenen Betrag zu zahlen.

IV.

Sollte das Arbeitsgericht weiteren Vortrag oder zusätzliche Beweisantritte für erforderlich halten, wird um einen richterlichen Hinweis gebeten.

Rechtsanwalt

D. Klage des Betriebsrats bei mitbestimmungswidriger Anrechnung von Tariflohnerhöhungen

▼ 4

Arbeitsgericht

In dem Beschlussverfahren
mit den Beteiligten

1. Betriebsrat der ▓▓▓▓,
vertreten durch den Betriebsratsvorsitzenden, ▓▓▓▓

– Antragsteller und Beteiligter zu 1 –

§ 5 Muster

2. Unternehmen ▓▓▓
– Antragsgegnerin und Beteiligte zu 2 –
teilen wir mit, dass wir den Beteiligten zu 1 vertreten. Namens und in Vollmacht des Beteiligten zu 1 werden wir beantragen:

1. Der Beteiligten zu 2 wird aufgegeben, es zu unterlassen, Tariflohnerhöhungen auf die übertarifliche Zulage ihrer Arbeitnehmer ohne Zustimmung des Beteiligten zu 1 oder Spruch der Einigungsstelle anzurechnen, sofern es sich um einen kollektiven Tatbestand handelt und die Mitbestimmung nicht aus rechtlichen oder tatsächlichen Gründen unmöglich ist.
2. Der Beteiligten zu 2 wird für jeden Fall der Zuwiderhandlung gegen die Verpflichtung gemäß dem Antrag zu 1. ein Ordnungsgeld, dessen Höhe in das Ermessen des Gerichts gestellt wird, ersatzweise Ordnungshaft, angedroht.

Begründung:

I.

Die Beteiligte zu 2 betreibt ein Unternehmen im Bereich ▓▓▓ mit Sitz in ▓▓▓. Sie beschäftigt dort ▓▓▓ Mitarbeiter. Der Beteiligte zu 1 ist der Betriebsrat im Unternehmen der Beteiligten zu 2.

Zwischen der Beteiligten zu 2 und der Gewerkschaft Ver.di besteht ein Haustarifvertrag. Mit Wirkung zum ▓▓▓ kam es zu einem Neuabschluss des Tarifvertrags. Danach erhöhen sich die Tariflöhne mit Wirkung zum ▓▓▓ um ▓▓▓. Für den Zeitpunkt vom ▓▓▓ bis zum ▓▓▓ haben die Tarifvertragsparteien keine prozentuale Erhöhung, sondern einen rückwirkenden Pauschalbetrag in Höhe von ▓▓▓, fällig zum ▓▓▓ vereinbart.

Beweis: Tarifvertrag, in Kopie anbei als **Anlage A 1**.

II.

Die Beteiligte zu 2 gewährt allen Mitarbeitern eine übertarifliche Zulage in unterschiedlicher Höhe. In den Arbeitsverträgen ist ausdrücklich geregelt, dass Tariflohnerhöhungen jederzeit auf diese Zulage angerechnet werden können.

Beweis: Auszug aus dem Arbeitsvertrag des BR-Vorsitzenden, in Kopie anbei als **Anlage A 2**.

Seit dem ▓▓▓ rechnet die Beteiligte zu 2 die Tariflohnerhöhung einheitlich bei allen Mitarbeitern an. Allerdings gilt dies nur für die prozentuale Erhöhung des Tarifvertrags. Die Pauschalzahlung wurde dagegen nicht angerechnet.

Beweis: Zeugnis des Personalleiters der Beteiligten zu 2, Herrn ▓▓▓, zu laden über die Beteiligte zu 2.

D. Klage des BR: Mitbestimmungswidr. Anrechnung von Tariflohnerhöhungen § 5

III.

Die Beteiligte zu 2 hat für diese Anrechnung nicht die Zustimmung des Betriebsrats eingeholt. Sie ist der Ansicht, dass eine einheitliche, nicht mitbestimmungspflichtige Anrechnung vorliege, weil der prozentuale Anteil der Tariflohnerhöhung bei allen Mitabeitern angerechnet worden ist. Dies teilte die Personalabteilung der Beteiligten zu 2 dem Beteiligten zu 1 letztmals mit Schreiben vom ▬▬▬▬ mit.

Beweis: Schreiben vom ▬▬▬▬, in Kopie anbei als **Anlage A 3**.

Davor haben die Beteiligten längere Zeit verhandelt und korrespondiert. Sollte das Arbeitsgericht die Vorlage der übrigen Korrespondenz wünschen, wird um einen richterlichen Hinweis gebeten.

IV.

1. Der Antrag der Beteiligten zu 1 ist zulässig. Er ist nicht als unzulässiger Globalantrag zu werten, weil er die Unterlassung auf die Fälle einschränkt, bei denen ein Mitbestimmungsrecht des Betriebsrats besteht. Im Übrigen wäre selbst ein Globalantrag zulässig, wenn auch u.U. unbegründet (BAG v. 3.5.1994–1 ABR 24/93, DB 1994, 2450).

2. Der Antrag ist auch begründet. Anspruchsgrundlage ist der vom Bundesarbeitsgericht anerkannte allgemeine Unterlassungsanspruch des Betriebsrats bei mitbestimmungswidrigem Handeln des Arbeitgebers (BAG v. 3.5.1994–1 ABR 24/93, DB 1994, 2450).

Ein solches mitbestimmungswidriges Handeln stellt die Anrechnung der Tariflohnerhöhung auf die übertariflichen Zulagen durch den Beteiligten zu 2 dar. Insofern hat nämlich der Beteiligte zu 1 gem. § 87 Abs. 1 Nr. 10 BetrVG ein Zustimmungsrecht, welches die Beteiligte zu 2 übergangen hat.

Sofern sich die Beteiligte zu 2 darauf beruft, es hätte der Mitbestimmung nicht bedurft, weil sie die Tariflohnerhöhung einheitlich und vollständig bei allen Mitarbeitern angerechnet hätte, ist dies nicht richtig. Spaltet sich nämlich die Tariflohnerhöhung auf in eine prozentuale Erhöhung und in einen rückwirkenden Pauschalbetrag für die Zeit der Verhandlungen, so ist dennoch von einer einheitlichen Tariflohnerhöhung auszugehen. Eine vollständige und einheitliche Anrechnung läge demnach nur vor, wenn beide Teile, die prozentuale Erhöhung und der Pauschalbetrag, angerechnet worden wäre (LAG Niedersachsen v. 12.8.1998–2 Ta BV 97/97, n.v.; Schneider, DB 2000, 922, 925).

Konsequenz dieser mitbestimmungswidrigen Handlung ist, dass die (Teil-) Anrechnung unwirksam ist und rückgängig gemacht werden muss.

3. Hilfsweise stützt der Beteiligte zu 1 seinen Antrag auf § 23 Abs. 3 BetrVG. Die über mehrere Monate hinweg erfolgte mitbestimmungswidrige Anrechnung stellt einen groben Verstoß der Beteiligten zu 2 gegen ihre betriebsverfassungsrechtlichen Verpflichtungen dar. Dabei ist auch zu berücksichtigen, dass der Beteiligte zu 1

nachdrücklich auf die Mitbestimmungswidrigkeit hingewiesen hat, ohne dass das die Beteiligte zu 2 an ihrem Handeln gehindert hätte.

V.

Sollte das Arbeitsgericht   weiteren Vortrag oder zusätzliche Beweisantritte für erforderlich halten, wird um einen richterlichen Hinweis gebeten. Das Gleiche gilt bei Bedenken hinsichtlich der Antragstellung.

Rechtsanwalt

E. Antrag des Betriebsrats auf Erlass einer einstweiligen Verfügung bei mitbestimmungswidriger Anrechnung von Tariflohnerhöhungen

5 ▼

Arbeitsgericht

Antrag auf Erlass einer einstweiligen Verfügung

In dem Beschlussverfahren

mit den Beteiligten

1. Betriebsrat der

   vertreten durch den Betriebsratsvorsitzenden,

   – Antragsteller und Beteiligter zu 1 –

2. Unternehmen

   – Antragsgegnerin und Beteiligte zu 2 –

teilen wir mit, dass wir den Beteiligten zu 1 vertreten. Namens und in Vollmacht des Beteiligten zu 1 beantragen wir im Wege der **einstweiligen Verfügung** – wegen der Dringlichkeit **ohne vorherige mündliche Verhandlung –**:

1. Der Beteiligten zu 2 wird aufgegeben, es zu unterlassen, die auf dem Neuabschluss des bei der Beteiligten zu 2 bestehenden Haustarifvertrags am   beruhende Erhöhung der tariflichen Gehälter auf die übertarifliche Zulage ihrer Arbeitnehmer weiter anzurechnen, solange der Beteiligte zu 1 nicht zugestimmt hat oder ein Spruch der Einigungsstelle erfolgt ist.

2. Der Beteiligten zu 2 wird für jeden Fall der Zuwiderhandlung gegen die Verpflichtung gemäß dem Antrag zu 1. ein Ordnungsgeld, dessen Höhe in das Ermessen des Gerichts gestellt wird, ersatzweise Ordnungshaft, angedroht.

E. Antrag des BR: eV bei mitbestimmungswidr. Anr. von Tariflohnerhöhungen § 5

Begründung:

I.

Die Beteiligte zu 2 betreibt ein Unternehmen im Bereich ░░░ mit Sitz in ░░░. Sie beschäftigt dort ░░░ Mitarbeiter. Der Beteiligte zu 1 ist der Betriebsrat im Unternehmen der Beteiligten zu 2.

Zwischen der Beteiligten zu 2 und der Gewerkschaft Ver.di besteht ein Haustarifvertrag. Mit Wirkung zum ░░░ kam es zu einem Neuabschluss des Tarifvertrags. Danach erhöhen sich die Tariflöhne mit Wirkung zum ░░░ um ░░░.

Glaubhaftmachung: Tarifvertrag, in Kopie anbei als **Anlage A 1**.

II.

Die Beteiligte zu 2 gewährt allen Mitarbeitern eine übertarifliche Zulage in unterschiedlicher Höhe. In den Arbeitsverträgen ist ausdrücklich geregelt, dass Tariflohnerhöhungen jederzeit auf diese Zulage angerechnet werden können.

Glaubhaftmachung: Auszug aus dem Arbeitsvertrag des Betriebsratsvorsitzenden, in Kopie anbei als **Anlage A 2**.

Seit dem ░░░ rechnet die Beteiligte zu 2 die Tariflohnerhöhung bei einigen Mitarbeitern an. Dabei differenziert sie nach Fehlzeiten wegen Krankheit. Bei denjenigen Mitarbeitern, die im Jahr ░░░ Fehlzeiten von mehr als ░░░ hatten, findet eine Anrechnung statt; alle anderen Mitarbeiter sind von einer Anrechnung ausgenommen.

Glaubhaftmachung: Zeugnis des Personalleiters der Beteiligten zu 2, Herrn ░░░, zu laden über die Beteiligte zu 2.

III.

Die Beteiligte zu 2 hat für diese Anrechnung nicht die Zustimmung des Beteiligten zu 1 eingeholt. Sie ist der Ansicht, dass mangels kollektiven Bezugs kein mitbestimmungspflichtiger Tatbestand vorliege. Dies teilte die Personalabteilung der Beteiligten zu 2 dem Beteiligten zu 1 letztmals mit Schreiben vom ░░░ mit.

Glaubhaftmachung: Schreiben vom ░░░, in Kopie anbei als **Anlage A 3**.

Davor haben die Beteiligten längere Zeit verhandelt und korrespondiert. Die entsprechende Korrespondenz fügt der Beteiligte zu 1 zur Glaubhaftmachung ebenfalls bei.

Glaubhaftmachung: Korrespondenz, in Kopie anbei als **Anlagenkonvolut A 4**.

IV.

1. Der Beteiligte zu 1 kann sich auf einen Verfügungsanspruch stützen. Anspruchsgrundlage ist der vom Bundesarbeitsgericht anerkannte allgemeine Unterlassungsanspruch des Betriebsrats bei mitbestimmungswidrigem Handeln des Arbeitgebers (BAG v. 3.5.1994 – 1 ABR 24/93, DB 1994, 2450).

   Ein solches mitbestimmungswidriges Handeln stellt die Anrechnung der Tariflohnerhöhung auf die übertariflichen Zulagen durch die Beteiligte zu 2. dar. Insofern hat nämlich der Beteiligte zu 1 gem. § 87 Abs. 1 Nr. 10 BetrVG ein Zustimmungsrecht, welches die Beteiligte zu 2 übergangen hat.

Sofern sich die Beteiligte zu 2 darauf beruft, es hätte der Mitbestimmung mangels kollektiven Bezugs nicht bedurft, ist dies nicht richtig. Bei einer Differenzierung nach Fehlzeiten werden die verschiedenen Mitarbeiter nach einem allgemeinem Kriterium miteinander verglichen. In einem solchen Fall ist der kollektive Bezug stets gegeben (BAG v. 22.9.1992 – 1 AZR 460/90, DB 1993, 382).

Hilfsweise stützt der Beteiligte zu 1 seinen Verfügungsanspruch auf § 23 Abs. 3 BetrVG. Die mitbestimmungswidrige Anrechnung stellt auch einen groben Verstoß der Beteiligten zu 2 gegen ihre betriebsverfassungsrechtlichen Verpflichtungen dar. Dabei ist auch zu berücksichtigen, dass der Beteiligte zu 1 nachdrücklich auf die Mitbestimmungswidrigkeit hingewiesen hat, ohne dass das die Beteiligte zu 2 an ihrem Handeln gehindert hätte.

2. Auch ein Verfügungsgrund liegt vor. Die Beteiligte zu 2 hat bereits mit der Anrechnung begonnen und wird sie fortsetzen, wenn ihr dies nicht gerichtlich untersagt wird. Dem Beteiligten zu 1 ist es nicht zuzumuten, sein Begehren in einem länger dauernden Hauptsacheverfahren – möglicherweise in zwei Instanzen – durchzusetzen. Denn während der gesamten Zeit würde der mitbestimmungswidrige Zustand aufrechterhalten.

Die Eilbedürftigkeit folgt zudem daraus, dass die Arbeitnehmer während der gesamten Dauer des Hauptsacheverfahrens eine mitbestimmungswidrige und damit unwirksame Maßnahme erdulden müssen, die für sie auch finanziell deutlich spürbar ist.

V.

Sollte das Arbeitsgericht weiteren Vortrag oder zusätzliche Beweisantritte für erforderlich halten, wird um einen richterlichen Hinweis gebeten. Das Gleiche gilt bei Bedenken hinsichtlich der Antragstellung.

Rechtsanwalt

F. Feststellungsantrag des Betriebsrats zu den Wirkungen der Kündigung einer Versorgungsbetriebsvereinbarung

▼ 6

Arbeitsgericht

▬▬▬

In dem Beschlussverfahren

mit den Beteiligten
1. Betriebsrat der ▬▬▬,
vertreten durch den Betriebsratsvorsitzenden, ▬▬▬
— Antragsteller und Beteiligter zu 1-
2. Unternehmen ▬▬▬
— Antragsgegnerin und Beklagte zu 2 —
vertreten wir den Antragsteller, der beantragen wird:

Es wird festgestellt, dass die Kündigung der Betriebsvereinbarung »Altersversorgung« vom ▬▬▬ durch das Schreiben der Antragsgegnerin vom ▬▬▬ nicht zu einem Eingriff in die Besitzstände — bestehend aus ▬▬▬ — der bis zum ▬▬▬ bei der Antragsgegnerin eingetretenen Arbeitnehmer geführt hat.

Begründung:

I.

Die Beteiligte zu 2 betreibt ein Unternehmen im Bereich ▬▬▬ mit Sitz in ▬▬▬. Sie beschäftigt dort ▬▬▬ Mitarbeiter. Der Beteiligte zu 1 ist der Betriebsrat im Unternehmen der Beteiligten zu 2.

Die Beteiligten schlossen am ▬▬▬ die Betriebsvereinbarung »Altersversorgung«. Diese sieht eine Alters- und Invalidenrente in Höhe von ▬▬▬ EUR vor. Diese Rente erhöht sich nach 15 Jahren Betriebszugehörigkeit um einen Betrag von monatlich ▬▬▬ EUR.

Beweis: Betriebsvereinbarung vom ▬▬▬, in Kopie anbei als **Anlage A 1**.

Mit Schreiben vom ▬▬▬ kündigte die Beteiligte zu 2 die Betriebsvereinbarung »Altersversorgung«. In dem Kündigungsschreiben heißt es, dass die Kündigung dazu führt, dass neu eintretende Mitarbeiter keinerlei Versorgungsansprüche mehr erwerben. Weiterhin legt die Beteiligte zu 2 in ihrem Kündigungsschreiben dar, dass Arbeitnehmer im laufenden Arbeitsverhältnis mit Stichtag ▬▬▬ die dienstzeitabhängigen Zuwächse in Höhe von ▬▬▬ EUR nicht mehr erwerben können. Zur Begründung führt sie pauschal wirtschaftliche Schwierigkeiten an.

Beweis: Kündigungsschreiben vom ▬▬▬ in Kopie als **Anlage A 2**.

§ 5 Muster

Der Beteiligte zu 1 hat sich mehrfach mündlich und schriftlich gegen die Kündigung der Betriebsvereinbarung »Altersversorgung« gewandt und hat auch Neuverhandlungen angeboten.

Beweis: Schreiben vom ▮, in Kopie als **Anlage A 3**.

Die Beteiligte zu 2 ist jedoch weiterhin der Auffassung, dass sie mit der Kündigung die dienstzeitabhängigen Zuwächse beseitigt hat. Sie lehnt Verhandlungen mit dem Beteiligten zu 1 kategorisch ab.

Beweis: Schreiben vom ▮, in Kopie als **Anlage A 4**.

In diesem Verfahren wendet sich der Beteiligte zu 1 nicht gegen den Ausschluss der neu eintretenden Mitarbeiter aus der betrieblichen Altersversorgung. Dieser Ausschluss ist aus Sicht des Beteiligten zu 1 sehr bedauerlich, ist aber unter Zugrundelegung der Rechtsprechung des Bundesarbeitsgerichts nicht zu ändern. Ganz anders sieht es hinsichtlich der dienstzeitabhängigen Zuwächse der Mitarbeiter im laufenden Arbeitsverhältnisse aus. Den von der Beteiligten zu 2 insofern beabsichtigten Eingriff hält der Beteiligte zu 1 für unwirksam, weswegen er im vorliegenden Verfahren angegriffen wird.

II.

Der Feststellungsantrag ist zulässig. Ist die Wirkung der Kündigung einer Versorgungsbetriebsvereinbarung zwischen den Betriebsparteien umstritten, kann der Betriebsrat einen entsprechenden Feststellungsantrag stellen (BAG NZA 2000, 322; BAG NZA 2000, 498).

Der Feststellungsantrag ist auch begründet. Die Kündigung vom ▮ greift nicht in die dienstzeitabhängigen Zuwächse ein.

Die Wirkungen der Kündigung einer Betriebsvereinbarung auf die Mitarbeiter in laufenden Arbeitsverhältnissen überprüft das Bundesarbeitsgericht in ständiger Rechtsprechung anhand eines Drei-Stufen-Modells. Rechtliche Grundlage dafür sind Verhältnismäßigkeitsgrundsatz und Vertrauensschutz, welcher bei einer betrieblichen Altersversorgung ganz besonders zum Tragen kommt.

Hier greift die Beteiligte zu 2 in eine dienstzeitabhängige Zuwachsmöglichkeit der Arbeitnehmer ein. Dies ist nur möglich, wenn dafür ein sachlich-proportionaler Grund angegeben werden kann (BAG DB 2002, 1114; Erfurter Kommentar/Steinemyer, vor BetrAVG Rn 28c).

Ein solcher Eingriff in eine dienstzeitabhängige Zuwachsmöglichkeit liegt hier vor. Allerdings kann sich die Beteiligte zu 2 nicht auf einen sachlich-proportionalen Grund stützen. Sie hat sich bislang stets auf die schlechte allgemeine wirtschaftliche Lage bezogen. Dies ist unsubstantiiert und daher unbeachtlich. Vorsorglich werden die entsprechenden vorprozessualen Darlegungen der Beteiligten zu 2 bestritten. Diese mag konkret und im Einzelnen darlegen, welche wirtschaftlichen Gründe sie zu der

Kündigung der Betriebsvereinbarung bewogen hat. Sie trägt dafür die Darlegungs- und Beweislast.

III.

Sollte das Arbeitsgericht weiteren Vortrag oder zusätzliche Beweisantritte für erforderlich halten, wird um einen richterlichen Hinweis gebeten. Das Gleiche gilt bei Bedenken hinsichtlich der Antragstellung.

Rechtsanwalt

G. Feststellungsklage des Arbeitnehmers hinsichtlich widerrufener Versorgungszusage

▼ 7

Arbeitsgericht

Klage

des
– Kläger–
Prozessbevollmächtigte:

gegen

– Beklagte –

Prozessbevollmächtigte:

Namens und in Vollmacht des Klägers erheben wir Klage und beantragen:

Es wird festgestellt, dass der Teilwiderruf der arbeitsvertraglichen Versorgungszusage des Klägers durch das Schreiben der Beklagten vom unwirksam ist.

Begründung:

I.

Der Kläger ist am geboren, verheiratet und für ein Kind unterhaltspflichtig. Er ist seit dem bei der Beklagten in einem Arbeitsverhältnis. Sein derzeitiger Bruttolohn beträgt EUR.

§ 5 Muster

Gemäß Arbeitsvertrag vom ▭ ist dem Kläger eine betriebliche Altersversorgung zugesagt. Diese hat folgenden Inhalt: ▭. Die Versorgungszusage enthält einen allgemeinen Widerrufsvorbehalt i.S.d. § 41 EStR.

Beweis: Arbeitsvertrag des Klägers, in Kopie anbei als **Anlage K 1**.

Eine entsprechende Versorgungszusage hat die Beklagte all ihren Mitarbeitern erteilt. Es handelt sich somit um eine vertragliche Einheitsregelung.

Mit Schreiben vom ▭ hat die Beklagte dem Kläger und allen anderen Mitarbeitern gegenüber die Versorgungszusage teilweise widerrufen. In diesem Schreiben hat sie mitgeteilt, dass ▭. Den Widerruf hat sie damit begründet, dass ▭ –

Beweis: Schreiben vom ▭, in Kopie als **Anlage K 2**.

Der Kläger hat sich mehrfach mündlich und schriftlich gegen diesen Teilwiderruf ihrer betrieblichen Altersversorgung gewandt, zuletzt mit Schreiben von ihrem Prozessbevollmächtigten vom ▭.

Beweis: Schreiben vom ▭, in Kopie als **Anlage K 3**.

Die Beklagte hat ihrerseits mitgeeilt, dass sie den Widerruf für rechtmäßig hält, zuletzt mit Schreiben vom ▭.

Beweis: Schreiben vom ▭, in Kopie als **Anlage K 4**.

II.

Die Feststellungsklage ist zulässig. Der Kläger hat an der beantragten Feststellung ein berechtigtes Interesse i.S.d. § 256 ZPO. Es ist zwischen den Parteien streitig, ob die betriebliche Altersversorgung durch den Teilwiderruf im Schreiben vom ▭ eingeschränkt wurde. Es ist dem Kläger nicht zuzumuten, den Rentenbezug abzuwarten und Leistungsklage zu erheben.

Die Feststellungsklage ist auch begründet. Der Teilwiderruf betrifft einen vom Kläger bereits »erdienten Teilbetrag«. Denn ▭. Ein solcher Teilwiderruf der betrieblichen Altersversorgung ist aus zwei Gründen unwirksam:

Zum einen hatte der Beklagte keinen Eingriffsgrund. Ein allgemeiner Widerrufsvorbehalt i.S.d. § 41 EStR hat nur deklaratorische Wirkung. Er verweist auf die Widerrufsgründe bei Wegfall der Geschäftsgrundlage (BAG DB 1988, 2311; Kemper u.a., BetrAVG, § 1 Rn 105).

Seit der Neuregelung des § 7 BetrAVG durch das Rentenreformgesetz 1999 ist der Sicherungsfall »Widerruf wegen wirtschaftlicher Notlage« entfallen. Diese Gesetzesänderung bedeutet aber nicht nur, dass der Pensionssicherungsverein in diesen Fällen nicht mehr eintritt. Vielmehr ist dadurch auch das Widerrufsrecht des Arbeitgebers wegen wirtschaftlicher Notlage entfallen. Dies gilt jedenfalls dann, wenn der Widerruf sich – wie hier – auf eine insolvenzgeschützte unverfallbare Leistung bezieht (BAG v. 17.6.2003 – 3 AZR 396/02; Erfurter Kommentar/Steinmeyer, 4. Aufl., vor BetrAVG Rn 35).

H. Anpassungsklage nach § 16 BetrAVG § 5

Zum anderen ginge der von der Beklagten erklärte Widerruf zu weit. Hinsichtlich des Eingriffsumfangs ist das vom Bundesarbeitsgericht entwickelte Drei-Stufen-Modell zu beachten. Danach sind Eingriffe in erdiente Teilbeträge nur unter engen Voraussetzungen möglich, es bedarf eines zwingenden Grundes (BAG BB 2000, 516, 517; Langohr-Plato, Betriebliche Altersversorgung, 2. Aufl., S. 230 ff. Rn 915 ff.) Ein solcher Eingriff in einen erdienten Teilbetrag liegt hier vor. Der Widerruf erfasst die unverfallbare Anwartschaft der Klägers, indem ▬.

Ein zwingender Grund für den Eingriff liegt nicht vor. Die Klägerin hat sich bislang stets auf die schlechte allgemeine wirtschaftliche Lage, auf Auftragsrückgänge und Umsatzeinbrüche bezogen. Dies ist unsubstantiiert und daher unbeachtlich. Vorsorglich werden die entsprechenden vorprozessualen Darlegungen der Beklagten bestritten. Die Beklagte mag konkret und im Einzelnen darlegen, welche wirtschaftlichen Gründe sie zu dem Teilwiderruf bewogen hat. Sie trägt dafür die Darlegungs- und Beweislast.

III.

Sollte das Arbeitsgericht weiteren Vortrag oder zusätzliche Beweisantritte für erforderlich halten, wird um einen richterlichen Hinweis gebeten. Das Gleiche gilt bei Bedenken hinsichtlich der Antragstellung.

▬
Rechtsanwalt

H. Anpassungsklage nach § 16 BetrAVG

▼ 8

Arbeitsgericht

▬

Klage

des ▬

– Kläger –

Prozessbevollmächtigte: ▬

gegen

▬

– Beklagte –

Prozessbevollmächtigte: ▬

wegen Anpassung von Leistungen der betrieblichen Altersversorgung.

§ 5 Muster

Hiermit zeigen wir die anwaltliche Vertretung des Klägers an. Namens und in Vollmacht des Klägers erheben wir Klage und beantragen:

1. Die Beklagte wird verurteilt, dem Kläger für die Zeit vom ▓▓▓ bis zum ▓▓▓ rückständige Betriebsrente in Höhe von ▓▓▓ EUR nebst Zinsen in Höhe von 5 Prozentpunkten über dem Basiszinssatz seit Rechtshängigkeit/seit dem ▓▓▓ zu zahlen.
2. Die Beklagte wird verurteilt, dem Kläger für die Zeit ab ▓▓▓ eine Betriebsrente in Höhe von ▓▓▓ EUR brutto zu zahlen.

Hilfsweise beantragen wir:

3. Die Beklagte wird verurteilt, für die Zeit vom ▓▓▓ bis zum ▓▓▓ *(Zeitraum wie Klageantrag zu Ziffer 1)* eine angemessene Anpassung der dem Kläger gewährten Betriebsrente vorzunehmen und den sich daraus ergebenden rückständigen Betriebsrentenbetrag ordnungsgemäß abzurechnen und auszuzahlen, wobei wir deren Höhe in das pflichtgemäße Ermessen des Gerichts stellen.
4. Die Beklagten wird verurteilt, dem Kläger für die Zeit ab dem ▓▓▓ *(Zeitpunkt wie Klageantrag zu Ziffer 2)* eine angemessene angepasste monatliche Betriebsrente zu zahlen, deren Höhe wir in das pflichtgemäße Ermessen des Gerichts stellen.

Begründung:

1.

Der am ▓▓▓ geborene Kläger war seit dem ▓▓▓ bei der Beklagten (und den Rechtsvorgängern der Beklagten) in deren Betrieb in ▓▓▓ beschäftigt. Er schied zum ▓▓▓ aus Altersgründen aus. Dem Kläger war im Arbeitsverhältnis am ▓▓▓ durch ▓▓▓ eine Altersversorgungszusage in Form ▓▓▓ erteilt worden. Diese Zusage ist in Kopie als **Anlage K 1** beigefügt; die Versorgungsordnung vom ▓▓▓ in der Fassung vom ▓▓▓ ist in Kopie als **Anlage K 2** beigefügt.

2.

Die Beklagte/Die Rechtsvorgängerin ▓▓▓ der Beklagten teilte dem Kläger mit Bestätigungsschreiben vom (..) die Höhe seiner unverfallbaren Anwartschaft auf Versorgungsleistungen aus der betrieblichen Altersversorgungsregelung mit ▓▓▓ DM (entspricht ▓▓▓ EUR) monatlich mit. Das Schreiben und die dort beigefügte Berechnung sind als **Anlagen K 3 und K 4** beigefügt.

Der genannte Rentenbetrag von ▓▓▓ DM/▓▓▓ EUR wurde dem Kläger auch mit Schreiben der (Rechtsvorgängerin der) Beklagten vom ▓▓▓ **(Anlage K 5)** noch einmal bestätigt, nachdem der Kläger am ▓▓▓ in die Altersrente aus der gesetzlichen Sozialversicherung eingetreten war.

H. Anpassungsklage nach § 16 BetrAVG   § 5

Die (Rechtsvorgängerin der Beklagten und die) Beklagte zahlen seit dem ohne Erhöhung den ursprünglichen Betriebsrentenbetrag von ▁▁▁ EUR (entspricht ▁▁▁ DM) monatlich.

3.

Nachdem bis dahin ▁▁▁ Jahre ohne jegliche Anpassung der Betriebsrente verstrichen waren, bat der Kläger mit Schreiben vom ▁▁▁ unter Hinweis auf die zwischenzeitlich erhöhten Lebenshaltungskosten um Anpassung seiner Betriebsrente. Das Schreiben vom ▁▁▁ ist in Kopie als **Anlage K 6** beigefügt.

Die Beklagte antwortete mit dem in Kopie als **Anlage K 7** beigefügten Schreiben vom ▁▁▁ und sagte die Überprüfung zu, sobald das testierte Ergebnis für das Jahr ▁▁▁ vorliege.

4.

Nachdem die zugesagte Überprüfung bzw. Mitteilung darüber von Beklagtenseite ausgeblieben war, erinnerte der Kläger mit Schreiben vom ▁▁▁ noch einmal daran. Dieses Schreiben ist in Kopie als **Anlage K 8** beigefügt.

Die Beklagte antwortete dann mit dem in Kopie als **Anlage K 9** beigefügten Schreiben vom ▁▁▁ und berief sich auf angeblich schlechte Ergebnisse der Jahre ▁▁▁ bis ▁▁▁ und einen voraussichtlichen Verlust auch für das Jahr ▁▁▁.

Diese Argumentation liegt neben der Sache, weil ▁▁▁.

5.

Nachdem ein entsprechendes vorgerichtliches Schreiben des Unterzeichners ohne Erfolg geblieben ist, ist nunmehr Klageerhebung geboten.

6.

Nachdem der Kläger zum ▁▁▁ in den Altersruhestand eingetreten ist, wäre spätestens drei Jahre danach, also am ▁▁▁ eine Anpassungsverpflichtung gem. § 16 des Gesetzes zur Verbesserung der betrieblichen Altersversorgung von (der Rechtsvorgängerin) der Beklagten zu erfüllen gewesen. Der Kläger hat diese Anpassung auch rechtzeitig und hinreichend geltend gemacht. Spätestens ab dem ▁▁▁ hätte deshalb also die Anpassung erfolgen müssen.

Mangels anderer Anpassungskriterien hätte dabei die Steigerung des Lebenshaltungskostenpreisindex eines vierköpfigen Arbeitnehmerhaushalts mit mittlerem Einkommen bzw. ab 2003 des Preisindex für die Lebenshaltungskosten aller privaten Haushalte zugrunde gelegt werden müssen, der seit 1995 (Basisjahr gleich 100) bis zum ▁▁▁ auf ▁▁▁ und bis zum ▁▁▁ auf ▁▁▁ gestiegen war, so dass die Erhöhung vom ▁▁▁ bis zum ▁▁▁ insgesamt ▁▁▁ Prozentpunkte betrug.

Ab dem ▁▁▁ hätte demgemäß entsprechend dem Anpassungsverlangen des Klägers eine um ▁▁▁ EUR brutto höhere Betriebsrente gezahlt werden müssen, für die ▁▁▁ Monate seit dem ▁▁▁ also ein Betrag von ▁▁▁ EUR.

§ 5 Muster

Die monatliche Betriebsrente hätte daher ▓▓▓ EUR brutto betragen müssen und nicht nur ▓▓▓ EUR.

Für die zurückliegende Zeit vom ▓▓▓ bis zum ▓▓▓ schuldet die Beklagte also weitere ▓▓▓ EUR brutto und für die Zeit ab ▓▓▓ bis zum nächsten Anpassungsstichtag, nämlich ▓▓▓, eine monatliche Betriebsrente von ▓▓▓ EUR brutto.

7.

Das Bundesarbeitsgericht hat bekanntlich bereits mit seinen Urteilen vom 28.4.1992 (AP Nr. 24, 25 und 26 zu § 16 BetrAVG) entschieden, dass auch eine sog. nachholende Anpassung durchzuführen ist, also bei einer nachholenden Anpassung der Arbeitgeber nicht nur die Teuerung der letzten drei Jahre berücksichtigen muss, sondern den Kaufkraftverlust seit Rentenbeginn ausgleichen muss.

8.

Hat der Arbeitgeber eine unbillige Anpassungsentscheidung getroffen, kann der Pensionär sowohl den angemessenen Anpassungsbetrag im Wege der bezifferten Zahlungsklage geltend machen als auch eine Klage auf angemessene Anpassung erheben, wobei nach § 315 Abs. 3 BGB das Arbeitsgericht die Anpassungsentscheidung des Arbeitgebers durch Urteil ersetzen kann (vgl. BAG AP Nr. 5 zu § 16 BetrAVG).

9.

Die Beklagte bzw. deren Rechtsvorgängerin kann und konnte sich nicht auf angeblich schlechte wirtschaftliche Lage des Unternehmens berufen, weil ▓▓▓.

Beglaubigte und einfache Abschrift liegen bei.

▓▓▓

Rechtsanwalt / Rechtsanwältin

Stichwortverzeichnis

Fette Zahlen = Paragrafen, magere Zahlen = Randnummern

Abbau
- Sozialleistungen **3** 1 ff.
- Vergütungsbestandteile, übertarifliche **2** 1 ff.
- Vergütungsnebenbestandteile, übertarifliche **2** 1 ff.

Ablösende Betriebsvereinbarung, BAG-Grundsatzentscheidung **3** 46 ff.
- Begründung **3** 48 ff.
- Besitzstandsschutz **3** 63 ff.
- Einheitsregelung/Gesamtzusage **3** 59 ff.
- Fragestellung **3** 47
- Inhaltsnorm einer Betriebsvereinbarung **3** 53 ff.
- Mitbestimmung Betriebsrat **3** 57 f.
- Verhältnismäßigkeit **3** 62

Ablösungsprinzip, Betriebsvereinbarung **3** 123

Abschaffung arbeitsvertraglich vereinbarter Sozialleistungen **1** 1 ff.

Altersvermögensgesetz (AVmG), Ruhegeldanpassung **4** 126

Änderungskündigung
- Abgrenzung »Teilkündigung« **1** 147
- Änderungsangebot **1** 179 ff.
- Anhörung Betriebsrat **1** 148
- Annahmefrist **1** 182 ff.
- außerordentliche **1** 193 ff.
- bei wirksam vereinbartem Widerrufsvorbehalt **1** 172 ff.
- Besitzstand **3** 66, 74
- Beteiligung des Betriebsrats **1** 195 ff.
- betriebsbedingte *siehe* Betriebsbedingte Änderungskündigung
- Muster **5** 1
- Nachwirkungszeitraum, tarifrechtlicher **1** 200 ff.
- Prozessarbeitsverhältnis **1** 189
- Reaktionsmöglichkeiten des Arbeitnehmers **1** 178 ff.
- Sonderkündigungsschutz **1** 150 ff.
- soziale Rechtfertigung i. S. v. § 1 KSchG **1** 152 ff.
- unter Anwesenden **1** 185
- Voraussetzungen **1** 148 ff.
- Vorrang vor Beendigungskündigung **1** 191
- Wegfall bzw. Anpassung der Geschäftsgrundlage **1** 177
- Wesen **1** 142 ff.

Änderungskündigungsschutzklage **1** 181; **5** 2

Anpassung der Leistungen der betrieblichen Altersversorgung nach § 16 BetrAVG *siehe auch* Ruhegeldanpassung
- Anpassungsbedarf des Betriebsrentners *siehe dort*
- Anpassungsprüfung **4** 240 ff.
- Art der betrieblichen Versorgungsleistungen **4** 112
- Betriebsstilllegung, Besonderheiten **4** 239
- betriebsverfassungsrechtliche Mitbestimmung **4** 259 f.
- gesetzliche Ausnahmen von der Anpassungsverpflichtung **4** 274 ff.
- Interessenlage der Beteiligten **4** 106 ff.
- Konzernverflechtungen *siehe dort*
- Mitteilungspflicht des Arbeitgebers **4** 257 f.

231

Stichwortverzeichnis

- nicht mehr werbend tätige Unternehmen, Besonderheiten **4** 237 ff.
- Rentenstammrecht, Verjährung **4** 261 ff.
- rückwärtige Rentenanpassungen **4** 264 ff.
- Schutz der Altersversorgung vor wirtschaftlicher Auszehrung **4** 115
- Spannenklauseln **4** 119 f.
- Umsetzung der Anpassungsentscheidung/Klagemöglichkeit **4** 269 ff.
- Verjährungsfragen **4** 261 ff.
- Wertsicherungsklauseln **4** 116 ff.
- wirtschaftliche Lage des Arbeitgebers *siehe dort*

Anpassungsbedarf des Betriebsrentners *siehe auch* Ruhegeldanpassung
- Anwartschaftsdynamisierung **4** 149
- Basisjahr **4** 147 f.
- Berechnungsmethode **4** 151 f.
- Bezugnahme auf »Netto«-Vergütung **4** 157
- Bildung vergleichbarer Arbeitnehmergruppen **4** 163 f.
- Geldentwertung **4** 150
- Kaufkraftverlust **4** 168
- Preisindex für die Lebenshaltungskosten aller privaten Haushalte **4** 145 f.
- reallohnbezogene Obergrenze **4** 153 ff., 242
- Teuerungsausgleich **4** 143 ff.
- Verdiensteinbußen, »aufgeholte« **4** 161 f.
- Verpflichtung zur nachholenden Anpassung **4** 165 ff.

Anpassungsklage nach § 16 BetrAVG, Muster **5** 8

Anrechnung der Tariflohnerhöhung auf außertariflichen Vergütungsbestandteil
- Beachtung billigen Ermessens (§ 315 Abs. 1 BGB) **2** 46
- betriebliche Übung **2** 23
- Durchführung der Anrechnung **2** 37 ff.
- Einholung der Zustimmung des Betriebsrats **2** 68
- Folgen mitbestimmungswidriger Anrechnung **2** 69 ff.
- Gleichbehandlungsgrundsatz **2** 47 ff.
- gleichmäßige Anrechnung **2** 59
- Hinweis an die Mitarbeiter **2** 37 ff.
- Irrtum beim Vollzug der Anrechnung **2** 64 ff.
- Mitbestimmung des Betriebsrats **2** 50 ff., 68 ff.
- Regelungsmöglichkeiten, mögliche **2** 74 ff.
- Tarifsplitting **2** 60 ff.
- ungleichmäßige Anrechnung **2** 66 f.
- vollständige Anrechnung **2** 57 f.
- Zeitpunkt der Anrechnung **2** 42 ff.

Arbeitsentgelt, Grundsätze **3** 4 f.

Arbeitsvergütung
- Begriff **1** 1 f.
- betriebliche Sozialleistungen *siehe* Sozialleistungen, betriebliche
- einzelvertragliche Vereinbarung **1** 7 ff.
- Vergütungsbestandteile **1** 3 f.
- Vergütungsnebenbestandteile **1** 5 f.

Arbeitsvertrag, Gesamtzusage **1** 30 ff.

Ausgeschiedene Arbeitnehmer *siehe auch* Betriebsrentner
- Mitbestimmung des Betriebsrats **4** 91
- Neuregelung einer Betriebsvereinbarung **3** 127
- Tarifvertragsänderungen, Geltung **3** 181

Stichwortverzeichnis

- Verschlechterung des betrieblichen Versorgungssystems **4** 86 ff.
- Verschlechterungsmöglichkeiten **4** 86 ff.
- Widerruf individualrechtlicher Versorgungszusage **4** 88

Ausschlussvereinbarung, Zulässigkeit **1** 44 f.

Außerordentliche Änderungskündigung **1** 193 ff.

Beihilfen im Krankheitsfall, ablösende Betriebsvereinbarung **3** 116

Beschlussverfahren
- Antrag des Betriebsrats auf Erlass einer einstweiligen Verfügung bei mitbestimmungswidriger Anrechnung von Tariflohnerhöhungen, Muster **5** 5
- Betriebsvereinbarung **3** 160 ff.
- Feststellungsantrag des Betriebsrats zu den Wirkungen der Kündigung einer Versorgungsbetriebsvereinbarung, Muster **5** 6
- Klage des Betriebsrats bei mitmmungswidriger Anrechnung von Tariflohnerhöhungen, Muster **5** 4
- Rechtskrafterstreckung **3** 163
- Wahrung von Besitzständen **3** 164

Besitzschutz
- dienstzeitabhängige Zuwächse **4** 65
- Drei-Stufen-Modell *siehe dort*
- erdienter Teilbetrag **4** 59 ff.
- zeitanteilig erdiente Dynamik **4** 62 ff.

Besitzstand *siehe auch* Besitzstandswahrung; Besitzschutz
- Änderungskündigung **3** 66, 74
- Änderungsvereinbarungen **3** 66
- Anspruchsbegrenzung **3** 77 ff.
- Feststellung des Besitzstands **3** 69 ff.
- Freiwilligkeitsvorbehalt **3** 77 ff.

- Gestaltungsmöglichkeiten, einseitige **3** 66 ff.
- Haustarifvertrag **3** 68
- kollektivrechtlicher Vorbehalt **3** 78 ff.
- Kündigung von Betriebsvereinbarungen **3** 111 f.
- Lohnänderungskündigung **1** 160 ff.; **3** 73
- ratierliche Betrachtung **3** 71
- Sanierungsplan **1** 165 f.; **3** 73
- Sanierungstarifvertrag **3** 68
- Schutz **3** 63
- vertraglicher Vorbehalt **3** 77
- Wahrung **3** 164
- Wegfall der Geschäftsgrundlage **1** 177; **3** 66, 105 ff.; *siehe auch* Störung der Geschäftsgrundlage
- Widerruf von Sozialleistungen *siehe dort*
- Widerrufsvorbehalt **1** 172 f.; **3** 81

Besitzstandswahrung
- Billigkeitskontrolle **3** 194 ff.
- Bindungswirkung gerichtlicher Entscheidungen **3** 212
- Drei-Stufen-Modell *siehe dort*
- Günstigkeitsprinzip, Ausschluss **3** 204 ff.
- leitende Angestellte **3** 213 ff.
- Vertrauensschutzgedanke **3** 199

Betriebliche Altersversorgung *siehe auch* Betriebliches Versorgungssystem
- Anpassung der Leistungen *siehe* Anpassung der Leistungen der betrieblichen Altersversorgung
- betriebliche Übung **4** 5
- Betriebsrat, Mitbestimmung **4** 68 ff.; **4** 259 f.
- Drei-Stufen-Modell **4** 57 ff.
- Eingriffsumfang und Bestandschutz **4** 57 ff.

233

Stichwortverzeichnis

- Einheitsregelung, vertragliche **4** 5
- Einschränkungen **4** 1 ff.
- freiwillige Leistung **4** 1
- Gesamtzusage **4** 5
- individuelle Verträge **4** 4
- Insolvenz des Arbeitgebers **4** 93 ff.
- Kündigung Betriebsvereinbarung **3** 113 ff.
- Rechtsgrundlagen, verschiedene **4** 3 ff.
- Verträge mit kollektivem Bezug **4** 5

Betriebliche Übung **1** 19 ff.
- Änderung durch Betriebsvereinbarung **1** 29
- Anrechnung von Tariflohnerhöhungen auf Vergütungsbestandteile **2** 23
- betriebliche Altersversorgung **4** 5
- Bindung **1** 25
- freiwillige Sozialleistungen **3** 37 f., 39
- Gratifikation **1** 19 ff.
- neu begründetes Arbeitsverhältnis **1** 24
- Tariflohnerhöhung **2** 23
- Vorbehalt der Freiwilligkeit **1** 26

Betriebliches Versorgungssystem *siehe auch* Betriebliche Altersversorgung
- Betriebsrat, Mitbestimmung **4** 10, 68 ff., 259 f.
- Drei-Stufen-Modell **4** 57 ff.
- Eingriffsumfang und Bestandschutz **4** 57 ff.
- Einschränkung individualrechtlicher Versorgungszusagen *siehe* Individualrechtliche Versorgungszusagen
- Gleichbehandlungsgrundsatz **4** 9
- Schließung für neu eintretende Mitarbeiter **4** 1 ff.
- Verschlechterung **4** 13 ff.

- Versorgungsbetriebsvereinbarung *siehe dort*
- Versorgungstarifvertrag **4** 54

Betriebsanalyse **3** 94

Betriebsbedingte Änderungskündigung
- nach betrieblicher Organisationsänderung **1** 156 ff.
- Versorgungszusage **4** 36 f.
- zur Entgeltreduzierung **1** 160
- Zusagen **1** 170

Betriebsrat
- Änderungskündigung, Anhörung **1** 148
- Anrechnung der Tariflohnerhöhung auf außertariflichen Vergütungsbestandteil, Mitbestimmung **2** 50 ff.
- Antrag auf Erlass einer einstweiligen Verfügung bei mitstimmungswidriger Anrechnung von Tariflohnerhöhungen, Muster **5** 5
- Ausschluss vom Versorgungssystem, Mitbestimmung **4** 10 f.
- Beschlussverfahren **3** 160 ff.
- Beteiligung, Änderungskündigung **1** 195 ff.
- betriebliche Altersversorgung, Mitbestimmung **4** 68 ff., 259 f.
- Betriebsrentenanpassung, Mitbestimmung **4** 259 f.
- Betriebsvereinbarung, Mitbestimmung **3** 57 f.
- Durchführung der Mitbestimmung bei Verschlechterungen **4** 78 ff.
- Einigungsstelle **3** 152 ff.
- einstweilige Verfügung **4** 83
- Feststellungsantrag **4** 84; **5** 6
- gerichtliche Auseinandersetzungen **4** 82 ff.
- Klage bei mitstimmungswidriger Anrechnung von Tariflohnerhöhungen, Muster **5** 4
- kollektiver Tatbestand **4** 72

Stichwortverzeichnis

- Mitbestimmung, Checklisten **4** 12, 85, 92
- mitbestimmungswidrige Verschlechterung **4** 81
- Tarifvorbehalt/Regelungssperre, erzwingbare Mitbestimmung **3** 119
- Überprüfung Widerruf von Sozialleistungen **3** 87
- Unterlassungsansprüche **4** 83
- Verschlechterungen, Mitbestimmung **4** 73 ff., 91
- Wegfall der Geschäftsgrundlage **3** 139 ff.

Betriebsrentenanpassung *siehe* Ruhegeldanpassung

Betriebsrentner *siehe auch* Ausgeschiedene Arbeitnehmer
- Anpassungsbedarf *siehe* Anpassungsbedarf des Betriebsrentners
- gesicherte Versorgungsansprüche bei Insolvenz des Arbeitgebers **4** 98 ff.
- Pensionssicherungsverein *siehe dort*
- Ruhegeldanpassung *siehe dort*
- unverfallbare Anwartschaften **4** 99
- Verschlechterung des betrieblichen Versorgungssystems **4** 86 ff.

Betriebsstilllegung **1** 163

Betriebstreue, Sonderzuwendung **1** 6, 15

Betriebsübernahme, Ausnahme vom Gleichbehandlungsgrundsatz **1** 36

Betriebsvereinbarung
- Abänderungen **3** 10
- Ablösungsprinzip **3** 123
- ausgeschiedene Arbeitnehmer, Verschlechterungen **4** 89
- Ausnahme vom Gleichbehandlungsgrundsatz **1** 43
- Begriff **3** 9 ff.
- Beihilfen im Krankheitsfall **3** 116
- Beschlussverfahren **3** 160 ff.
- betriebliche Altersversorgung **3** 113 ff.
- Betriebsrat, keine Zustimmungsrechte bei Kündigung **4** 75
- Eingriffsmöglichkeiten, Checkliste **4** 85, 92
- Eingriffsumfang, Checkliste **4** 85, 92
- ergänzende **3** 120 ff.
- freiwillige **3** 11, 168 f.
- gemischte **3** 12
- individualrechtliche Versorgungszusage, Einschränkung **4** 39 ff.
- Kündigung **3** 111 f., 170 ff.
- Mitbestimmung des Betriebsrats, Checkliste **4** 85, 92
- Nachwirkung **3** 166 ff.
- Neuregelung *siehe* Neuregelung einer Betriebsvereinbarung
- Regelungsabrede **3** 15, 21 ff.
- Schriftform **3** 14
- teilmitbestimmte **3** 11, 168 f.
- umstrukturierende **3** 132 ff.; **4** 40
- verschlechternde *siehe* Verschlechternde Betriebsvereinbarung
- Vertragspartner **3** 9
- Vorrang von Tarifverträgen **3** 16 ff.

Billigkeitskontrolle **3** 69 f.
- ablösende Betriebsvereinbarung **3** 175
- abstrakte **3** 194 ff.
- konkrete **3** 194 ff.

Determinierung, subjektive **1** 197

Direktversicherung, Anpassungsprüfung **4** 240 ff.

Drei-Stufen-Modell **3** 200 ff.; **4** 43, 48
- Grundlage **4** 57
- Härtefallklauseln **4** 67
- Übergangsregelungen **4** 67
- Verhältnismäßigkeitsprinzip **4** 67

235

Stichwortverzeichnis

Drittmittelfinanzierung, Ausnahme vom Gleichbehandlungsgrundsatz **1** 35
Effektivklausel **2** 35
Einigungsstelle **3** 152 ff., 156 ff.
Elternzeit, Ausnahme vom Gleichbehandlungsgrundsatz **1** 34
Entgeltfortzahlungsanspruch **1** 46
Entgeltrahmentarifvertrag (ERA) **2** 29
Entgeltreduzierung **1** 160 ff.
Freiwilligkeitsvorbehalt
– Auslegung **3** 41 ff.
– Begriff **1** 72 ff.
– Formulierung **1** 79 ff., 85
– kollektivrechtlicher Vorbehalt **3** 78 ff.
– Transparenzgebot **1** 84
– vertraglicher Vorbehalt **3** 77
– Zulage **2** 16

Gekündigtes Arbeitsverhältnis, Ausnahme vom Gleichbehandlungsgrundsatz **1** 41
Gesamtsanierungskonzept **1** 171
Gesamtzusage **1** 30 ff.; **3** 156 ff.
Gewerbliche Arbeitnehmer, Ausnahme vom Gleichbehandlungsgrundsatz **1** 37
Gleichbehandlungsgrundsatz
– Anrechnung der Tariflohnerhöhung auf außertariflichen Vergütungsbestandteil **2** 47 ff.
– arbeitsrechtlicher **1** 33 ff.
– Ausnahmen, zulässige **1** 34 ff.
– betriebliches Versorgungssystem **4** 9
– Gratifikation **1** 33
– Lohnkürzung **1** 169
– Sonderzahlungen **1** 33
– Zusage über freiwillige Sozialleistungen **3** 39
Gratifikation **1** 5
– betriebliche Übung **1** 19 ff.

– Bindungsfristen **1** 108 ff.
– Gesamtzusage **1** 30 ff.
– Gleichbehandlungsgrundsatz **1** 33
– Sonderzahlungen zur Belohnung der Betriebstreue **1** 12
– Urlaubsgeld **1** 5 ff.
– Weihnachtsgeld **1** 5 ff.
Gratifikationsanspruch **1** 19
Günstigkeitsprinzip **3** 53
– Ausschluss **3** 204 ff.
– verschlechternde Betriebsvereinbarung **3** 145
Günstigkeitsvergleich
– kollektiver **3** 132 ff.
– Tarifvertrag **3** 26, 208
Haustarifvertrag **3** 68
Individualrechtliche Versorgungszusagen
– betriebsbedingte Änderungskündigung **4** 36 f.
– Einschränkung, einvernehmliche **4** 16 ff.
– mit kollektivem Bezug, Einschränkungen **4** 38 ff.
– Widerruf, einseitiger **4** 19 ff.
Individualvertrag
– Eingriffsmöglichkeiten, Checkliste **4** 92
– Eingriffsumfang, Checkliste **4** 92
– Mitbestimmung des Betriebsrats, Checkliste **4** 92
Insolvenz des Arbeitgebers
– gesicherte Versorgungsansprüche **4** 98 ff.
– Insolvenzversicherung **4** 94
– Pensionssicherungsverein **4** 93 f.
– Sicherungsfälle gem. § 7 BetrAVG **4** 95 ff.
– umlagenfinanziertes Insolvenzsicherungsverfahren **4** 110

Stichwortverzeichnis

– unterlassene Beitragszahlungen des Arbeitgebers **4** 101

Jubiläumssonderzuwendung **3** 179

Kollektivrechtliche Regelungsinstrumente
– Änderung und Kündigung nach dem Sprecherausschussgesetz **3** 175
– Beschlussverfahren **3** 160
– Einigungsstelle **3** 152 ff., 156 ff.
– Tarifverträge *siehe* Tarifvertrag
– Tarifvorbehalt/Regelungssperre *siehe dort*

Kollektivrechtliche Vergütungssysteme auf freiwilliger Basis
– Abgrenzungen **3** 30 ff.
– Grundsätze **3** 1 ff.
– kollektivrechtliche Grundlagen **3** 8 ff.

Konzernverflechtungen
– nachholende Anpassung **4** 255
– qualifiziert faktische Konzerne **4** 251 ff.
– Vertragskonzerne **4** 250
– Vertrauensschutz **4** 256
– wirtschaftliche Leistungsfähigkeit **4** 247 ff.

Krankheit
– Ausnahme vom Gleichbehandlungsgrundsatz **1** 42
– Kürzungsvereinbarung **1** 50

Kündigung
– Betriebsvereinbarung **3** 170 ff.
– Versorgungsbetriebsvereinbarung **4** 45 ff., 84

Kürzung arbeitsvertraglich vereinbarter Sozialleistungen **1** 1 ff.

Kürzungsvereinbarung
– Grenzen **1** 49 ff.
– Höhe der Kürzung **1** 55 f.
– Stichtagsklauseln **1** 57 f.
– Zulässigkeit **1** 44 f.

Leistungsverhalten, Ausnahme vom Gleichbehandlungsgrundsatz **1** 40

Leitende Angestellte, Versorgungszusage mit kollektivem Bezug **3** 213 ff.

Lohnkürzung, Gleichbehandlungsgrundsatz **1** 169

Mehrarbeit, Ausnahme vom Gleichbehandlungsgrundsatz **1** 38

Nachwirkung, Betriebsvereinbarung **3** 166 ff., 173

Neuregelung einer Betriebsvereinbarung
– ausgeschiedener Arbeitnehmer **3** 127
– Pensionäre **3** 128 ff.
– Regelungsabrede **3** 126
– Zeitkollisionsregel **3** 125

Öffnungsklausel **3** 26
– Rationalisierungsschutzabkommen **3** 187 f.
– rückwirkende **3** 122

Pensionskassen, Anpassungsprüfungen **4** 240 ff.

Pensionssicherungsverein **4** 93 f.
– Beginn und Ende der Leistungspflicht **4** 102 ff.
– gerichtliche Auseinandersetzungen um Einstandspflicht **4** 104
– Schutz vor Rechtsmissbrauch **4** 103

Potestativbedingungen **1** 143

Preisindex für die Lebenshaltungskosten aller privaten Haushalte **4** 145 f.

Prozessarbeitsverhältnis **1** 189

Rentenreformgesetz, Ruhegeldanpassung **4** 125

Rentenstammrecht, Verjährung **4** 261 ff.

237

Stichwortverzeichnis

Rückforderung arbeitsvertraglich vereinbarter Sozialleistungen **1** 1 ff.
Rückzahlungsklausel **1** 126 ff.
- Änderung **1** 136
- Anhang am schwarzen Brett **1** 131
- Formulierungsvorschlag **1** 140
- Fristberechnung **1** 138
- Geltung für bestimmte Beendigungstatbestände **1** 132 ff.
- nicht hinreichend bestimmt **1** 130
- Tarifvertrag **1** 129

Rückzahlungsvorbehalte
- Beginn Bindungswirkung **1** 106
- Bindungsfristen **1** 108 ff.
- Grundsatz **1** 105
- Rückzahlungsklausel *siehe dort*
- unzulässige **1** 121
- vertragliche Vereinbarung **1** 104
- zulässige **1** 122 ff.
- Zulässigkeit **1** 105 ff.

Ruhegeldanpassung
- Anpassungsbedarf des Betriebsrentners *siehe dort*
- Anpassungsentscheidung **4** 127 ff.
- Anpassungsmaßstab **4** 141
- Anpassungsprüfung **4** 127 ff., 133 ff., 142 ff.
- Anpassungsverpflichtung nach früherer Rspr. des BAG **4** 122
- betriebsverfassungsrechtliche Mitbestimmung **4** 259 f.
- Entwicklung der Verpflichtung **4** 121
- gesetzliche Regelungen seit 1974 **4** 123 ff.
- keine Kürzung laufender Betriebsrenten **4** 130 ff.
- nachholende Anpassung **4** 165 ff.; **5** 8
- nachträgliche Anpassung **4** 177
- Obergrenzen der Versorgungsleistungen **4** 178 f.
- Prüfungszeitraum **4** 136 ff.
- Rentenstammrecht, Verjährung **4** 261 ff.
- rückwärtige Rentenanpassungen **4** 264 ff.
- unterbliebene Anpassung **4** 169 ff.
- Verpflichtung zur nachholenden Anpassung **4** 165 ff.

Sanierungsplan **1** 165, **3** 73
- begründete Sanierungsaussichten **3** 96 ff.
- Betriebsanalyse **3** 94
- Notlage des Konzerns **3** 98 ff.
- Sanierungsbeiträge der Beteiligten **3** 103 f.
- Sanierungsgewinne **3** 101
- Sozialplan **3** 94
- Wegfall der Geschäftsgrundlage **3** 105; *siehe auch* Störung der Geschäftsgrundlage
- Widerruf von Sozialleistungen **3** 93

Sanierungstarifvertrag **3** 68
Sonderkündigungsschutz **1** 150 ff.
Sonderzahlungen **1** 5, 9 ff.
- ausdrückliche Vereinbarung im Arbeitsvertrag **1** 16 ff.
- betriebliche Übung **1** 19 ff.
- Betriebstreue, Belohnung **1** 12 ff., 47, 59
- Bindungsfristen **1** 108 ff.
- Entgeltcharakter, reiner **1** 10 f., 46 ff., 58
- Freiwilligkeitsvorbehalt **1** 72 ff.
- Gesamtzusage **1** 30 ff.
- Gleichbehandlungsgrundsatz **1** 33
- Gratifikation *siehe dort*
- Inhalt der Zusage **1** 8
- mehrmalige vorbehaltlose Zahlung **1** 18
- Mischcharakter **1** 15, 48, 54
- Stichtagsregelung **1** 13 f.

Stichwortverzeichnis

- Widerruf **1** 95 ff.
- Widerrufsvorbehalt **1** 86 ff.

Sonderzuschläge
- Erschwerniszuschläge **1** 3
- Mehrarbeitsvergütungen **1** 3
- Überstundenzuschläge **1** 3

Sonderzuwendungen *siehe* Gratifikationen

Sozialleistungen, arbeitsvertragliche
- Abschaffung **1** 1 ff.
- Auslegung **1** 8
- Ausschlussvereinbarungen, Zulässigkeit **1** 44 f.
- betriebliche Übung *siehe dort*
- Entgeltcharakter **1** 6
- Gesamtzusage **1** 30 ff.
- Kürzung **1** 1 ff.
- Kürzungsvereinbarung, Zulässigkeit **1** 44 f.
- Rückforderung **1** 1 ff.
- Stichtagsklauseln **1** 57

Sozialleistungen, betriebliche
- Freiwilligkeitsvorbehalt **1** 72 ff.
- Grundsätze **1** 67 ff.
- Zusage, Änderung **1** 67 ff.

Sozialleistungen, freiwillige
- Abgrenzung: Betriebliche Altersversorgung **3** 6
- betriebliche Übung **3** 37 f.
- Betriebsvereinbarung **3** 8 ff.
- Einheitsregelung **3** 31 ff., 59 f.
- Gesamtzusage **3** 31 ff., 59 f.
- Gleichbehandlung **3** 39
- grundlegende Urteile **3** 40 ff.
- Grundsätze **3** 1 ff.
- Nachweisgesetz **3** 7
- Sprecherausschussgesetz **3** 8, 28 f.
- Tarifvertrag **3** 8, 24 ff.

Sozialleistungen, tarifvertragliche
- Verschlechterung **3** 177 ff.

Sozialplan **3** 94

Spannenklauseln **4** 119 f.

Sprecherausschussgesetz **3** 28 f.
- vertragliche Änderung und Kündigung einer Vereinbarung **3** 175 f.

Stichtagsklauseln, Kürzungsvereinbarung **1** 57 f.

Störung der Geschäftsgrundlage
- allgemeiner Vorbehalt **3** 106 ff.
- Treu und Glauben **3** 109 ff.

Tarifautonomie **3** 24

Tarifgebundenheit, Nachwirkungszeitraum *siehe* Tarifrechtlicher Nachwirkungszeitraum

Tariflohn, Anspruch **2** 2

Tariflohnerhöhung **2** 24 ff.
- Alterssprung **2** 33 f.
- Anrechnung auf Vergütung **2** 4 ff., 37 ff.; *siehe auch* Anrechnung der Tariflohnerhöhung auf außerbetrieblichen Vergütungsbestandteil
- Antrag auf Erlass einer einstweiligen Verfügung bei mitstimmungswidriger Anrechnung, Muster **5** 5
- betriebliche Übung **2** 23
- Einmalzahlung **2** 27 f.
- Entgeltrahmentarifvertrag (ERA) **2** 29
- Klage bei mitstimmungswidriger Anrechnung, Muster **5** 4
- Nichtanrechenbarkeit auf übertarifliche Vergütungsklauseln **2** 35
- Pauschalzahlung **2** 26, 28
- prozentuale Erhöhung **2** 25
- tarifliche Arbeitszeitreduzierung **2** 31 f.
- Umgruppierung **2** 33 f.

Tarifrechtlicher Nachwirkungszeitraum
- Änderungskündigung **1** 200 ff.
- Überbrückungsfunktion **1** 202

Tarifvertrag
- Änderungen, Geltung für ausgeschiedene Mitarbeiter **3** 181

Stichwortverzeichnis

- Ausnahme vom Gleichbehandlungsgrundsatz **1** 43
- Eingriffsmöglichkeiten, Checkliste **4** 92
- Eingriffsumfang, Checkliste **4** 92
- Günstigkeitsvergleich **3** 26, 208
- individualrechtliche Versorgungszusage, Einschränkung **4** 43
- Mitbestimmung des Betriebsrats, Checkliste **4** 92
- Öffnungsklausel **3** 26
- Tarifautonomie **3** 24
- Verschlechterung tarifvertraglicher Sozialleistungen **3** 177 ff.
- Vorrang **3** 16 ff., 182 f.
- Weihnachtsgratifikation, rückwirkende Senkung **3** 190 ff.

Tarifvorbehalt/Regelungssperre
- ergänzende Betriebsvereinbarungen **3** 120 ff.
- erzwingbare Mitbestimmung **3** 119
- Neuregelung einer Betriebsvereinbarung **3** 125 ff.
- umstrukturierende Betriebsvereinbarung **3** 132 ff.
- verschlechternde Betriebsvereinbarung **3** 138 ff.

Teuerungsausgleich **4** 143 ff.

Übertarifliche Vergütung **2** 1
Übertarifliche Vergütungsbestandteile
- Abbau **2** 1 ff.
- Anrechnung von Tariflohnerhöhungen **2** 3 ff., 23, 37 ff.
- Anrechnungsvorbehalt **2** 20
- Arbeitsvertrag schließt Anrechnung aus **2** 8, 12 ff.
- ausdrücklicher Anrechnungsvorbehalt im Arbeitsvertrag **2** 8, 9 ff.
- Einschränkungen bei Allgemeinen Geschäftsbedingungen? **2** 19 ff.
- Freiwilligkeits- oder Widerrufsvorbehalt **2** 16

- keine Aussage zur Anrechenbarkeit **2** 8, 14 ff.
- zweckfreie **2** 4 ff., 15
- zweckgebundene **2** 4, 7, 20

Übertarifliche Vergütungsnebenbestandteile **1** 5 f.; **2** 1 ff.
Überversorgung **4** 28, 62
Unterstützungskassen
- Anpassungsprüfungen **4** 240 ff.
- Versorgungsanspruch **3** 41 ff.
- Widerruf **4** 33 ff.

Urlaubsgeld **1** 5
- Gesamtregelungen **3** 206 f.
- Günstigkeitsvergleich, kein kollektiver **3** 208
- kein gesetzlicher Anspruch **1** 7
- Synallagma, kein unmittelbares **3** 209 ff.
- Zahlung nach gekündigter Gesamtbetriebsvereinbarung **3** 205 ff.

Vergütungsbestandteile
- 13. Monatsgehalt **1** 3 f., 7 f.
- Begriff **1** 3 f.
- Sonderzahlung mit reinem Entgeltcharakter **1** 10
- übertarifliche *siehe* Übertarifliche Vergütungsbestandteile

Vergütungsnebenbestandteile, übertarifliche *siehe* Übertarifliche Vergütungsnebenbestandteile

Verschlechternde Betriebsvereinbarung
- Betriebsvereinbarungsoffenheit **3** 138
- Günstigkeitsprinzip **3** 145
- individualrechtliche Versorgungszusage, Einschränkung **4** 41
- Wegfall der Geschäftsgrundlage **3** 139 ff.
- Zeitkollisionsregel **3** 143 ff.

Versorgungsanspruch gegen Unterstützungskasse
- Bestandsschutz **3** 42

Stichwortverzeichnis

- Freiwilligkeitsvorbehalt, Grenzen der Auslegung **3** 41 ff.
- Unternehmerische Handlungsfreiheit **3** 43 ff.

Versorgungsbetriebsvereinbarung
- Abänderung **4** 49
- Drei-Stufen-Modell **4** 48
- Ersetzung durch Versorgungstarifvertrag **4** 50 ff.
- Feststellungsantrag **4** 84; **5** 6
- individualrechtlicher Verzicht/Einschränkung **4** 53
- Kündigung **4** 45 ff., 84
- Kündigungserklärung **4** 47
- Verschlechterung **4** 1 ff.

Versorgungsordnung, Ablösung **3** 63

Versorgungstarifvertrag
- Änderung zum Nachteil **3** 184
- ausgeschiedene Arbeitnehmer, Verschlechterungen **4** 90
- Betriebsrat, Mitbestimmung **4** 68 ff., 85
- Eingriffsmöglichkeiten, Checkliste **4** 85
- Verschlechterung **4** 54 ff.

Versorgungszusage (widerrufene), Feststellungsklage des Arbeitnehmers **5** 7

Vertrag mit kollektivem Bezug *siehe auch* Gesamtzusage
- Eingriffsmöglichkeiten, Checkliste **4** 85
- Eingriffsumfang, Checkliste **4** 85
- Mitbestimmung des Betriebsrats, Checkliste **4** 85

Weihnachtsgeld **1** 5, 7; **3** 190 ff.

Wertsicherungsklausel **4** 116 ff.

Widerruf
- ausgeschiedene Arbeitnehmer **4** 88
- bei Unterstützungskassen **4** 33 ff.
- Sonderzahlung **1** 95 ff.
- Treuepflichtverletzung **4** 20 ff.
- Versorgungszusage **4** 19 ff.
- von Sozialleistungen *siehe* Widerruf von Sozialleistungen
- Wegfall der Geschäftsgrundlage **4** 28 ff.
- Widerrufsvorbehalt **4** 30 ff.
- wirtschaftliche Notlage **4** 24 ff.

Widerruf von Sozialleistungen **3** 82
- keine Mitbestimmung des Betriebsrats **3** 83, 86 ff.
- nicht zustimmungsbedürftige Willenserklärung **3** 82
- Sozialeinrichtung **3** 84 f.
- wirtschaftliche Notlage **3** 90 ff.

Widerrufsvorbehalt **3** 81; **4** 30 ff.
- Änderungskündigung **1** 172 ff.
- Begriff **1** 86 ff.
- Formulierung **1** 90 ff.
- Formulierungsbeispiel **1** 98
- Widerruf **1** 95 ff.
- Zulage **2** 16

Widerspruch, unterbliebene Anpassung **4** 175 f.

Wirtschaftliche Lage des Arbeitgebers
- Abschreibungen, überhöhte **4** 207
- angemessene Vergütung des Gesellschafter-Geschäftsführers **4** 207
- außerordentliche Erträge und Verluste **4** 205
- Betriebsergebnis, Schema zur Ermittlung **4** 236
- Eigenkapital **4** 182, 193 ff., 201, 236
- Eigenkapitalauszehrung **4** 221 ff., 244
- Eigenkapitalverzinsung, Berechnung **4** 215
- Eingriffe in Vermögenssubstanz **4** 183
- Einzelunternehmen **4** 198
- Entwicklungsprognose **4** 187 ff.

Stichwortverzeichnis

- Ermittlung des maßgeblichen Betriebsergebnisses **4** 202 ff.
- Ertragsteuern **4** 220
- Geldentwertungsabschlag **4** 217 ff.
- gesetzliche Ausgangslage **4** 180
- Gewinne aus außerordentlichen Erträgen **4** 199
- Gewinnrücklagen **4** 200
- Gewinnverwendungsbeschluss **4** 197
- Gewinnvorträge **4** 200
- gezeichnetes Kapital **4** 195
- handelsrechtliche Jahresabschlüsse als Grundlage **4** 192
- Investitionsbedarf **4** 232 ff.
- Kapitalrücklagen **4** 196
- Konzernverflechtungen *siehe dort*
- Korrekturen des Jahresergebnisses **4** 203, 208 ff.
- Minderung der Ertragsteuerbelastung **4** 235
- Notlage **4** 60 ff.
- Personengesellschaft **4** 198, 228
- Rechtsprechungsgrundsätze des BAG **4** 181 ff.
- Scheingewinne **4** 204, 212
- Stichtag **4** 186 ff.
- Substanzerhaltung **4** 230
- Überschüsse **4** 203
- Umlaufrendite öffentlicher Anleihen **4** 216
- unangemessene Eigenkapitalrendite **4** 191
- Verlustvortrag **4** 227
- Wettbewerbsfähigkeit **4** 184

Zeitkollisionsregel **3** 125, 143 ff.
Zulage, Klage des Arbeitnehmers **5** 3